Strade blu

Stefano Nazzi

CANTI DI GUERRA

Conflitti, vendette, amori
nella Milano degli anni Settanta

MONDADORI

Dello stesso autore
in edizione Mondadori
Il volto del male

Citazione a p. 1: © *Quei bravi ragazzi*, 1990, Usa, Casa di produzione Warner Bros.

mondadori.it

Canti di guerra
di Stefano Nazzi
Collezione Strade blu

ISBN 978-88-04-78490-6

I edizione aprile 2024

Indice

3 I Banditi
7 II Le origini
19 III La partita a calciobalilla
30 IV Il regno
38 V Le donne, le rapine
48 VI Colpi grossi
58 VII Le bische
69 VIII Il re di Milano e il re delle evasioni
78 IX Il mucchio selvaggio
88 X La guerra
98 XI Piazza Vetra e un cucciolo di leone
108 XII Emanuela
119 XIII Dalmine, Roma
130 XIV Matrimoni e omicidi
140 XV Sangue su sangue
150 XVI «E ora rock and roll»
161 XVII Documenti e segreti
166 XVIII Canti di guerra
177 XIX Città in fiamme
187 XX Vendette

197 XXI Era un bravo ragazzo
208 XXII La scelta del Tebano
218 XXIII *Flaminia*
229 XXIV L'ultimo moicano

233 *Bibliografia*

Canti di guerra

«Per un attimo credetti di essere morto, ma quando sentii quel casino capii che erano gli sbirri. Solo gli sbirri fanno tanta cagnara. Se fossero stati i ragazzi non avrei sentito un fiato: sarei morto e basta.»

HENRY HILL, *Quei bravi ragazzi*

I

Banditi

Quel giorno anche l'asfalto era incandescente, il sangue sembrava quasi bollire mentre si allargava nel cortile del carcere di massima sicurezza di via Badu 'e Carros, a Nuoro, in Sardegna. Erano le 13.50 del 17 agosto 1981. Le urla dei carcerati intorno erano alte, eccitate, quattro persone venivano portate via a fatica, il direttore del carcere era corso nel cortile, e così anche il medico. Erano entrambi chinati su un corpo. L'uomo a terra aveva il ventre squarciato, ovunque ferite di coltello. Indossava pantaloni corti e una canottiera traforata, gli zoccoli, che aveva quella mattina come sempre, erano distanti, a qualche metro, dove era iniziata l'aggressione. Dal collo pendeva una svastica in oro, la portava per scandalizzare, per far vedere che lui poteva tutto, si poteva permettere ogni cosa.

Era un uomo imponente, di 100 chili, alto: ora era immobile e coperto di sangue. Era stato forte, abituato fin da piccolo a fare a botte, e poi da adulto a uccidere e comandare. Si chiamava Francis Turatello, i giornali lo avevano ribattezzato «Faccia d'angelo». Era stato un re, il re di Milano. Non pronunciate il nome Francis all'inglese perché tutti quel nome lo pronunciavano così, come si legge. Francis, con la *a* larga e la *c* dolce.

L'avevano aggredito in quattro. Uno era Vincenzo Andraous, catanese cresciuto al Nord: aveva fatto parte delle maggiori bande criminali degli anni Settanta, poi era diventato il «boia delle carceri», il «giustiziere di infami». Si era dato una missione, ammazzare i pentiti, quelli che collaboravano con la giustizia. Qualche mese prima, nella casa circondariale di Novara, aveva partecipato all'omicidio di un ragazzo, Massimo Loi, accusato di aver tradito, di essere un infame: gli era stata tagliata la testa. Oggi Andraous è un poeta, riconosciuto e apprezzato.

Poi c'erano Antonino Faro e Salvatore Maltese, i loro nomi ritorneranno spesso in questa storia. E «'o animale», Pasquale Barra, uomo di fiducia di Raffaele Cutolo, il capo della Nco, la Nuova camorra organizzata. Due anni più tardi, nel 1983, Barra diventerà famoso come accusatore di Enzo Tortora. In seguito, tra un processo e l'altro, ritratterà. Ne ebbe molti di processi Pasquale Barra: gli vennero attribuiti sessantasette omicidi, molti commessi in varie carceri.

Fu lui, dicono le leggende criminali, a estrarre le viscere di Francis Turatello e a morderle, per questo lo chiamarono «'o animale». E mentre lui compiva questo rito feroce, gli altri tre intorno continuavano ad accanirsi sul corpo a terra: pugni e calci ad accompagnare le quarantasette coltellate inferte. I coltelli erano in realtà pezzi di lamiera affilati con cura.

Non è mai stato stabilito con certezza chi diede l'ordine di uccidere Turatello. Si disse che era stato lo stesso Raffaele Cutolo. Si parlò di un messaggio arrivato a Badu 'e Carros attraverso radiocarcere, il passaparola tra detenuti: «Il Sommo ha deciso che lo zio del Nord si sposi al più presto con Maranca». Antonio Cuomo, detto «Maranca», era un ex braccio destro di Cutolo, ucciso nel carcere di Poggioreale nel gennaio dell'anno precedente. Ma per qualcuno lo zio era invece Luciano Leggio, che i giornali allora chiamavano erroneamente Liggio, boss della mafia corleonese prima del dominio di Totò Riina. Altri dissero che l'omicidio di Turatello era stato solo un regolamento di conti interno al carcere: inimicizie, antipatie, odio verso un re che credeva di comandare ancora anche se non aveva più esercito.

Ma molti pensarono che a dare l'ordine di uccidere Francis Faccia d'angelo fosse stato Angelo Epaminonda, uno degli ex uomini di Turatello. Lo chiamavano «il Tebano» per via del cognome, perché come Epaminonda nel IV secolo avanti Cristo aveva combattuto per sottrarre la sua patria, Tebe, al dominio di Sparta, così il Tebano aveva fatto la guerra al re, Turatello: uno scontro feroce e sanguinoso, la più cruenta guerra di criminalità che il Norditalia ricordi.

Di sicuro Epaminonda non pianse quando gli dissero che Turatello era morto. Era libero in quel periodo, da poco assolto per insufficienza di prove nel processo per il sequestro dell'industriale Carlo Lavezzari a opera della banda di Turatello. Il Tebano, dopo l'assoluzione, era scomparso e aveva continuato la sua guerra.

E poi c'è il terzo protagonista di questa storia: Renato Vallanzasca. Il giorno in cui venne ucciso Turatello lui era nella casa circondariale ad Ascoli Piceno: era lì da pochi mesi, dopo essere stato trasferito dal carcere di massima sicurezza di Novara, dove era stato inviato a seguito del tentativo di fuga da San Vittore. In quell'occasione Vallanzasca era stato ferito. Raccontò che mentre era a terra un poliziotto, o forse un carabiniere, puntò la pistola e disse: «Bastardo! Hai finito di rompere i coglioni. Sei arrivato all'ultima fermata». Lo salvò un altro carabiniere che giunse correndo e gli intimò di fermarsi.

Lo chiamavano «il bel René», lui quel soprannome non l'ha mai amato. Secondo Antonella D'Agostino, che poi diventò sua moglie ed era stata molto amica di Turatello, «Renato era meno bello di quanto si dicesse, ma era più intelligente di quanto si credesse».

Faccia d'angelo, il Tebano, il bel René sono i protagonisti di questa storia, carica di violenza, omicidi, stragi, sequestri di persona, odio e amicizia, tradimenti, strani amori.

Ma è anche la storia dell'Italia, a cavallo tra anni Sessanta, Settanta e Ottanta, molto diversa da quella di oggi. Nel 1982 in Italia ci furono 1983 omicidi. Nel 2023, quarantun anni dopo, sono stati 314. Tra il 1972 e il 1985 vennero sequestrate 543 persone a scopo di estorsione. Solo nel 1977 furono 75. Sessantasei sequestrati vennero assassinati. In 31 casi il riscatto era stato pagato. A Milano, tra gli anni Settanta e Ottanta, si contavano di media 150 omicidi all'anno. Nel 2022 sono stati 19.

Ed è a Milano che inizia questa storia che poi si allargherà come un fiume che esonda in tutta Italia. È la storia dei tre banditi che si contesero un regno fatto di bische, prostituzione, rapine, sequestri, omicidi. Ma la loro storia comincia molto prima che Turatello diventasse Faccia d'angelo, Vallanzasca il bel René ed Epaminonda venisse chiamato il Tebano.

Inizia ad Asiago, in Veneto, e in un circo alla periferia di Milano, e ancora, a bordo di un treno che porta una famiglia di Catania verso il Nord.

Poi il destino volle che i tre banditi si incontrassero a Milano.

II

Le origini

Comincia tutto con un barattolo in vetro, pieno di caramelle.

Non c'è una data precisa, è il 1957, o forse il 1958. C'è un luogo però: un piccolo negozio, una pasticceria, dietro via Porpora, quartiere Lambrate, a Milano, nella zona est. Era periferia vera allora, la campagna a due passi, il centro città poco distante ma in realtà lontanissimo, quasi un altro mondo, un'altra vita.

Ci sono tre ragazzini, hanno 13, 14 anni, non di più. Uno di loro è più alto degli altri due, è robusto, ha i capelli castani, un ordinato ciuffo sulla fronte.

Entrano nella pasticceria. Uno dei tre ordina una pasta: «Quella, no anzi quell'altra, quella con la crema». Un secondo ragazzino, con un gesto apparentemente goffo, urta sul bancone un barattolo in vetro colmo di caramelle. Il barattolo cade, si rompe.

Vetri e caramelle sono sul pavimento.

I proprietari della pasticceria sono un uomo e una donna, marito e moglie. Lui esce da dietro il bancone, osserva il pavimento, dice qualcosa. La moglie va nel retro a prendere la scopa.

È a quel punto che il ragazzo più alto, quello con il ciuffo, passa alle spalle dell'uomo, va dietro il bancone, apre la cassa e prende i soldi, poche banconote. Uscendo afferra anche un barattolo di caramelle.

I tre scappano, corrono più veloce che possono. Dietro di loro l'uomo grida, forse qualcosa in milanese. I tre ragazzini sentono un suono gutturale, quasi un grido di guerra.

Poi ridendo, e spartendosi soldi e caramelle, si diranno cos'hanno capito di quell'urlo, e ognuno avrà sentito una frase diversa. Quella storia se la racconteranno per settimane e il ragazzo alto e robusto la racconterà poi negli anni, ancora e ancora. Era il suo romanzo di formazione, la sua iniziazione. La racconterà seduto nei night di Milano agli amici e complici che l'hanno sentita già decine di volte ma tutti ascolteranno in silenzio, senza interrompere, perché a lui non piacerebbe e quando non gli piace una cosa lo fa capire a modo suo.

Il ragazzo alto e robusto si chiama Francesco Turatello. Quando avviene quel furto nella pasticceria nessuno lo chiama ancora «Francis», né tantomeno «Faccia d'angelo» o «the King», il re. Lo chiamano «Ciuffo», o «Cicciobanana» per come porta i capelli. Quel soprannome poi sparirà perché nessuno oserà più chiamarlo in quel modo.

Francesco Turatello è nato ad Asiago, in provincia di Vicenza, il 4 aprile 1944. Il cognome è quello della madre, un padre non c'è, almeno ufficialmente. C'è una storia però, un racconto.

È la storia di un giovane siciliano di Partinico, in provincia di Palermo, emigrato da ragazzo negli Stati Uniti, a Detroit, e diventato lì un cosiddetto «uomo di rispetto», un uomo di mafia. Negli Stati Uniti lo chiamavano Frank: «Frank Tre dita» Coppola. Aveva perso due dita della mano destra, dicevano i racconti di mafia, perché gli erano rimaste incastrate in una cassaforte durante una rapina: il mignolo e l'anulare. Lui si fece dare un coltello da un complice e le tagliò di netto, poi scappò. Lo disse lui stesso, durante un processo: «A uno che fa un lavoro come il mio può capitare di perdere qualcosa».

Divenne il braccio destro di Salvatore Lucania, che noi

conosciamo come Lucky Luciano. Era nel giro di criminali come Arnold Rothstein, Meyer Lansky, Frank Costello, Bugsy Siegel. Fu durante un suo viaggio in Italia che conobbe Luisa Turatello, che da Asiago si era trasferita a Milano per cercare lavoro.

Frank Tre dita tornò negli Stati Uniti, Luisa Turatello invece rientrò ad Asiago per stare vicina alla sua famiglia. Nacque Francesco. Qualche anno dopo Coppola venne espulso dagli Stati Uniti, tornò in Italia e proseguì le sue attività. Viveva tra Palermo e Roma dove investì in attività immobiliari: fu proprietario di settecentocinquanta appartamenti. Venne arrestato ma non restò molto in carcere. Morì nel 1982 ad Aprilia, vicino a Roma. Frank Coppola aveva anche un nipote parroco, Agostino. Fu lui che celebrò le nozze tra Totò Riina, futuro capo della mafia siciliana, e Ninetta Bagarella.

La storia dice anche che un giorno a Milano, in via Brocchi, dove Luisa Turatello era tornata a vivere con il suo bambino, arrivò una Mustang nera. Scese Frank Coppola accompagnato da due guardie del corpo. Era venuto a conoscere suo figlio. Luisa presentò quell'uomo a Francesco dicendo che era uno zio, uno zio d'America.

Non si sa se questa storia sia vera, certo è che divenne verità nel mondo della malavita milanese e Turatello non fece mai nulla per smentirla. Iniziò a farsi chiamare Francis proprio per quello, come il suo presunto padre da Francesco era diventato Frank.

A quel primo colpo in pasticceria ne seguono altri, cambiano i complici, lo schema è sempre lo stesso. Francesco non ruba soltanto, lavora anche: la madre ora vive con un uomo, un commerciante, lei fa la commessa nel suo negozio. È stato l'uomo a trovare un lavoro al ragazzo. Ha convinto un amico che ha un negozio di tappeti in via Manzoni a prenderlo come aiutante. Ci resta poco.

Di sera Francesco va in palestra, a Lambrate: tira pugni,

fa boxe. Lì conosce un gruppo di ragazzi di estrema destra. Ora dice di essere fascista, anzi nazista. Ha comprato una svastica in oro, l'ha appesa al collo. La terrà per sempre, tanto nessuno oserà mai dirgli nulla. Al sabato e alla domenica gira con gente più grande, frequenta i bar della zona, ha successo con le ragazze. Poi ogni tanto va in centro, con i suoi amici di sempre, quelli dei furti nei negozi. Un giorno litiga con un trentenne, non si sa nemmeno il motivo. Lui ha 17 anni, riempie di pugni l'uomo più grande. La polizia lo ferma, prende le generalità. È la prima volta che il nome di Francesco Turatello compare negli elenchi della questura.

In un bar un giorno conosce un uomo, è l'incontro che cambia il destino. L'uomo si chiama Otello Onofri, meglio noto come «Manina d'oro» perché è abilissimo nei borseggi. Anche su di lui girano storie e leggende. Dicono che sia riuscito a confondersi tra gli invitati al matrimonio di Grace Kelly e Ranieri di Monaco, e addirittura a salire sul panfilo dove si teneva il ricevimento, e che per un soffio non sia riuscito a portare via i gioielli.

Onofri è un nome rispettato nella mala milanese dell'epoca. Sceglie quel ragazzo, forte e ambizioso, come suo allievo. Lo porta in giro con sé, lo fa entrare nelle bische più losche, quelle nelle cantine o nei retrobottega, gli fa conoscere donne che di lavoro fanno le prostitute. E gli spiega dove e come rubare. Così i piccoli furti in negozio diventano furti nelle case di persone che hanno soldi, rapine in negozi più ricchi.

Francesco lascia il lavoro dal commerciante di tappeti e inizia a fare altro, di molto peggio. Un giorno lo contatta un cambista, venivano chiamati così gli usurai che prestavano soldi a chi era malato di gioco d'azzardo. Poi però il denaro andava restituito, con interessi altissimi. Per questo il cambista contatta Turatello, perché vada a riscuotere il debito. E lui lo fa, e quando qualcuno non paga lui lo riempie di pugni e di calci. Non gli piace picchiare la gente, ma nemmeno gli dispiace. Per lui è un lavoro: poca fatica, soldi che entrano facilmente. Picchia qualcuno, poi passa a un altro. Non sa niente delle persone che lascia a terra sanguinanti, né gli interessa saperne qualcosa. Semplicemente per lui non ha nessuna importanza conoscere nome, motivi, problemi. Lui deve avere il denaro, e tanto basta.

È bravo nel suo lavoro, picchia duro. Così al cambista se ne aggiunge un altro, e poi un altro ancora. Turatello è un riscossore, ed è un ladruncolo, come ce ne sono tanti a Milano negli anni Sessanta. Arriva il boom economico, i soldi iniziano a girare e con i soldi cresce il gioco d'azzardo. Aumentano i giocatori che si indebitano e aumentano le case dove ci sono soldi, quelle dove vale la pena rubare.

A Turatello si rivolge poi un'altra categoria di clienti: i magliari. Offrono alle famiglie, andando porta a porta, abiti e corredi per le figlie giovani, future spose. È una tradizione a cui molte famiglie meridionali, arrivate al Nord tra gli anni Cinquanta e Sessanta, non rinunciano. I magliari consegnano quello che chiamano «il pacco». Dentro c'è l'abito. Qualcuno paga subito, in contanti, altri fanno cambiali. A gestire il mercato a Milano, in quegli anni, sono i Saccà e i Tiritiello. Poi ci sono altri che a volte tentano di inserirsi nell'affare, magari facendo confezionare i corredi con materiali scadenti. Gente che rovina il mercato, insomma. E a quel punto interviene Turatello. Lo schema è sempre lo stesso. Lui arriva e convince il nuovo venuto a ritirarsi dal mercato. Lo fa con i suoi metodi. E lo stesso succede a quelle famiglie che ritardano i pagamenti, che magari saltano una rata. A lui non interessano i motivi, non sta nemmeno a sentire. Lo sanno tutti, lui fa quello che deve fare, punto e basta.

Però da solo non ce la fa più, sono in tanti ormai a chiedere il suo intervento, la sua fama è cresciuta, è arrivata oltre Lambrate. Così inizia ad avere accanto a sé gente fidata, quelli che poi resteranno, la sua «batteria» come si diceva in gergo. Sono i fratelli Mirabella, Nino Malacarne, Gianni Scupola, Franchino Restelli. E poi c'è Otello Onofri che però è diverso dagli altri, è il maestro, è il mentore, non ama la violenza, per lui valgono solo i soldi guadagnati con la furbizia, con destrezza.

Alla lista della batteria di Turatello ne manca uno, il più importante. Si chiama Michele Argento, si fa chiamare Carlo, nessuno ha mai capito perché.

È il secondo incontro che cambia la vita di Turatello. Argento diventerà l'ombra di Francis, l'uomo fidato, suo braccio destro e guardia del corpo. Sarà l'uomo di cui tutti avranno paura.

Ora però bisogna fare un salto indietro di qualche anno e tornare in via Porpora, al numero 162. Lì è nato, il 4 maggio 1950, Renato Vallanzasca. Vent'anni più tardi i giornali parleranno di lui come del «bandito della Comasina». Lui con la Comasina non c'entra nulla. Con Lambrate, con il Lorenteggio, con il Giambellino, ma con la Comasina no. Probabilmente quel soprannome nacque perché il padre di uno della sua batteria era proprietario di un bar lungo la strada Comasina, che collega piazzale Maciachini, a Milano, a Como e poi alla Svizzera. Tutto lì.

Con Turatello, Vallanzasca ha una cosa in comune. Porta il cognome della madre. Però lui sa chi è il padre, lo conosce, gli vuole bene.

La storia è questa: Osvaldo, il padre di Renato, è nato a Pisa, si è trasferito a Milano, ha lavorato alla Breda, poi un po' a Torino, alla Fiat. Anche il padre di Vallanzasca ha perso due dita, sotto una pressa. Tornato a Milano ha iniziato a lavorare ai mercati generali, fa l'ortolano. Si è sposato, ha avuto due figli, Ennio e Giorgio. Il 10 maggio 1944 conosce, in una sala da ballo, Marie Vallanzasca. Lei ha un negozio di abbigliamento in corso Buenos Aires, quasi all'angolo con piazzale Loreto. Osvaldo e Marie iniziano a frequentarsi, stanno insieme. Lui però le ha raccontato bugie, le ha detto che lavora al «Corriere della Sera», e che è libero, nessun legame. Poi una sera Marie va in via Solferino, alla sede del giornale. Chiede di lui, nessuno lo conosce. Osvaldo allora le racconta tutto, e racconta tutto anche alla moglie, Rosa. Le due donne si conoscono, Marie conosce anche i figli di Osvaldo. A quel punto tutto è alla luce del sole, tutti sanno tutto. Nasce Renato, tre anni dopo suo fratello Roberto.

Le prime leggende, attorno alla vita di Vallanzasca, risalgono a quando era solo un bambino. È sempre stato lui stesso ad alimentarle. Raccontò che il primo giorno di scuola elementare, in via Lulli, a due passi da via Porpora, era stato sospeso perché «aveva gonfiato», queste le parole che usò, un suo compagno di classe che gli aveva sporcato un compito. La maestra aveva detto alla classe di tracciare delle aste su un foglio ma lui, Renato, sapeva già scrivere. Così tutti gli altri bambini si erano avvicinati per vedere quel fenomeno e un suo compagno, con una bella stilografica Pelikan, gli aveva sporcato il foglio. Vallanzasca sottolineò il particolare della Pelikan. Disse che quel bambino era arrivato a scuola a bordo di una Lancia nera e che era vestito bene, con il grembiule più bello di tutti. Insomma, lo aveva picchiato perché era ricco, o così gli sembrava. Poi lo sospesero ancora perché aveva tirato un gavettone di acqua e segatura a un bidello, che però «era una carogna manesca», spiegò lui. Chissà se queste storie sono vere, e chissà quanto è romanzato quello che, nella storia criminale di Vallanzasca, viene ricordato come il suo primo arresto.

Dopo la nascita di Roberto, Marie e Osvaldo non riescono più a «tirare avanti». Il negozio di abbigliamento ha chiuso, Osvaldo guadagna poco. Così un giorno prendono i figli e li portano in via degli Apuli, al Lorenteggio, a casa della moglie di Osvaldo, quella che Renato chiama zia Rosa. È una famiglia allargata, quando ancora in Italia non ce n'erano molte, o per lo meno non se ne parlava. Vallanzasca inizia con i primi furti. Il metodo è lo stesso adottato da Turatello e dai suoi amici. Renato va all'edicola, chiede di vedere il contenitore delle figurine dei calciatori per scegliere il pacchetto che più gli sembra fortunato. Intanto, un suo amico tira una pallonata forte al retro dell'edicola, e se il vetro si rompe pazienza. Il proprietario esce e va a vedere cosa è successo. Renato prende tutto il contenitore di figurine e scappa. Ripetono l'operazione in varie edicole, più volte. Figurine di calciatori ma anche giornalini: «Tex Willer», «Mandrake», «Capitan Miki».

Renato sta molto in strada: raccontò che era fortissimo ad andare sul carrettone, una tavola di legno con una ruota davanti e due dietro, uno skateboard fatto a mano.

Durante il fine settimana a volte torna con il fratello Roberto a Lambrate, in via Porpora 162.

È il 1958, Renato ha 8 anni, è quasi Natale. A Lambrate ha messo la tenda il circo Medini. Insieme al fratello girano da quelle parti, guardano le bestie in gabbia. Lui disse poi che proprio non ce la faceva a vedere gli animali trattati in quel modo.

Una sera, con Roberto e con l'amica Antonella, che molti anni più tardi diventerà sua moglie, esce di casa e va dove si trova il circo. I due fratelli hanno uno scalpello e una mazzuola. Iniziano a far saltare i lucchetti delle gabbie. Vallanzasca spiegò poi che Roberto doveva liberare gli animali più innocui mentre lui si doveva concentrare sulle gabbie delle bestie feroci. Raccontò: «Cominciai a correre in mezzo alle capre e alle scimmie che aveva liberato Roberto. Il dramma era che non lo trovavo più. Alla fine, lo scovai nel recinto dell'elefante, gli aveva piantato tutte e due le mani nella parte inferiore di una delle zampe e provava a tirarlo fuori».

Qualcuno dalle case vicine si affaccia, urla, loro scappano.

La polizia lo prende il pomeriggio successivo mentre sta giocando a pallone in piazza Gobetti. Il verbale riporta la denuncia del titolare del circo: «Il suddetto Vallanzasca Renato, alle ore 2.35 antimeridiane, rompeva a colpi di mazzuola il lucchetto della gabbia della tigre Rachele. Il piazzale dove il circo Medini aveva allestito il suo tendone era già invaso da altre bestie che il Vallanzasca aveva fatto uscire dalle gabbie».

Finisce per un periodo in riformatorio. Lui poi si vantò dicendo che quella prima esperienza da carcerato lo «esaltò non poco».

Chissà se l'allora quattordicenne Francesco Turatello seppe di quella storia, degli animali fatti fuggire dal circo. Di sicuro non sapeva che la sua vita e quella del bambino che abitava a pochi passi da lui, in via Porpora, si sarebbero incrociate più avanti, a colpi di fucile.

C'è poi un altro ragazzino, non conosce né Francesco né Renato. In un giorno del 1959, quando ha 14 anni, è su un treno partito dalla Sicilia e diretto a Milano. Ha addosso un vestito buono, gliel'ha cucito il cugino: il vestito adatto per iniziare la sua nuova vita al Nord. Il ragazzino si chiama Angelo Epaminonda, diventerà famoso come il Tebano, capo della banda degli «Apache», o degli «Indiani». Li chiamano così perché arrivano sempre in gruppo, spietati, incontrollabili, come una banda di guerrieri. Uccidono e poi gridano la loro vittoria, come gli Apache. Loro le scorrerie le fanno nelle strade di Milano, non nelle praterie del West.

Angelo Epaminonda, Angiolino, è nato a Catania, nel Borgo, il 28 aprile 1945. Il Borgo è allora un quartiere popolare, a una delle estremità della via Etnea. In casa con Angelo vivono un fratello, tre sorelle, il padre e la madre: è un'abitazione povera, con muri di tufo senza intonaco. Due stanze. La madre, Palma, si occupa dei figli, il padre, Paolo, lavora la pietra bianca. Angelo cresce soprattutto in strada, con altri ragazzini. A scuola ci va solo per tre anni, poi lascia. Detesta la maestra, detesta i compagni e detesta stare seduto dietro un banco. Quando dice che non andrà più a scuola, il padre, raccontò poi lui, lo riempie di botte.

Però a scuola non va più. Va a lavorare, ancora bambino, in una fabbrica di casseforti, poi trasporta bombole di gas, quindi lavora in un negozio, poi in un altro, appena può scappa e raggiunge gli altri ragazzini. Cresce guardando da lontano i boss del quartiere che campano con i furti e le estorsioni. In seguito si avvicina, vuole imparare.

In casa non ci sono soldi: i pochi guadagnati, Paolo Epaminonda se li gioca la sera in lunghe partite a zecchinetta, un gioco semplice, azzardo puro. Poi deve andarsene, si è indebitato, ha perso molto. Riunisce la famiglia e dice: «Io vado a Milano». E noi? «Verrete quando sarò sistemato.»

È così che un giorno d'inverno del 1959 Angelo Epaminonda, i fratelli e la madre salgono su un treno alla stazione di Catania. È la prima volta che Angelo prende un treno. È la prima volta per tante cose: la prima che esce da Catania, la prima che vede la nebbia, la prima che sente così freddo. Il padre si è sistemato a Cesano Maderno, a 20 chilometri da Milano, dove fa l'operaio in una fabbrica, la Ferrotubi. Anche Angelo viene mandato a lavorare, a Varedo, a pochi chilometri di distanza. Ci va in bicicletta, e anche quella è una prima volta: non ci era mai salito prima. Ha 15 anni e lavora in un capannone dove si rimettono a nuovo cerchioni di auto. Ha freddo, dopo un'ora non sente più le braccia per la fatica. Dura pochi giorni, poi non si fa più vedere. Il padre gli trova un altro lavoro da un artigiano della zona: deve lucidare mobili. Guadagna qualcosa. Ma lavorare non gli piace, come non gli piaceva andare a scuola.

Però scopre Milano, sabato e domenica corre in città. Ha capito che c'è una cosa che gli piace fare: ballare. Balla bene, è bravo, si fa fare una giacca rosso fuoco, poi un'altra in stile militare. Partecipa a concorsi, arriva anche in finale al campionato lombardo. La giornata conclusiva del campionato si svolge alle Rotonde di Garlasco, una delle più celebri sale da ballo italiane degli anni Sessanta e Settanta. Epaminonda si piazza al secondo posto, se ne va infuriato dicendo che era ovvio che al Nord non facessero vincere un siciliano.

Intanto ha conosciuto una ragazza, Betty: vive a Cesano Maderno con la famiglia, è originaria di Brescia. Quando lei rimane incinta, nessuno dei due ha compiuto 18 anni. Si sposano, nasce Paolo, il primo di tre figli.

Betty lavora alla Face Standard, Angelo passa da un lavoro all'altro, rimedia qualche soldo con piccoli furtarelli. A casa non c'è mai. Dirà in seguito: «Passavo da un bar all'altro, da una ragazza all'altra». È come se vivesse di corsa, non sta mai fermo. Le cose vanno meglio solo durante il fine settimana: Angelo e Betty vanno a ballare, non si stancano mai.

Poi lui lavora alla Snia, continuamente trasferito perché litiga con i capireparto, non accetta che gli si diano ordini. Poi è all'Alfa Romeo, ad Arese. Di sera va al Paip's, un dancing di corso Europa, nel centro di Milano. Passa lì la notte, al mattino non si presenta al lavoro. Ma gira anche per gli altri locali, li conosce tutti: il Santa Tecla, il Parco delle Rose, il Pum-Pum. Va al Derby Club, in via Monte Rosa: lì la sera si mischiano attrici, giornalisti, imprenditori, comici, cantanti, e criminali. Angelo Epaminonda vede attorno a sé i soldi, sono la sua ossessione. Lo sono da quando a Catania ha dovuto consegnare una bombola di gas in una villa e lo hanno fatto entrare da una porta sul retro, quella per «i servitori». Dirà anni dopo che essere entrato in quella casa gli aveva fatto capire che cos'era la ricchezza e, soprattutto, la povertà.

Continua a vagare da un lavoro all'altro, si mette in società con il fratello Giorgio per vendere accessori da bagno. Poi prova con gli spray porta a porta, fa cambiali per mettersi nel commercio. Si stufa presto, allora organizza un gruppo di ragazzini che facciano il porta a porta al posto suo. La cosa funziona, guadagna un po' di più, spende i soldi la sera, nei night. Lo conoscono tutti. È piccolo, moro, con tanti capelli scuri. Cerca di farsi notare in ogni modo. Una sera al Paip's compra due bottiglie di champagne e le rovescia sulla pista, il proprietario lo affronta, lui risponde: «Io con i soldi faccio quello che voglio». Dirà poi di aver imparato in quegli anni a Milano che bisogna essere gentili con tutti ma stroncare subito chi pensa di metterti i piedi in testa.

Un'altra sera al Paip's fa l'incontro che gli cambia la vita. Un amico gli dice: «Vieni con me». Lui lo segue in bagno. L'amico gli mette un po' di cocaina nell'incavo della mano, gli dice: «Provala».

Da quel momento Angelo Epaminonda non smetterà più.

E così sono tutti e tre a Milano. Fine anni Sessanta. Renato Vallanzasca ha già conosciuto il carcere, anche se quello per i minorenni, Francis Turatello sta per conoscerlo, Angelo Epaminonda ci arriverà più tardi. Frequentano posti diversi ma ogni tanto si incrociano, senza conoscersi. Hanno una cosa in comune: vogliono fare soldi, tanti, e con ogni mezzo necessario.

Milano è il posto giusto.

III

La partita a calciobalilla

La prima volta che Turatello e Vallanzasca si incontrano è al bar Kriminal, a Lambrate. Non è il vero nome del locale ma lo chiamano così perché lì si trovano tutti i balordi della zona. Turatello è seduto a un tavolo, accanto a lui c'è Carlo Argento. Si erano conosciuti in un bar di via Monte Napoleone dove Francis andava a bere il caffè: si sedeva, si guardava attorno, si dava un tono. Argento lì faceva il barista. Si erano piaciuti subito, avevano iniziato a raccontarsi la loro vita scoprendo di avere qualcosa in comune, anche Argento porta il cognome della madre, non ha mai conosciuto suo padre, non sa chi sia.

Argento si licenzia dal bar e comincia a seguire Francis nelle sue prime imprese da malavitoso. Diviene la sua ombra, il suo braccio destro. Tempo dopo iniziano a chiamarlo «il viceré». Siede sempre vicino a Francis, cammina qualche passo dietro di lui per coprirgli le spalle, ascolta tutto e se sente qualcuno che parla male di Turatello arriva e chiede tranquillo: «Di chi state parlando?». È alto e forte, ed è cattivo. È amico e guardaspalle, spia e sicario.

Quel giorno Francis e Argento stanno facendo passare il pomeriggio. Nel bar entra Vallanzasca. Non ha nemmeno 17 anni, con lui c'è il fratello Roberto e qualche altro ragazzino. C'è Antonellina, Antonella D'Agostino, che poi Renato avrebbe sposato, ma molti anni più tardi.

Francis ha voglia di divertirsi.

Dice a Vallanzasca: «Tu sei quello bravo a rubare le autoradio, com'è che ti chiami?».

Renato sa benissimo chi è quel ragazzo più grande seduto davanti a lui. Sa cosa fa e come lo fa, sa anche che picchia forte, senza scrupoli. Però dice: «Non so se sono io quello bravo con le autoradio, ma tu invece chi saresti?».

Turatello non risponde, Argento ride.

«E comunque sono bravo anche a quello, se un giorno ti va di fare una partita.» Renato indica con il mento il calciobalilla.

Quella è stata la prima volta. Qualche anno dopo inizieranno a prendersi a fucilate.

La partita a calciobalilla in seguito la fanno davvero. Sono due balordi a organizzarla, a modo loro. Dante «l'Anguilla» e Ivo «Rock and Roll» vanno da Francis e gli dicono: «Lo sai che Vallanzasca va in giro a dire che hai avuto paura? Paura anche di giocare a calciobalilla». Turatello risponde solo: «Quando vuole». Poi l'Anguilla e Rock and Roll incontrano Renato: «Turatello dice che ti lascia a zero, che forse si è sbagliato, che non sei nemmeno bravo a rubare le autoradio».

Vallanzasca torna nel bar e giocano la partita. Carlo Argento è a un capo del calciobalilla e dall'altro c'è Antonellina. Vince Vallanzasca 6 a 5. Turatello dirà che ha preso l'ultimo gol perché si era distratto a guardare una bella ragazza, bionda, che era entrata al Kriminal.

Dopo quella partita a calciobalilla Vallanzasca e Turatello non si vedono più per un pezzo. Renato riprende a fare ciò che fa sempre. È vero che ruba autoradio, ma anche altro. Un giorno una signora che abita in un palazzo in via Porpora scende in cantina. Trova una porta semiaperta, guarda dentro: ci sono autoradio, phon, palloni, completi da calcio del Milan, di cui Vallanzasca è sempre stato tifosissimo, calze di nylon, fumetti, scatole di figurine, detersivi. Di tutto, tutto rubato.

La voce gira, nasce una specie di mercato nero in cantina. Vallanzasca e i suoi amici rubano su commissione: «Renato, mio figlio avrebbe bisogno di un cappotto per l'inverno...». E loro lo rubano rivendendolo per poche lire.

Poi da Vallanzasca iniziano a presentarsi anche alcuni balordi, commissionano i furti in qualche appartamento. Lui esegue, però già allora reagisce male se qualcuno lo tratta in maniera autoritaria, gli dà ordini. Non l'ha mai sopportato. L'avevano espulso per quel motivo da quasi tutte le scuole. Se un professore lo sgridava o gli diceva qualcosa di poco gentile lui reagiva male. La madre lo aveva iscritto anche dai preti: lo avevano sbattuto fuori perché si era rifiutato di fare la prima comunione. Alla fine, lo affidarono a una insegnante privata, Enrica Tosi. Vallanzasca ricorderà che fumava come una ciminiera e che spesso si presero a male parole. Però disse anche che le aveva voluto bene.

Come ci riesce non si sa, però Renato passa da privatista i primi due anni di ragioneria. Ma non è quella la sua strada. A lui piace rubare, in quello è bravo. A Lambrate, dove continua a trascorrere il sabato e la domenica a casa della madre, lo chiamano «Mister Taxi». Ruba e spende, per darsi un tono gira in taxi. La sua prima auto la ruba tardi, a 21 anni.

Entra ed esce dal carcere minorile, una volta riesce a scappare. Lo fa durante uno spettacolo organizzato nell'istituto penale per minorenni Cesare Beccaria, a Milano. Renato deve cantare una canzone dei Pooh, *Piccola Katy*. Durante le prove nel retropalco taglia l'unica sbarra lungo un'apertura che fa da presa d'aria. È una sbarra vuota, tutto facile. Lo riprendono quasi subito.

In quel periodo, è il 1968, ha anche le sue prime pistole. Le compra da un ricettatore: una calibro 38 e una Luger, una vecchia pistola tedesca della Seconda guerra mondiale. Va all'Idroscalo a sparare con gli amici, per esercitarsi. In un'intervista anni dopo disse che non era mai stato un patito delle armi però a quella 38 si era affezionato, la portava sempre con sé.

In quegli anni si guarda in giro. Attorno a lui, alla fine degli anni Sessanta, a Milano la politica invade le strade. Lui ascolta. Dice: «Mi sa che io sono un anarchico». Lavora su commissione. I vecchi, così li chiama, cioè i ladri con molta esperienza, gli dicono dove andare: ville, case, magazzini. In pratica è un dipendente, stipendiato. Gli insegnano i trucchi. Gli dicono che per entrare in una proprietà dove ci sono dei cani deve spogliarsi completamente, strofinarsi le mani sotto le ascelle e poi accarezzare gli animali sul muso per abituarli al suo odore. Lui lo fa, i cani lo inseguono, lui scappa nudo per la proprietà.

Scalpita, vuole fare di più. Dice a uno dei vecchi: «Perché entrare nei magazzini e portare via la roba a spalla? Si fa fatica. Fermiamo i camion, puntiamo la pistola all'autista e portiamo via tutto così...». Gli risponde: «Sei matto? Così da furto diventa rapina, ti becchi dieci anni».

Lui lo fa lo stesso, e lo beccano. Il giudice gli dà un anno e due mesi. Vallanzasca è giovane, il magistrato pensa possa ancora cambiare vita, gli dà una chance.

Finisce in cella con un ladruncolo, Romolino «l'attore». Lo chiamano così perché ha fatto la comparsa in qualche film. Vallanzasca lo ascolta per ore parlare delle sue imprese, dei suoi furti in quella gioielleria, in quella casa, in quella banca. Sono colpi straordinari, ingegnosi. Renato è affascinato. Poi scopre che quelle storie Romolino l'attore le legge sul fumetto «Diabolik» e le fa sue. Vallanzasca raccontò che quando mostrò i fumetti di «Diabolik» a Romolino lui rispose: «Ma guarda tu, "Diabolik" mi ha rubato i colpi».

Quando esce dal carcere, Renato Vallanzasca ha 20 anni. È stufo di lavorare su commissione, si mette in proprio. Inizia a circondarsi di quelli che poi sarebbero diventati i membri della banda Vallanzasca o banda della Comasina, come scrissero i giornali. Ci sono Rossano Cochis, Antonio Colia detto «il Pinella», Pina Usuelli, Vito Pesce, Mario Carluccio, Antonio Furiato, Angela Corradi. Ma ne parleremo più avanti.

Una sera, a casa del fratello Roberto, conosce una ragazza. Si chiama Consuelo Ripalta Pioggia. Ripalta, come la Madonna di Ripalta, patrona di Cerignola, il paese della Puglia da cui la sua famiglia è emigrata. Consuelo non ha nemmeno 15 anni ma Vallanzasca disse che questo lo scoprì solo più tardi. Renato raccontò anni dopo che durante quel primo incontro Consuelo lo aveva respinto e lui le aveva tirato uno schiaffo. Ammise che si era vergognato di quel gesto.

Poi però si rivedono, una sera Consuelo non torna a casa. Il giorno dopo il padre la massacra di botte. Vallanzasca va a cercarlo, non gli fa nulla ma gli dice: «Da ora in poi tua figlia non torna più a casa e se provi nuovamente a toccarla, ci penso io». Vanno a vivere in corso Magenta, in un vecchio palazzo. Sono sempre insieme, frequentano il Wanted Saloon in via Paleocapa. Qualcuno, quando entrano, dice: «Ecco il bandito e la bambina». I malavitosi frequentano soprattutto il Paip's, in corso Europa, quello dove staziona ogni sera Angelo Epaminonda. Vallanzasca quel posto lo detesta, dice che ci sono solo magnaccia e sbirri, che c'è sempre qualcuno che gira con *el ferr*, cioè la pistola nel gergo della mala milanese, infilata nella cintura per darsi un tono.

Consuelo rimane incinta nel novembre del 1970, dopo quattro mesi perde il bambino. Ha un figlio l'anno successivo, lei ha 16 anni, Renato 22. Lo chiamano Maxim. Da molto tempo Maxim ha cambiato cognome, una volta cresciuto non ha più voluto vedere il padre.

Francis Turatello osserva le mosse di Vallanzasca da lontano. Lo continua a considerare solo e sempre un ladro di autoradio, uno sbruffoncello. Dice ad Argento: «Basta che non ci rompa i coglioni». Lui pensa in grande, vuole fare tanti soldi, vuole farsi un nome. Le cose però non gli vanno sempre bene. Una sera, con Argento e un complice, Claudio Callegari detto «il Callega», entra in una villa di Vigevano, di proprietà di una famiglia molto benestante. Il colpo è piuttosto semplice. Argento si è fatto amica la cameriera della villa e l'ha convinta a dargli le chiavi. Quella sera i proprietari non ci sono, ci sono però due dobermann di guardia. Turatello non segue il metodo Vallanzasca. Semplicemente fanno fuori i due dobermann. Portano via tutto: soldi, gioielli, argenteria. Poi danno il bottino a un ricettatore, uno che doveva essere fidato e che invece avverte la polizia. È così che Turatello, sempre con l'inseparabile Argento, finisce in carcere, a «casanza», come veniva chiamata la galera nell'ambiente. Oppure la «buiosa», la chiamavano anche così.

In carcere Turatello conosce gente importante. Diventa amico soprattutto di Albert Bergamelli, il marsigliese, il capo della banda delle tre B. Tre B, come le iniziali dei cognomi dei tre capi: Bergamelli, Jacques Berenguer, anche lui marsigliese, e il bresciano Maffeo «Lino» Bellicini.

Bergamelli è cresciuto a Marsiglia, si è fatto un nome nella malavita locale. Poi, ricercato, è dovuto scappare dalla Francia, ed è arrivato in Italia. Nel 1964, il 15 aprile, con sei complici fa una rapina passata alla storia. Alle 16.30 due Alfa Romeo Giulietta si fermano davanti alla gioielleria Colombo, al numero 12 di via Monte Napoleone, a Milano. Due altre auto bloccano la strada. Tre uomini escono dalle due Giulietta sparando a raffica in aria decine di colpi. Entrano in gioielleria, fanno sdraiare commercianti e clienti a terra e portano via gioielli per centinaia di milioni di lire. La rapina dura sei minuti.

Non era mai accaduto prima che si sparasse così, in pieno giorno, in una strada del centro di Milano. I giornali chiedono che venga rimosso il capo della polizia, Angelo Vicari.

Durante la fuga uno degli uomini ha perso il gemello di un polsino della camicia che raffigura la torre Eiffel. La polizia si convince che i rapinatori siano francesi: fanno pubblicare dai giornali le foto segnaletiche di malviventi che sono fuggiti dalle carceri francesi. C'è anche Bergamelli. Arrivano centinaia di segnalazioni e arriva anche quella giusta. Vengono arrestati in undici. Oltre ad Albert Bergamelli, ci sono suo fratello Guido, Giuseppe Rossi che si fa chiamare Joe Le Maire ed è detto «il sindaco», Gérard Barone Didier, Louis Nesmoz, Pierre e Jean Pierre Noël, Jacques Dupuis, Raphaël Dadoun, Carlo Orsini, Sergio Panayotides.

Dino Buzzati, allora giornalista del «Corriere della Sera», descrive così Bergamelli: «Smilzo, simpatico, che non si supporrebbe mai tipo pericoloso. Ieri aveva la barba almeno di due giorni ma era il più vivace e allegro di tutti. Rideva spesso, sorrideva in continuazione. Il suo sorriso era insieme beffardo e bonario, come fosse matematicamente sicuro di sé e avesse nella manica non uno ma tutti e quattro gli assi».

I rapinatori vengono condannati a pene dai tre ai nove anni.

Turatello, in carcere, si fa raccontare tutti i particolari di quella rapina. Quando si incontrano sta per ore ad ascoltare Bergamelli.

Durante la carcerazione il marsigliese riceve le lettere di tante ammiratrici. Una in particolare è la più assidua, si chiama Felicia Cuozzo, gli scrive dalla Campania. Poi i due si sposano, rimarranno insieme fino all'ultimo.

Bergamelli fa la stessa fine di Turatello. Accade un anno dopo la morte di Francis.

Il 31 agosto 1982, diciotto detenuti del carcere di Ascoli Piceno vengono portati in uno stanzone mentre gli agenti di custodia effettuano la perquisizione delle loro celle. A un certo punto, uno di loro, Paolo Dongo, ex detenuto comune che in carcere si è avvicinato alle Brigate Rosse, estrae un coltello da caccia nascosto nell'ingessatura del braccio di un altro detenuto. Colpisce Bergamelli alla gola, il marsigliese muore subito. Poi Dongo lo colpisce con altre trenta coltellate.

Né Turatello né Bergamelli, ai tempi della loro amicizia, potevano immaginare che avrebbero fatto la stessa identica fine, a distanza di un anno l'uno dall'altro. Allora, anche se carcerati, si sentivano invincibili.

Quando esce di galera, Turatello trova ad attenderlo il fedele Carlo Argento che è uscito qualche mese prima. Francis si sente forte, ha le conoscenze giuste e tanta ambizione. Si sente pronto, vuole prendersi Milano, diventare un capo vero. In cella si è fatto tatuare sulla natica destra una scritta che poi inizia a mostrare con orgoglio, da guascone qual è: «Il mio avvocato si chiama NEGA».

Fuori dal carcere riprende a fare quello che aveva sempre fatto, fin da ragazzino. Inizia a vedersi stabilmente con una ragazza che ha conosciuto in un night, Lia, all'anagrafe Emilia Luciana Zenari. Fa la fotomodella, è già sposata. Francis offre al marito un po' di soldi perché la lasci in pace. È però pur sempre abbandono del tetto coniugale, e cioè un reato. Lia sarà la grande storia d'amore di Turatello. Con un finale tragico.

La ragazza è gelosissima, fa scenate memorabili perché Turatello non considera tra i suoi valori quello della fedeltà sentimentale. Segue Francis ovunque, anche nei colpi criminali.

Nel 1972 avranno un figlio, Eros. Quel bambino, biondo e sorridente, finirà, nel 1977, sulla copertina di un disco di Franco Califano, *Tutto il resto è noia*. Ma è una storia che vedremo più avanti, tante cose devono ancora succedere prima di quell'anno.

Secondo una delle leggende sulla vita di Turatello, poco dopo essere uscito dal carcere Francis va negli Stati Uniti a trovare lo «zio d'America», Frank Tre dita Coppola, l'uomo che in realtà era per tutti suo padre. Frank lo porta a Las Vegas, gli fa vedere come funzionano i casinò e il giro della prostituzione. È lì che Turatello capisce che i soldi veri li può fare in quel modo, con il gioco d'azzardo e le donne. All'inizio degli anni Settanta Turatello sente che è il momento di cominciare a fare sul serio.

E il terzo personaggio di questa storia? Lui ha deciso di dare meno nell'occhio. Angelo Epaminonda è scaltro. Vuole fare i soldi ma non vuole correre rischi, di finire in carcere non ha nessuna voglia. Al Paip's entra senza pagare, lo rispettano tutti. Un giorno gli si avvicina un tizio, uno ben vestito, con tanta brillantina sui capelli. Gli dice: «Senti, ho un colpo per te, una cosa facile e senza rischi. È una cosa sicura, devi ripulire casa mia. Porti via i quadri che ci sono, poi li bruci, così l'assicurazione mi paga. A te vanno 5 milioni».

Epaminonda lo fa. La villa da ripulire è vicino a Varese. Lui entra con le chiavi, tranquillo. Carica i quadri su un furgone e se ne va. Poi si presenta all'appuntamento con il tipo, in una sala biliardo dalle parti di Porta Genova, e incassa i 5 milioni. Agli amici dice: «Col cazzo che li ho bruciati i quadri». Se li mette a casa, sostiene però che gli fanno schifo. Allora va da un ricettatore che gli offre poche lire. Epaminonda risponde: «Piuttosto li butto nel Naviglio». Va da un altro ricettatore ma anche lui gli offre poco. Alla fine, i quadri li brucia davvero.

I soldi non gli mancano. Con un complice ruba 33 chili d'argento. Poi rapina la casa di una ragazza con cui esce. Una sera va con lei a ballare al Parco delle Rose, le toglie le chiavi dalla borsetta e le dà a un complice, Ignazio, un amico di Cesano Maderno. L'amico va a casa della ragazza, ruba tutto e poi riconsegna le chiavi. Solo che per farsi bello, l'amico di Epaminonda racconta alla ragazza che erano stati lui e Angelo a fare il colpo. Qualche giorno dopo, mentre Epaminonda è fuori da un locale di piazza Diaz arriva urlando la madre della ragazza. Lui le dice semplicemente: «Se non te ne vai ti ammazzo, poi ammazzo tua figlia». Dopo va da Ignazio e gli dice «Sparisci, non ti voglio mai più vedere in giro». Ignazio si ucciderà diversi anni più tardi sparandosi un colpo a bordo di un treno.

A Epaminonda i soldi arrivano anche dal contrabbando delle sigarette. Un giorno dice in giro che sta andando a Rimini a ritirare un carico. Viene convocato da un malavitoso che ha legami con la criminalità organizzata. Gli dice: «Rimini non è zona tua, vai pure a prendere le sigarette, le paghi, poi le sigarette le vendiamo insieme». Epaminonda va a Rimini, prende i cinquemila pacchetti di sigarette e li rivende subito, da solo. I soldi li fa fuori nel giro di poco.

Qualche giorno dopo viene convocato in un bar. Sa benissimo che quel posto è una specie di quartier generale dei fratelli Fidanzati, un clan mafioso impiantato a Milano. Gli dicono: «Tu sei quello che si è ballato le sigarette». «Sì, ma i soldi per comprarle erano i miei.» «Non lo fare mai più» gli dicono. «C'è gente che è morta per molto meno.»

Epaminonda smette con il traffico di sigarette. C'è qualcosa che può rendergli molto di più. La cocaina è divenuta una costante nelle sue giornate, sniffa in continuazione. Decide di iniziare a venderla. Non ci mette molto a diventare un punto di riferimento nei locali di Milano. Non lo fa personalmente, ha creato un giro solido, di gente di cui si fida, soprattutto catanesi come lui, quelli che poi sarebbero stati chiamati gli Indiani.

Inventa anche uno slogan: «Chi non sniffa la roba di Angiolino ha mal di testa ogni mattino». Epaminonda la roba la taglia. In una bustina che vende per 15.000 lire c'è un quarto di coca e tre quarti di taglio. Lui il taglio lo chiama «cachet Fiat», come le famose compresse contro il mal di testa. Vende nei locali di via Larga e di piazza Diaz, e anche in uno scantinato, sempre in via Larga. Lì c'è una bisca clandestina, e Angiolino diventa il fornitore ufficiale dei giocatori d'azzardo. Ma vende anche nei locali di proprietà di Lello Liguori, un nome famoso in quegli anni a Milano. Apre locali in continuazione, con soci che non possono comparire. Sono posti frequentati da gente della malavita ma anche da attori, cantanti, giornalisti. Al Number One e a Le Cupole Epaminonda ha l'esclusiva della vendita.

Alcuni amici l'hanno convinto a comprare una pistola, è di moda, in quel giro ce l'hanno tutti, come gli stivaletti Barrow's e i pantaloni a zampa d'elefante, che allora vanno per la maggiore. I malavitosi che girano nei locali del centro di Milano sono tutti armati. Una notte un membro del gruppo dei catanesi affronta un uomo che invece fa parte dei cosiddetti «sardi» che, dice lui, l'ha guardato storto. Inizia con uno spintone, finisce a colpi di pistola: catanesi contro sardi, dura dieci minuti. Epaminonda si rifugia nel Paip's, lui non c'entra niente con quella storia. Quando arriva la polizia, in strada sono rimasti cento bossoli e il corpo di un uomo. La chiamarono «la guerra di corso Europa».

Angelo Epaminonda in quella storia non vuole entrare. Pensa solo ai soldi, alle donne, e anche alla cocaina. Ha sentito parlare di uno che sta diventando un boss, che trasforma in oro tutto quello che tocca. Vuole diventare come lui, vuole diventare come Francis Turatello.

IV

Il regno

C'è un'altra protagonista di questa storia, oltre a Renato Vallanzasca, Francis Turatello e Angelo Epaminonda: Milano. È la città dove i tre vivono e crescono, dove diventano banditi. Per Renato è la città più bella del mondo, il suo rifugio, il posto a cui tornare sempre, «il luogo dell'anima» la definirà un giorno. Per Francis è il regno da conquistare e dominare, «chi ha Milano ha il mondo» pensa, e la capitale di quel regno, il quartier generale, è il luogo in cui si trova lui, il re, qualunque esso sia. Per Epaminonda Milano è denaro, ricchezza, auto di lusso, belle donne, cocaina, la notte che vince sul giorno, la rivincita.

Diventano grandi assieme alla città, la vedono trasformarsi ed espandersi, cambiare faccia.

Vedono crescere le industrie, la Breda, l'Alfa Romeo, la Pirelli, la Falk, la Motta, l'Alemagna, vedono le banche aprire le proprie filiali, i quartieri nascere e popolarsi. Tra la fine degli anni Sessanta e i primi anni Settanta Milano diventa una città moderna dove prendono energia le rivendicazioni operaie per condizioni di vita migliori, per la sicurezza dei posti di lavoro, per stipendi più dignitosi. Ed è la città in cui i movimenti degli studenti prendono forza. È il centro motore d'Italia, dove crescono cose nuove.

E cresce la violenza, quella politica, che dai primi anni Settanta diventerà sempre più sistematica.

Ma loro quella Milano la sfiorano, la guardano di sfuggita. Se ne approfittano perché polizia e magistratura si concentrano sul pericolo terrorismo e la criminalità cresce e agisce.

È un'altra Milano quella che loro amano di più, che respirano. È quella che si agita nelle bische segrete, nei luoghi di prostituzione nascosti ma che in realtà tutti conoscono, che fa affari dietro i paraventi dei locali. La Milano che si trova fino all'alba nei night club di Lello Liguori, il più famoso imprenditore notturno della città e che avrà, all'apice della sua carriera, undici locali: il Number One e lo Studio 54 sono i più famosi. È l'uomo che possiede anche il Covo di Nord-Est a Santa Margherita Ligure e che non ha mai disdegnato, o forse non ha mai potuto disdegnare, soci che provengono da una zona grigia, quel territorio di frontiera tra legalità e illegalità. Liguori sarà una presenza importante in questa storia, avrà contatti con Turatello e poi con Epaminonda.

Di quella Milano Francis, Renato e il Tebano conosceranno ogni angolo e movimento, ogni luogo segreto e mascherato: i finti circoli culturali e le associazioni regionali dove in realtà si gioca fino all'alba a trente et quarante, a seven eleven, a chemin de fer, e dove a una certa ora spuntano le roulette e le fiches. Fuori è notte o giorno, conta poco. I giocatori puntano le «gambe», cioè le 100.000 lire, o i «testoni», i milioni. Ci sono le bische per gente ricca e quelle per chi ricco non è. E dentro ci sono gli usurai, pronti a prestare denaro. All'ingresso i gorilla chiedono la parola d'ordine, non solo per paura della polizia ma soprattutto delle bande rivali che vogliono impossessarsi di quella bisca, che vogliono controllarla. Perché lì girano tanti soldi.

E poi ci sono le bische all'aperto, quelle che aprono dopo mezzanotte, a un segnale concordato, dove si gioca illuminati dai fari delle auto: all'Arena, in piazza Wagner, in via

Palmanova, in piazza Napoli, alla Stazione Centrale. Lì rotolano i «borlotti», i dadi. E se arriva la polizia, poco male, la bisca si sposta da un'altra parte. È sul controllo delle bische che a Milano si scateneranno le guerre di malavita più sanguinose.

Cambia Milano e cambia la malavita, diventa più moderna, efficiente, più ambiziosa e anche più spietata. La *ligera* di una volta, quel termine romantico che indicava la malavita milanese perché i ladri, i topi d'appartamento, andavano in giro non armati, «leggeri», lascia il campo ad altri. Turatello, Vallanzasca ed Epaminonda si impongono in una città in cui andare in giro senza armi equivale a un suicidio, non è previsto, non è pensabile.

Francis ha già 14 anni quando quella malavita romantica fa il suo grande colpo, l'ultimo: la rapina di via Osoppo. È il 27 febbraio 1958, quello che un tempo veniva chiamato San Paganino, il 27 del mese, il giorno degli stipendi. Sette uomini fermano, all'angolo tra via Osoppo e piazzale Brescia, un furgone portavalori della Banca Popolare di Milano. Usano una Fiat 1400 che fa sbandare il furgone, poi un camion OM Leoncino blocca la strada. Uno dei rapinatori sfonda, con un martello, il vetro del furgoncino e porta via il mitra di una delle guardie, è l'unica arma presente sulla scena. Rubano ufficialmente 70 milioni di lire, anche se molti sostennero poi che erano tanti di più. Una cifra inimmaginabile per anni in cui lo stipendio medio di un operaio è attorno alle 45.000 lire mensili. I sette uomini d'oro, così li chiameranno i giornali, vanno via mimando pistole e mitra con le mani e facendo *ta-ta-ta-ta* con la voce, quasi divertendosi mentre la gente assiste dai balconi.

Li prendono tutti poche settimane dopo. Uno di loro, prima della rapina, aveva fame, era entrato in una latteria e aveva comprato due panini e un pezzo di formaggio taleggio. Fanno l'identikit, trovano lui e poi gli altri, a uno a uno. Il capo è Ugo Ciappina, ha fatto parte di quella che a Milano chiamano la «banda dovunque», perché fa rapine in ogni quartiere. Esce dal carcere nel 1974 ma poi continuano ad arrestarlo: dopo una rapina, a Cosenza, dopo un'altra in piazza Diaz, a Milano, e poi mentre tenta di bucare il muro del negozio Tincati, in piazza Oberdan, sempre a Milano. Quando lo arrestano l'ultima volta, nel 2002, dice semplicemente: «Io non so fare altro che il ladro, è il mio mestiere».

Francis Turatello sente parlare di quel gruppo, nei bar ne discutono con ammirazione e rispetto. Lui pensa: «Col cavolo che a me mi prenderanno mai».

Turatello è già diventato grande il 25 settembre 1967, il giorno della banda Cavallero, il giorno dei mitra e delle pistole. Renato Vallanzasca ha 17 anni, il giorno dopo quella rapina legge tutto sui giornali: i colpi di mitra, i morti. Ha un misto di stupore e fastidio: «Non si spara sulla gente che non c'entra niente. Un conto sono i poliziotti, un altro le persone che vanno a lavorare» dice ai suoi amici.

Quel pomeriggio, a Milano, arrivano quattro uomini. Hanno preso l'autostrada da Torino. Sono esperti, tra il 1963 e il 1967 hanno già compiuto ventitré rapine in Piemonte. Li chiamano «quelli dell'Anonima Rapinatori». Hanno già ucciso, a Ciriè, nel torinese, durante il colpo in una banca: un uomo ha fatto un gesto troppo veloce, un gesto «sospetto». Uno dei rapinatori ha sparato, alle accuse per il reato di rapina si è aggiunta quella per omicidio.

Il capo della banda, o meglio della batteria, è Pietro Cavallero, detto «il Piero», un quarantenne ex operaio torinese cresciuto nel quartiere Borgo Dora. Ha conosciuto i suoi amici e complici a scuola: Sante Notarnicola e Adriano Rovoletto. Passano le giornate in un bar di Porta Palazzo, a Torino, a parlare di politica e rapine. Cavallero è arrogante e sicuro di sé, tanto che ha spedito agli istituti di credito del Piemonte e ai giornali una specie di lettera vademecum in cui spiega come devono comportarsi gli impiegati delle banche in caso di rapina: che collaborino docilmente. Ha stabilito che, come minimo, il bottino deve essere di un milione di lire per ogni impiegato presente. Il numero due della banda è Notarnicola, Rovoletto è l'autista. Quel giorno a Milano ai tre si è aggiunto anche un ragazzino di 17 anni, Donato Lopez: ha il compito di caricare le armi.

Alle 15.15 Cavallero, Notarnicola e Lopez entrano nella filiale del Banco di Napoli di largo Zandonai, a Milano, non lontano dalla Fiera e dall'imbocco dell'autostrada per Torino. Rovoletto rimane in attesa al volante di una Fiat 1100 nera. Hanno scelto Milano, quel giorno, perché in Piemonte ormai li cercano ovunque. Il cassiere della banca aziona l'allarme, le pattuglie delle forze dell'ordine arrivano in largo Zandonai. Cavallero e Notarnicola iniziano a sparare con i mitra, lo fanno senza nessuno scrupolo: sparano ovunque e quello che colpiscono, colpiscono. Salgono in auto e scappano verso il quartiere San Siro. Passano in piazzale Giovanni delle Bande Nere e poi in via Pisa, qui trovano la strada bloccata dalle forze di polizia. Scappano ancora, in piazzale Siena scendono dall'auto e sparano: uccidono un fattorino di 53 anni, Virgilio Odone, che è a bordo del suo camion. Risalgono in auto e fuggono verso piazzale Lotto. Sparano dai finestrini. Uccidono uno studente di 17 anni, Giorgio Grossi, che sta attraversando la strada con una racchetta da tennis sotto il braccio. In piazza Stuparich uccidono Francesco De Rosa che è a bordo della sua Fiat 600. Arrivano in viale Certosa, tentano di tornare verso Torino ma le strade sono bloccate, percorrono corso Sempione ritmando la loro corsa con colpi di mitra. All'Arco della Pace abbandonano l'auto e scappano a piedi. Rovoletto è ferito, lo prendono subito. Lopez fugge attraverso il parco Sempione verso piazza Castello, Cavallero e Notarnicola salgono su un tram e arrivano alla stazione di Porta Genova. Prendono un treno per Mortara. Lopez viene arrestato a casa sua a Torino. Cavallero e Notarnicola si infilano in un casello ferroviario abbandonato vicino a Valenza Po. Li prendono il 3 ottobre.

Cavallero, Notarnicola e Rovoletto vengono condannati all'ergastolo. Lopez, minorenne, a dodici anni di reclusione.

Rovoletto esce dal carcere dopo ventun anni, torna a Torino a vivere con l'anziano padre. Nel 2001 viene intervistato. Dice: «Vivo male, senza un soldo». Lopez, quando esce, diventa gestore di un distributore di benzina, a Torino. Notarnicola in carcere si avvicina alle Brigate Rosse. Una volta libero si trasferisce a Bologna, per molti anni gestirà un bar e scriverà libri.

Cavallero nel 1988 inizia a lasciare di giorno il carcere delle Nuove di Torino per lavorare in una comunità dove si occupa di assistenza agli emarginati. Muore nel 1997, poco prima aveva girato per la comunità un video di esercizi spirituali.

Ma c'è soprattutto un'altra storia che Vallanzasca e Turatello sentono raccontare dai vecchi della malavita, seduti nei bar a far passare il tempo. I vecchi dicono a Turatello, che li ascolta: «Ma tu hai mai sentito parlare del solista del mitra?». Chiamano così Luciano Lutring, un bandito degli anni Sessanta. La sua è una storia che ogni volta nei racconti cresce, si appesantisce di particolari al limite dell'inverosimile, si nutre di sentito dire, tanto che un giorno Francis si lascia andare: «Ma dai, questo Lutring è un'invenzione, non è mai esistito». «Esiste, esiste» gli risponde un vecchio della mala, «lo conoscerai prima o poi.»

Lutring è figlio di un fantino ungherese e di una donna milanese che gestisce una latteria in via Novara. Studia violino al Conservatorio, poi decide che gli piace di più rubare. Inizia dai polli, passa alle rapine. Ma è soprattutto della sua storia d'amore che si racconta nei bar. Un giorno Lutring porta via una valigia a una donna, lei si chiama Elsa Candida Pasini, si fa chiamare Yvonne, balla nei locali notturni. Lutring apre la valigia e dentro c'è solo lingerie. La riporta indietro, un po' per fare il brillante e un po' perché lui di quella roba non sa proprio cosa farsene. Due mesi dopo lui e Yvonne si sposano. Una notte di Natale vanno alla messa in Duomo, all'uscita si fermano davanti a un negozio di pellicce. Yvonne dice: «Che bello quell'ermellino bianco». Luciano le risponde: «Vai amore, aspettami a casa». Poi sfonda la vetrina e prende l'ermellino. A Yvonne dice: «Il proprietario è mio amico, mi ha fatto questo regalo, ha aperto il negozio la notte di Natale solo per te». Poi quella pelliccia Lutring deve venderla: «Yvonne la metteva anche per andare in latteria, era troppo vistosa, prima o poi qualcuno avrebbe fatto domande» racconterà.

Lo chiamano «il solista del mitra» perché tiene l'arma in una custodia per violino. Fa rapine in Italia, poi scappa in Francia e dopo poco torna a Milano con alcuni complici. Rapina una banca in via Solari. I testimoni riferiscono di uno strano dialogo: «*Ouvre la caisse*» dice uno in francese e un altro risponde: «*Ghe pensi mi*» in milanese.

Alla fine, lo arrestano in Francia, dopo qualche anno viene estradato in Italia. Nel 1976 gli viene concessa la grazia per meriti artistici: in prigione ha iniziato a dipingere, i suoi quadri sono apprezzati. Nel 1984 finisce di nuovo nei guai. Conosce una ragazza, Flora, di soli 17 anni: scappano insieme. Il padre della ragazza sporge denuncia. Lutring telefona a un giornale e spiega: «Vogliamo sposarci, questo non è un colpo di mitra, è un colpo d'amore». Il padre della ragazza ritira la denuncia, Luciano Lutring e Flora si sposano, hanno trent'anni di differenza. Nascono due gemelle, Maria Natascia e Maria Katiuscia. Lutring finisce la sua vita in un paese sul lago Maggiore. Si è separato da Flora, le gemelle vivono con lui. Ogni tanto rilascia un'intervista. Dice: «Non riconosco più questa malavita, noi avevamo delle regole, dei codici. Ora c'è solo violenza, nessun rispetto, nemmeno per gli anziani, nemmeno per i bambini».

Turatello e Vallanzasca crescono ascoltando queste storie, pendendo dalle labbra dei vecchi della malavita milanese che le raccontano. Le stesse che sentirà Epaminonda, ma di sfuggita: non gli interessano, lui pensa ad altro, è concentrato solo su come fare soldi in fretta e senza rischi.

Ben altri personaggi popoleranno la sua vita e quella degli altri due banditi: la banda dei serbi di Dragomir «Draga» Petrović, un criminale che fa paura solo a vederlo, tatuato ovunque, violento. E poi la criminalità organizzata: la mafia siciliana, la 'ndrangheta calabrese, la camorra napoletana. Uomini duri in guerra per la conquista di Milano. Con loro Vallanzasca, Epaminonda e Turatello si scontreranno, si alleeranno, si spareranno.

V

Le donne, le rapine

Milano, anno 1969. Epaminonda, Turatello e Vallanzasca seguono le loro strade che presto si incroceranno. Dopo la partita a calciobalilla Francis e Renato non si sono più visti, ognuno fa i suoi affari, per ora.

Angelo Epaminonda vede sempre meno la moglie Betty, a casa ci va poco. Il loro secondogenito è morto a soli tre mesi di polmonite. Al funerale Epaminonda ha aggredito il prete in chiesa quando ha iniziato a parlare di disegno di Dio.

Passa le notti nei locali del centro di Milano, è un punto di riferimento per lo spaccio di cocaina. Dorme dove e con chi capita. Un giorno torna a casa, a Cesano Maderno, suo suocero lo affronta. Gli chiede: «Dove stai tutte le notti?». Epaminonda prende un bastone e gli fa saltare due denti. Poi va nel bar dove lavora la suocera, prende a calci il flipper fino a far aprire la piccola cassa. Raccatta le monete e se ne va.

Betty ha anche iniziato ad andare da una maga, è stato un amico a dirlo a Epaminonda: «Guarda che tua moglie si è fatta dire come farti tornare da lei». «Sì, certo, e cosa le ha dato, un filtro magico?» risponde ridendo Epaminonda. «Quasi, la maga le ha detto di mischiare il sangue delle sue mestruazioni al caffè che bevi. È un caffè corretto.» Il giorno dopo, quando Betty prepara il caffè, Angelo scambia la sua tazzina con quella della moglie.

Poi esce e non torna più per molto tempo.

In un night, una sera, conosce una donna. È alta, bionda, si chiama Maria. Epaminonda ricorderà poi che «non si toglieva i tacchi a spillo nemmeno per camminare in casa». Si mettono insieme una sera, dopo aver ballato un lento, una canzone di Mina. A Maria piacciono le cose belle e costose, Epaminonda la accontenta, è innamorato e dandole tutto ciò che vuole si sente importante, grande. Però ci sono anche periodi in cui i soldi girano meno. Maria si lamenta, litigano, e Angelo si sente frustrato, avvilito. Trova comunque un modo per fare più soldi: le rapine. Si unisce a un gruppo di suoi concittadini catanesi, sono pendolari della criminalità che ogni tanto partono dalla Sicilia e arrivano al Nord, fanno un colpo e tornano indietro. Angelo Epaminonda conosce la città e conosce i dintorni, è lui a dare le indicazioni giuste, a segnalare dove colpire. Del gruppo fa parte Salvatore Lezzi, un rapinatore esperto con una lunga carriera criminale alle spalle. Poi c'è Salvatore «Turi» Pillera, è il più pericoloso, gli piace sparare, lo fa appena ne ha l'occasione. Un altro lo chiamano «Turi lo scemo», ha quel soprannome da quando era bambino. Un giorno, prima di una rapina si compra una giacca per apparire, in banca, come un normale cliente. Solo che si dimentica di togliere la grossa etichetta che spunta dal colletto. Fa la rapina con il nome del negozio ben visibile a tutti. Poi dice che non sapeva che l'etichetta andasse tolta.

Iniziano con una banca di Melegnano, appena a sud di Milano. Epaminonda non ha mai fatto una rapina, così ha il ruolo di autista: lascia i complici davanti alla banca, fa il giro della piazza calcolando un minuto e mezzo e poi torna. La volta dopo, a Cernusco sul Naviglio, entra anche lui in banca, ha paura, non lo ha mai fatto prima ma se la cava. Ha l'adrenalina a mille, si sente un bandito vero, uno di quelli di cui parlano i giornali. Poi rapinano una terza banca, ancora fuori Milano: i giornali scrivono che uno dei criminali ha preso un bambino da una carrozzina e ha minacciato di spararGli. Epaminonda, anni dopo, racconterà che non era vero, il bambino piangeva e uno di loro l'aveva preso in braccio per calmarlo.

D'estate il gruppo si trasferisce al mare. In quegli anni la città a luglio e ad agosto si svuota, difficile fare rapine in una Milano deserta. Così Epaminonda e i suoi complici affittano una casa a Lido degli Estensi, nel ferrarese. Vanno in spiaggia e di sera frequentano i locali sul mare. Ogni tanto si spostano di qualche chilometro e rapinano una banca. Epaminonda si fa raggiungere da Maria, di sera vanno nei ristoranti più costosi, lui è contento di mettersi in mostra. A settembre ricominciano con le rapine a Milano ma anche in altre città della Lombardia. Un giorno, in una banca di Pandino, in provincia di Cremona, le cose si mettono male. Si attardano, passano i minuti, troppi. Lezzi, il più esperto, capisce che devono andarsene, sganciarsi, scappa fuori lasciando perdere il bottino. Epaminonda si fida di Lezzi, non degli altri, lo segue, scappa con lui. Prendono l'auto e fuggono, poi la abbandonano e si nascondono in campagna per un giorno e una notte. Quando tornano a Milano leggono sui giornali che il resto della banda è stato arrestato. Qualcuno di loro ha parlato, ha fatto i nomi. Lezzi lascia la città e si rifugia in Sicilia, Epaminonda non vuole abbandonare Milano, e soprattutto Maria. È latitante, decide di smetterla, almeno per un po', con le rapine: «Troppo rischioso» dice a Lezzi quando si salutano, «non ho voglia di andare in galera per 20 milioni di lire da spartire in troppi. Voglio trovare un altro modo per fare soldi, più tranquillo».

Da latitante però non cambia vita. Continua a frequentare i night, le discoteche, soprattutto il Number One, in via dell'Annunciata. Lì vende la cocaina. Accetta anche assegni, una volta anche una forma di parmigiano appena rubata. La cocaina non la vende soltanto, ne sniffa in quantità, poi si mette al centro della pista e balla con Maria.

Al Number One qualche sera arriva anche Francis Turatello. Hanno iniziato a chiamarlo Faccia d'angelo perché dicono che somigli a un bandito americano degli anni Trenta, Baby Face Nelson. Si siede, accende un sigaro Romeo y Julieta e si guarda in giro. Con lui c'è sempre Carlo Argento. Tutti sanno chi sono quei due. E perché nessuno se ne scordi ogni tanto Francis dà un segnale.

Succede una sera quando al Number One entra anche Mario D'Agnolo: è uno del gruppo di Turatello, ha partecipato ad alcune rapine. Di lui Francis si fidava, poi però D'Agnolo si è comportato male: aveva il compito di far arrivare del denaro ad alcuni membri della banda che erano stati arrestati. È una regola: chi è fuori si deve occupare del sostentamento di chi è in carcere. D'Agnolo non l'ha fatto.

Quando Turatello lo vede entrare, si alza e tira fuori la pistola. La punta in faccia a Mario D'Agnolo: «Marietto, lo sai bene, non succede mai che io prenda in mano il ferro e poi non spari. Be', questa è la prima volta. Ma è l'ultima». D'Agnolo è terrorizzato: «Francis, scusa, c'è stato un problema, non è colpa mia, i soldi ci sono ancora, non li ho rubati». «Non mi importa quello che è successo, so solo che non accadrà più, vero Marietto? I ragazzi in galera non vanno mai abbandonati, è chiaro?» In quel momento si avvicina Lello Liguori: «Francis, metti via la pistola, è pieno di gente, questo non è un locale di criminali». Turatello si gira e gli tira uno schiaffo in faccia. Poi torna a sedersi.

A quella scena assiste anche Angelo Epaminonda. Studia Turatello da lontano, lo guarda, è affascinato. Si convince di voler essere come lui. Ha sentito molto parlare di Francis, di come abbia costituito un gruppo di gente dura, pronta a tutto, e di come non voglia limitarsi solo a fare rapine ma abbia in mente di diventare uno dei boss più temuti di Milano, forse il più temuto. Epaminonda vuole entrare in quel giro, farebbe carte false per farsi notare da Turatello.

Al Number One quella sera c'è anche Lia Zenari: lei e

Francis hanno appena litigato furiosamente. Lia è gelosissima e Francis non fa nulla per evitarlo. Lui parte da una regola semplice e che rispecchia perfettamente il suo modo di concepire il mondo e la vita: «Io posso fare quello che voglio, tu no». A volte si lasciano, poi fanno pace, è successo spesso negli ultimi mesi. Turatello considera Lia Zenari «roba sua», guai a chi si avvicina. Le leggende della mala milanese raccontano che durante uno dei periodi di permanenza in carcere di Francis, Lia Zenari avesse ricevuto pesanti attenzioni da parte di un uomo. Quando uscì, Turatello andò a cercare quell'uomo e gli sparò tre colpi nello stomaco. Ma forse, appunto, è solo una leggenda messa in giro per rinforzare l'immagine da duro di Faccia d'angelo.

Lia Zenari accompagna spesso Francis anche «al lavoro». È andata con lui in Belgio, nell'estate del 1966, quando Turatello e la sua banda si sono trasferiti a Bruxelles. Sono entrati a far parte di quella che viene chiamata la banda del Mec, e cioè del Mercato comune europeo: un consorzio di batterie provenienti da vari paesi, Francia, Germania, Paesi Bassi, Belgio, Italia. Di volta in volta le batterie si spostano nei luoghi, sul continente, dove è stato individuato un obiettivo. È una sorta di dream team delle rapine, un accordo transnazionale che dovrebbe rendere più difficile il compito alle polizie: i rapinatori fanno il colpo e poi tornano nei rispettivi paesi, difficile individuarli.

Quella volta in programma hanno la rapina a una filiale della Kredietbank, nella capitale belga. La pianificazione del colpo è stata affidata ai Marsigliesi di Albert Bergamelli, la fase operativa è nelle mani di Francis e dei suoi.

Il colpo è previsto per il 9 agosto. Lia Zenari quel giorno ha un compito: deve fare da palo. Francis le ha detto: «Stai tranquilla, è semplice. Se vedi arrivare la polizia fai un segnale a un uomo che lasceremo sulla porta della banca. Tutto qui, ci vediamo dopo». Le dà un bacio e si allontana. Lia si sistema vicino a una cabina del telefono e da lì controlla che tutto fili liscio. Turatello e i suoi entrano in banca, fanno la rapina e scappano. Francis e Lia sono d'accordo di vedersi in un luogo sicuro, qualche ora dopo. Quando però Lia sta per allontanarsi dal luogo della rapina qualcuno la indica ai poliziotti che sono arrivati in forze. L'hanno vista, prima della rapina, scendere dall'auto dei banditi. La fermano e la interrogano, lei cede facilmente. Fa il nome di Turatello e indica il luogo dove si nasconde. Francis viene arrestato poche ore dopo.

Lia Zenari in carcere in Belgio resta tre mesi, Turatello esce dopo due anni anche grazie a una perizia psichiatrica ottenuta distribuendo denaro qua e là. Le autorità belghe lo consegnano però a quelle italiane perché sconti un residuo di pena. Lo mandano nel carcere di San Vittore, a Milano. Da lì invia orchidee a Lia, le fa sapere che l'ha «perdonata» per la sua confessione alla polizia belga. Lei lo va a trovare in carcere ogni settimana. Ci va anche la mamma di Francis, Luisa, che non lo abbandonerà mai.

Poi a un certo punto Lia sparisce. Non va più a trovare Francis in carcere. A Turatello dicono che si è messa con uno straniero, uno slavo, uno che fa il ballerino nell'ambiente dell'avanspettacolo che Lia frequenta perché vorrebbe fare l'attrice. Quando esce dal carcere Turatello manda un altro mazzo di orchidee a Lia e la saluta. Stranamente non va a cercare quell'uomo, non fa nulla. «Francis non si comporta da Francis» dicono i suoi amici.

Inizia a frequentare un'altra ragazza, la chiamano «Katy la rossa»: sarà lei ad assumere un ruolo importante nel nuovo affare che Francis ha deciso di avviare. Una sera porta a cena Carlo Argento e altri due della banda al ristorante Positano. Con loro c'è l'avvocato Francesco Calafiori, il legale storico di Turatello. È stato anche l'avvocato di Jacques Berenguer, della banda dei Marsigliesi.

«Voglio fare soldi con le donne» dice Francis. «Bene, da dove cominciamo?» chiede Carlo Argento. «Ci prendiamo quelle di qualcun altro» è la risposta di Turatello.

Così fanno. Vanno da un magnaccia di Lambrate, uno che fa prostituire trenta donne, e gli dicono semplicemente: «Da domani le tue ragazze le gestiamo noi, non preoccuparti, ti diamo il 30 per cento dei guadagni».

Poi il giro si allarga, Turatello e i suoi iniziano a imporre alle ragazze di andare nei night per «far crescere il mercato». Francis affida a Katy la rossa il controllo. È lei che passa a ritirare gli incassi, che compra i vestiti alle ragazze, che le accompagna dal parrucchiere. Turatello si occupa di quella che viene chiamata «la protezione». I suoi minacciano un prete che al parco Lambro si batte contro droga e prostituzione. Turatello interviene quando qualcuno dà fastidio alle ragazze, però nello stesso tempo non solo le sfrutta ma lui e gli uomini della sua banda se ne approfittano come e quando vogliono.

Il giro si allarga anche alla provincia, lì la «protezione delle ragazze» viene affidata a un uomo estraneo alla banda. Un giorno una delle ragazze va da Carlo Argento e gli dice: «Quello ci picchia, abbiamo tentato di scappare ma lui e i suoi ci hanno portato in un magazzino e ci hanno frustato». Argento, Turatello e altri due, Franchino Restelli e Gianni Scupola, vanno a Pavia, dove abita l'uomo. Lo trovano in compagnia di altri della sua banda. Li massacrano di botte. Il capo si prende anche una coltellata.

Alcune ragazze fanno anche coppia con qualcuno della banda dei «bravi ragazzi». Dura finché dura, poi quando gli uomini si stufano le ragazze ricevono la visita di Katy la rossa che le invita, anzi consiglia loro di andare via da Milano. Consegna loro un po' di soldi e un virtuale «foglio di via».

Turatello inizia ad avere tanti soldi, e ormai ha un nome che nei giri della Milano dei locali notturni conoscono tutti. Ha un appartamento in viale dei Mille ma per incontrare Argento e altri fidati della banda preferisce una stanza dell'Hotel Diana dove passa molte notti. Lì lo conoscono come Eros Tarlini ma molti sanno chi è davvero. Va a letto tardi, dopo aver fatto il giro dei locali del centro e, d'estate, un passaggio in un chiosco d'angurie in viale Fulvio Testi: è di uno di loro, lo chiamano l'anguriaro.

Una sera Turatello è al night Pussy Cat, in via Gonzaga. Siede a un tavolo con Katy, Argento e qualcun altro. Arriva Lia Zenari con il suo nuovo fidanzato. Lo presenta a Turatello dicendo «È mio marito». Non è vero. Francis risponde: «Be', auguri e figli maschi. Ci si vede».

Si rivedono il giorno dopo, all'Hotel Diana, e ricominciano a stare insieme.

Francis è con Lia nell'appartamento di viale dei Mille quando una mattina all'alba bussa alla porta la polizia. Turatello dirà, raccontandosi come un romantico, che quella mattina avrebbe potuto scappare dalla finestra, che era già sul davanzale, ma poi aveva pensato a Lia.

Quel giorno la polizia trova due pistole in un armadio, Turatello passa di nuovo qualche mese a San Vittore.

Vallanzasca con la prostituzione non ha mai voluto avere a che fare. Ha scelto altre attività criminali. Fa rapine e investe denaro. È andato ad abitare in zona San Siro, in un palazzo costruito da poco: la casa ha dieci stanze e un terrazzo. Con gli amici si vanta: «Pago più di un milione di lire d'affitto». È in società con il fratello Roberto. Hanno comprato un negozio di parrucchiere in corso di Porta Romana, un grande garage, qualche negozio d'abbigliamento in centro. Sono una coppia collaudata: Renato pianifica i colpi, è il frontman, Roberto poi ricicla il denaro, lo ripulisce e lo fa fruttare. Hanno chiamato un negozio dietro via Torino Il Conguaglio. Vendono merce regolarmente acquistata e altra che invece proviene da furti di camion che trasportano vestiti, scarpe, profumi. A Renato piace far vedere che ha i soldi. A un certo punto compra una Jaguar. Con Consuelo fa le vacanze in Puglia, nel Salento. D'inverno vanno spesso a Saint-Vincent. Quando sta per nascere Maxim lui compra la carrozzina più costosa e il lettino più bello.

Fa preparare, nella nuova casa, non una ma tre camerette, così da poter scegliere. Gira un po' dappertutto, si fa vedere anche in qualche posto che con lui c'entra poco, così per dare un'occhiata. Qualcuno lo ricorda qualche sera in corso Venezia, al Circolo della Stampa.

Consuelo degli affari di Renato, a differenza di ciò che fa Lia con Turatello, si interessa poco. Ogni tanto va al Conguaglio, a dare un'occhiata ai vestiti e se deve andare dal parrucchiere entra in uno di quelli di famiglia. Ma gli amici di Renato non le piacciono, non chiede niente, se ne sta per conto suo, non vuole sapere nulla di ciò che Renato fa quando sparisce per giorni. Sta già pensando che non era quella la vita che voleva, e sicuramente non la vorrà per suo figlio.

Renato, poi, sta per mettersi in guai grossi. È il 1971 e non manca molto al giorno in cui diventerà il pericolo pubblico numero uno. Nella sua vita sta per fare irruzione un uomo che da un paio d'anni è arrivato a Milano. Viene da Roma, si chiama Achille Serra e fa il poliziotto.

Ma ora dobbiamo spostarci, non di tanto. Fare la strada che dal negozio Il Conguaglio, da dove Renato Vallanzasca gestisce i suoi affari, porta al Number One, in via dell'Annunciata, una traversa di via Manzoni.

Lì ci sono Angelo Epaminonda e Francis Turatello, che nel frattempo è uscito dal carcere. Fino a quella sera si sono scambiati a malapena qualche parola. Il Tebano resta a distanza, per lui Faccia d'angelo è un boss da guardare e studiare. E Turatello sa chi è Epaminonda perché ha chiesto a Carlo Argento di informarsi, si informa sempre su tutti.

Quella sera un gruppo di una decina di persone, tra cui Turatello ed Epaminonda, lascia il Number One e va in viale Monza: lì c'è una bisca, una di quelle che dovrebbero essere segrete ma che in realtà conoscono tutti. Il Tebano ha iniziato a frequentarla perché quello è il suo obiettivo: aprire una bisca, niente di che, un posto piccolo, senza pretese, ma che gli possa fruttare soldi facili. Turatello invece pensa più in grande. Anche lui è lì per osservare, ha deciso che in quel giro ci vuole entrare. È già il re delle rapine, la prostituzione è nelle sue mani e così il racket della protezione in alcune zone: se un negoziante ha dei problemi va dai suoi uomini e quelli risolvono a loro modo. In cambio il negoziante paga a fine mese.

Quella sera sono lì, nella bisca di viale Monza. Né il Tebano né Faccia d'angelo stanno giocando. Si limitano a osservare, a studiare i tavoli.

Carlo Argento non c'è, è a sbrigare qualche affare.

Arriva la polizia, è una retata. Avvengono di continuo, le bische vengono chiuse e riaprono da qualche altra parte. Turatello in quel posto c'è già stato, sa che c'è un modo di uscire ed evitare i controlli. Sa anche che Epaminonda è latitante, se lo trovano finisce dritto al quinto raggio di San Vittore: è l'ala del carcere in cui durante la Seconda guerra mondiale gli occupanti nazisti facevano transitare gli ebrei destinati poi ai campi di concentramento e di sterminio. Lo chiamano «il raggio maledetto» o «il raggio degli impiccati». Negli anni Sessanta e Settanta è quello dove finiscono i detenuti considerati pericolosi.

Turatello fa un cenno a Epaminonda, lui lo segue. Entrano in uno sgabuzzino, poi passano da una porta nascosta dietro a un armadio. Escono in un giardino, dietro la bisca. Devono rimanere lì, è rischioso uscire in strada. Turatello fuma e fa domande, sembra un colloquio di lavoro. Epaminonda è a disagio, risponde, racconta la sua vita, dice quello che ha fatto fino a quel momento. Turatello ascolta, non parla. Passano almeno due ore, poi quando la situazione è più calma se ne vanno insieme.

È stato davvero un colloquio di lavoro.

Francis però non sa che quell'uomo che sta per far entrare nel suo giro sarà quello che poi farà di tutto per farlo fuori e prendere il suo posto.

VI

Colpi grossi

In carcere si creano amicizie e inimicizie, si stringono alleanze e patti di sangue, si mettono in atto vendette. Dalla galera Turatello è entrato e uscito più volte, soprattutto dal «2», come la mala milanese chiama San Vittore perché l'ingresso principale è al civico 2 di piazza Filangieri. In carcere Francis è rispettato, si è fatto la fama di uno duro, che non tradisce. E poi picchia come un assatanato, non ha paura di nessuno. Chi è suo amico si sente protetto.

È in carcere, nel 1970, che qualcuno gli parla di un colpo importante che si può fare a Roma, una rapina di quelle che possono fruttare tanti soldi. Gli fanno anche un nome, un romano di cui si può fidare, che può fare da basista. Anche lui è a San Vittore in quel periodo.

Si chiama Danilo Abbruciati, è soprannominato «er Camaleonte». Entrerà a poi a far parte del gruppo di criminali romani che sono ricordati come la banda della Magliana. Sarà uno degli esponenti più importanti di quel gruppo, insieme a Enrico De Pedis, detto «Renatino», Franco Giuseppucci, «er Negro», Maurizio Abbatino, chiamato «er Crispino».

Alla fine degli anni Sessanta, Abbruciati è a capo di una batteria, a Roma, specializzata in furti negli appartamenti. La banda va spesso in trasferta anche a Milano. Er Camaleonte e i suoi per un periodo entrano in società con i Marsigliesi di Bergamelli e Berenguer. Alla carriera di rapinatore, Abbruciati aggiunge presto quella di assassino, killer a pagamento. Entra in contatto con uomini di mafia, come Giuseppe Calò, detto «Pippo», e Stefano Bontate, con ambienti dell'eversione neofascista, con faccendieri legati alla massoneria segreta e criminale, quella della loggia Propaganda 2, la P2, comandata dal gran maestro Licio Gelli. È proprio da quell'ambiente criminale che nel 1982 gli arriverà l'incarico di uccidere Roberto Rosone, il vicepresidente del Banco Ambrosiano che è subentrato nella gestione della banca al presidente Roberto Calvi. Quest'ultimo, che nel giugno di quell'anno verrà trovato impiccato a Londra sotto il ponte dei Frati Neri, era stato arrestato, condannato e poi rilasciato in attesa del processo d'appello, per bancarotta fraudolenta in seguito al fallimento dell'istituto di credito. È una delle storie più oscure e inquietanti degli anni Ottanta. Nel Banco Ambrosiano, attraverso Calvi, avevano investito i propri soldi clan mafiosi, esponenti della banda della Magliana e oscuri personaggi come Flavio Carboni, ufficialmente imprenditore immobiliare ma in realtà faccendiere legato a gruppi criminali. Rosone, in qualità di nuovo primo dirigente del Banco Ambrosiano, aveva negato ulteriori crediti proprio a società riconducibili a Carboni.

Il 26 aprile 1982 Abbruciati arriva a Milano con l'incarico di uccidere Rosone. Il giorno dopo, in via Oldofredi, dalle parti della Stazione Centrale, gli spara ma la sua pistola si inceppa, riesce solo a ferirlo. Scappa a bordo di una moto guidata da un complice: una guardia giurata spara a sua volta e lo colpisce alla schiena uccidendolo.

Ma torniamo a dodici anni prima. Alla fine del 1970 Abbruciati è in carcere a San Vittore. L'hanno arrestato e condannato a quattro anni per alcuni furti commessi a Milano. Al «2» in quel periodo c'è anche Francis Turatello, i due si conoscono, si piacciono. È durante un'ora d'aria che Abbruciati spiega a Turatello come fare quel colpo a Roma di cui altri gli avevano già parlato. Si tratta di portare via gli stipendi dei dipendenti della Stefer, la Società delle Tramvie e Ferrovie elettriche di Roma. Un anno dopo, il 20 settembre, una batteria parte da Milano e arriva a Roma. Ci sono Francis Turatello, Carlo Argento, Mario D'Agnolo, Vittorio Canale, Giancarlo Gabrielloni, Pietro Bolzoni. Sono tutti residenti a Milano. Un altro uomo si è aggiunto al gruppo: si chiama Roger Marcel Incerti, è di Marsiglia.

A Roma non fanno nulla per passare inosservati. Di notte girano per i night della capitale, spendono soldi, ordinano champagne. Di giorno studiano le strade dove avverrà il colpo.

Agiscono il 27, quando tre funzionari della Stefer prelevano in banca una borsa di pelle contenente il denaro per gli stipendi dei dipendenti. Sono a bordo di una normale utilitaria: in un viale alberato del quartiere Eur vengono fermati dai rapinatori. Un'auto blocca quella dei funzionari e un'altra le impedisce la retromarcia. Il colpo è facile: i rapinatori se ne vanno con 150 milioni di lire. Abbandonano le auto della rapina e salgono su altre macchine.

Alcuni passanti vedono due persone arrivare veloci in una strada dell'Eur a bordo di una Alfa Romeo 1750, scendere in fretta e salire su una Porsche. È un'auto vistosa, non passa inosservata. Qualcuno cerca di prendere il numero di targa: riesce a imprimersi in mente solo le prime quattro lettere e numeri: MI H8. La sede centrale della Porsche in Italia, a Bologna, comunica agli investigatori che di quel modello a Milano ne sono stati venduti solo tredici esemplari. Uno appartiene a un certo Tommaso Argento, è il fratello di un pregiudicato, Michele Argento, detto Carlo, uscito dal carcere solo sette giorni prima della rapina. Da lì in poi per la polizia è tutto facile. Attraverso le presenze negli alberghi risale ad alcuni nomi. I sette rapinatori in più hanno sempre pranzato e cenato, nei due giorni prima del colpo, in una trattoria sulla Nomentana. Vengono fatti gli identikit e da questi si risale a tutti i nomi. Ne arrestano solo due, Vittorio Canale e Pietro Bolzoni, gli altri sono latitanti.

Turatello, con i soldi, va a Gstaad, in Svizzera, in un grande albergo. Con lui c'è Lia Zenari. È stata denunciata: il marito, che pure aveva accettato i soldi di Turatello come «compensazione» perché la moglie lo aveva lasciato, ha accusato la donna di abbandono del tetto coniugale.

Poi Lia e Francis si spostano a Taormina, sempre in un grande albergo. Quindi, tornano a Milano. È lì che Turatello vive in latitanza, continuando a frequentare l'Hotel Diana, i night, i ristoranti e le discoteche. È protetto da una rete di silenzio.

Il suo nome incute rispetto e paura.

Anche Renato Vallanzasca all'inizio del 1971 prepara i suoi primi colpi, quelli grossi, quelli veri. La batteria è formata. C'è Vito Pesce, lui e Renato si conoscono da tanto. Non è considerato uno del tutto affidabile, ha un problema serio di dipendenza dalla cocaina e dall'eroina. Però Renato gli vuole bene, lo tira dentro. Ogni tanto Pesce gli telefona, anche di notte: «Renato, non so dove mi trovo, non riesco ad andare a casa, ti prego aiutami». È sempre armato e non ci pensa due volte prima di sparare.

C'è Mario Carluccio, che tutti chiamano per cognome. Morirà in un giorno tragico per Milano, quello che viene ricordato come il giorno del Far West in piazza Vetra.

Poi c'è Rossano Cochis, è forte, ex pugile ed ex paracadutista con simpatie e amicizie fasciste. Lo chiamano «Mandingo», dopo aver compiuto le rapine esce dalle banche urlando come un forsennato: grida di vittoria, dice lui. Vallanzasca disse che Cochis sapeva usare il mitra come nessun altro. Cochis in carcere descrisse la banda a Giuliano Naria, detenuto con l'accusa di appartenere alle Brigate Rosse: «A me piacevano le banche con la porta girevole, un calcio e il mondo cominciava a girare. Uscivo per primo, facevo fuori un caricatore intero e davo il via al Far

West. Ci chiamavano "il mucchio selvaggio", come quello del film di Sam Peckinpah. Renato era il più ganzo, Pinella aveva più testa. L'amicizia che ci univa è diventata una leggenda nella malavita».

Il quinto è Antonio Colia, detto il Pinella fin da ragazzino: piccolo, minuto, era quello più calmo del gruppo, il più riflessivo. Molti dicono che fosse lui il vero cervello della banda, quello che agiva più razionalmente, l'unico che riuscisse a frenare le esuberanze di Renato. Con lui c'era spesso la sua fidanzata, Giuseppina Usuelli, detta «Pina la rossa» che faceva parte della banda. E c'era anche un'altra donna: Angela Corradi, che stava con Vito Pesce. Partecipava ai colpi, poi venne presa. Quando uscì dal carcere divenne suora laica.

Con il mitra di Cochis e l'intelligenza di Colia, Vallanzasca si sentiva al sicuro, capace di tutto. Disse che con la sua banda sarebbe riuscito ad andare in Vaticano e sfilare la sedia al papa con lui seduto sopra.

Alle 20.35 di sabato 15 gennaio 1972 Vallanzasca e la sua banda entrano, coperti da passamontagna, in un supermercato Esselunga nel quartiere di Quarto Oggiaro. I dipendenti hanno già consegnato le buste con gli incassi al direttore, le saracinesche stanno per essere abbassate. I rapinatori sparano in aria, colpi di mitra e di pistole. Urlano ai pochi clienti e agli impiegati del supermercato di sdraiarsi a terra. Poi uno di loro chiede: «Chi è il direttore?». «Sono io» dice un uomo sdraiato con le mani a coprirgli la testa. «Bene, muoviti, come capirai non abbiamo molto tempo da perdere. Apri la cassaforte.» Il direttore apre la cassaforte, uno dei banditi, il più magro di tutti, così verrà descritto Renato Vallanzasca, recupera i soldi. Prima di uscire i rapinatori prendono a calci alcune delle persone sdraiate. Andandosene, sparano ancora in aria.

In questura pensano a una banda di balordi, non hanno nessun indizio.

Il 14 febbraio, giorno di San Valentino, succede di nuovo. Sono gli stessi rapinatori, hanno cappucci bianchi in testa, fanno ancora più paura. È un lunedì, ore 9.15 del mattino. Il supermercato è l'Esselunga di via Monte Rosa, non lontano dallo stadio di San Siro. Una Fiat 500 dell'Istituto bancario italiano ha appena ritirato l'incasso del fine settimana per depositarlo in banca. I soldi sono stati messi nella cassaforte all'interno dell'auto. Un'Alfa Romeo bianca arriva velocissima e tampona la macchina con i due funzionari che hanno ritirato il denaro. Quando ancora non si sono resi conto di ciò che sta succedendo, si trovano circondati da quattro rapinatori. «Dammi le chiavi della cassaforte, buttale qui per terra» dice Vallanzasca. Solo che le chiavi non si trovano, sono cadute nell'impatto provocato dall'auto dei banditi. I due uomini a bordo della Fiat 500 sono nel panico. Litigano: «Ma come non trovi le chiavi? Le avevi un attimo fa» dice il conducente all'altro. Vallanzasca si avvicina alla cassaforte e spara, fa saltare la serratura. Poi dice agli altri: «Riempite i sacchi e andiamocene, io sposto la macchina».

Gli spari contro la serratura hanno però allarmato gli impiegati del supermercato. Chiamano la polizia, la prima volante arriva subito. Le due auto dei rapinatori, l'Alfa Romeo bianca e un'altra scura appostata a poche decine di metri, sono piene di armi: tre mitra e due fucili a canne mozze. C'è anche un fucile da caccia grossa: l'hanno rubato in un appartamento del centro di Milano. Alla cintura tutti i banditi hanno una pistola. La volante si ferma a 30 metri, un poliziotto spara per primo, Vallanzasca spara con il suo revolver Franchi Llama calibro 38 a sei colpi contro le vetrine del supermercato. Il frastuono dei vetri unito a quello delle decine di colpi è terrorizzante, la gente fugge, arrivano altre volanti ma le due Alfa Romeo riescono a scappare.

I banditi si fermano poco lontano e si cambiano gli abiti. Poi si separano, due prendono la metropolitana, gli altri tre raggiungono un'auto che avevano parcheggiato la sera prima. Solo che le chiavi le ha tenute uno dei due scappati in metropolitana. I tre rimasti a piedi mettono armi e soldi in un borsone e si separano a loro volta. La borsa la tiene Vallanzasca che si ferma in un cortile di via Ciardi e butta via i vestiti usati per la rapina e i sacchi di iuta che contenevano i soldi. Poi prende un taxi fino in piazza Duomo, quindi un altro fino alla Stazione Centrale e un terzo per arrivare all'appartamento dove ha appuntamento con i complici per dividere il denaro.

Alla radio la banda ascolta le notizie. Si parla della rapina e di quanti milioni sono stati rubati. Quando Renato conta i soldi mancano però dieci milioni di lire. È convinto di averli buttati per sbaglio nella pattumiera di via Ciardi. Chiama Consuelo e con lei torna nel cortile. Solo che lì non c'è più niente. Il custode ha già trovato vestiti e sacchi di iuta eliminandoli. Si accorge di quel ragazzo, molto magro, e di quella ragazza che guardano nella spazzatura cercando qualcosa, ma non dice niente. È lei soprattutto ad attirare la sua attenzione: ha una pelliccia e un paio di stivali lucidi sopra il ginocchio. Il custode dirà: «Aveva un fisico da danzatrice».

A Milano in quegli anni non c'erano solo i cattivi, c'era anche chi i cattivi cercava di arrestarli. Achille Serra era arrivato in città da tre anni, era viceispettore assegnato alle volanti. Il suo capo era Ernesto Panvini, un dirigente di polizia che aveva fama di essere duro e inflessibile. Raccontano che un giorno fosse a bordo di un'auto di servizio quando l'autista era passato con il rosso. Panvini non aveva detto niente ma il giorno dopo aveva fatto arrivare la multa al suo autista.

Panvini incarica Serra di dare la caccia ai rapinatori di via Monte Rosa. Dagli informatori arriva una prima segnalazione. Si parla di due fratelli, i Vallanzasca, con piccoli precedenti penali. Nessuno, prima di allora, ne aveva sentito parlare. Viene perquisita prima la casa di Roberto Vallanzasca, in via Goldoni, poi quella di Renato, in via Mar Nero.

Renato aveva da tempo pensato a un piano. L'idea era quella, in caso di pericolo, di entrare in ascensore, bloccare la cabina tra due piani, aprire le porte interne con la forza, poi la porta esterna con un pulsante posto nel vano dell'ascensore e infine salire sul tetto della cabina. Consuelo avrebbe poi riattivato il sistema mentre Renato sarebbe rimasto nascosto sul tetto della cabina, praticamente sulla testa degli agenti di polizia che stavano salendo a casa sua.

Però Renato quel giorno si sentiva sicuro, in casa non c'era niente che potesse collegarlo alla rapina. Così, invece di nascondersi, apre la porta e fa entrare i poliziotti guidati da Achille Serra. Cercano dappertutto, non trovano nulla. Almeno, così sembra. Portano in questura sia Renato che Consuelo.

Il primo incontro tra Serra e Vallanzasca verrà poi raccontato dall'allora viceispettore. Serra è seduto alla sua scrivania, Vallanzasca prende il pacchetto di sigarette e chiede: «Disturbo?». «No, no, faccia pure.» Poi Renato si sfila un orologio d'oro dal polso. È un Rolex. «Facciamo così, dottore, io con questa storia non c'entro nulla e voi lo sapete. Io mi gioco il Rolex che non avrete niente contro di me. Se perdo si tiene il Rolex, se vinco lei mi deve solo le scuse.» Intanto però, nella casa di via Mar Nero la perquisizione continua. Vengono svuotati cestini e sacchi della spazzatura. Non ci sono soldi, né armi. Le uniche cose che sembrano rilevanti sono decine di piccoli pezzetti di carta. Vengono portati in questura e pazientemente un funzionario di polizia li ricompone. È come fare un puzzle difficilissimo, ci vogliono ore. Alla fine, Serra ha davanti un foglio con allineata una serie di cifre. Corrispondono ai soldi contenuti in ogni busta rapinata al supermercato di via Monte Rosa.

Vallanzasca è in una stanza della questura, in un'altra c'è

Consuelo. Serra fa portare Renato nel suo ufficio. Gli dice: «Il Rolex te lo puoi tenere, però hai perso».

Vallanzasca quella storia la racconterà poi in altro modo. Dirà che quel foglietto non c'è mai stato, che mai si sarebbe sognato di scrivere la quantità dei soldi rapinati: «Che cosa me ne sarei fatto di quel conto? A noi bastava averlo quel denaro». Quel foglio, insomma, sarebbe stato, secondo lui, «costruito» in questura.

Qualunque sia la verità, Renato Vallanzasca quella sera entra al «2». Al processo viene condannato a dieci anni di reclusione.

La carcerazione comincia male. A San Vittore scoppia una rivolta. Lui non partecipa ma è tra i centocinquanta detenuti che una notte vengono prelevati e portati altrove. Finisce nel carcere di Bari. Racconterà poi che a Bari gli fecero le analisi del sangue, gli dissero che aveva la leucemia. Lui reagì dando fuori di matto. Con il suo compagno di cella mise le brande davanti alla porta e disse che non si sarebbe arreso finché non lo avessero trasferito a Milano. Fu il primo di una serie di scontri con le guardie.

A Milano lo portano, ma solo per gli interrogatori. Riesce a vedere Consuelo, che nel frattempo è stata scarcerata, e Maxim. Poi lo mandano a Lecce. Lì si scontra ancora con le guardie, continua a protestare, chiede di essere trasferito a San Vittore. Partecipa a una rivolta, con altri detenuti si rifiuta di uscire dal cortile del passeggio. Quando alla fine li fanno rientrare, i detenuti passano attraverso due ali di guardie che non risparmiano le manganellate. Lo mettono in quello che i detenuti chiamano il «forno»: è una cella punitiva senza luce e senza ricambio d'aria. Quando lo tolgono dalla punizione dà una testata a una guardia. Lo trasferiscono ancora. In quattro anni gira decine di carceri. Un giorno per protesta ingoia dei pezzi della rete metallica della branda. Oggi dice che li ha ancora in corpo, da qualche parte. In cella a Varese chiede di poter fare le analisi del sangue per sapere della leucemia. Lo convocano in infermeria quando arrivano i risultati. Un medico gli dice: «Ma chi ti ha detto questa cazzata della leucemia?».

Alla fine, riesce a ottenere il trasferimento a San Vittore. Da lì prova a scappare, sega alcune sbarre ma non riesce a passare tra il muro e uno spesso vetro che funge da bocca di lupo. Tentando di allargare lo spazio rompe il vetro, sono le quattro del mattino, il frastuono si sente in tutto il carcere.

Da fuori gli amici fanno sapere che un modo per andarsene c'è. Possono nascondere una pistola nella carrozzina di Maxim, quando Consuelo lo va a trovare. Lui dice: «E a Consuelo poi che succede? No grazie».

Vede Consuelo e Maxim ancora poche volte. Poi lei decide e gli fa arrivare un messaggio: «Renato, devo pensare al bambino e a me stessa. Per favore, quando esci non cercarci».

Aveva visto Consuelo e Maxim pochi giorni prima, lei non gli aveva detto nulla.

Renato Vallanzasca ha 26 anni, è in carcere da quattro e deve rimanerci ancora almeno per altrettanti.

Pensa solo a come evadere.

VII

Le bische

Angelo Epaminonda passa le notti a giocare. Gioca a dadi nella bisca all'aperto dell'Arena, o in piazza Tirana. Gioca, osserva e fa progetti. I soldi non gli mancano, si gode la vita: è latitante ma nessuno lo cerca veramente. Continua a frequentare i locali del centro, sniffa cocaina e la fa sniffare. A volte Maria è con lui, più spesso no. E allora Angelo si dà da fare con altre donne.

L'incontro con Francis Turatello, quella notte nel retro della bisca dove si erano nascosti per sfuggire alla retata della polizia, gli ha dato una certezza: per essere qualcuno a Milano devi avere qualcosa di concreto, qualcosa che faccia dire alla gente: «Questo è del Tebano, è roba sua».

Continua a fare quello che fa ormai da tempo. È diventato il riferimento di alcuni personaggi dello spettacolo. Lo invitano alle feste, lui arriva spavaldo e offre cocaina a tutti. Con qualcuno ha fatto amicizia. Franco Califano, il cantante romano, lo chiama spesso. Una volta l'ha pregato di andare a Roma a portargli un po' di roba. Lui si è presentato all'aeroporto di Linate e ha passato i controlli: era latitante e aveva un borsello piena di cocaina. È salito in aereo come se nulla fosse.

Un'altra volta «il Califfo», così chiamano il cantante, gli ha telefonato in piena notte: lui era a letto con una ragazza, una conosciuta poche ore prima. Califano gli ha detto: «Sono a una festa, una bella festa, ci si diverte moltissimo. Mancano solo le tue camicie». «Eh? Le camicie?» «Ma sì, dai, le camicie, quelle belle che hai solo tu.» Epaminonda ci ha messo un po' ma poi ha capito, si è messo in tasca le buste di coca ed è andato alla festa. Ha suonato il citofono, gli hanno aperto: una casa grande, ricca, piena di gente. Le donne in abito lungo, gli uomini in smoking. Epaminonda aveva i jeans e il giubbotto di pelle, non se lo toglieva mai, come una specie di divisa. Una donna gli ha chiesto: «È della banda musicale? Lei cosa suona?» «Il naso» ha risposto lui, e ha tirato fuori la roba.

Poi trova il posto giusto per aprire una sua bisca. È un ristorante, il Peppe Moreno, quattro vetrine all'angolo dove via Bergamo diventa via Comelico, non lontano da Porta Romana. Il proprietario ha difficoltà economiche, vuole vendere, Epaminonda compra. Cambia tutto, vuole la moquette ovunque: di sopra ci sono la cucina e la sala dove si mangia, nello scantinato, a cui si accede attraverso una porta blindata, c'è la bisca. Le fiches e le carte sono nascoste in uno scomparto nel frigorifero del bar. C'è anche un passaggio diretto che collega all'androne del palazzo di via Bergamo, per clienti che non hanno voglia di farsi vedere entrare e uscire dal locale.

All'inaugurazione invita gli amici di Catania, quelli della banda con cui faceva le rapine. E arrivano anche alcuni catanesi che da tempo vivono a Milano e nell'hinterland. Con loro Epaminonda è rispettoso, quasi umile. Sono di Cosa Nostra, la mafia siciliana. Il Tebano non ne fa parte ma conosce il valore di certe amicizie. Fa anche un discorso quella sera, sale su una sedia, lui che non è alto, e annuncia l'apertura del nuovo locale: «Questo è il regno delle tre C» dice con il suo forte accento siciliano. «Cena, cocaina, carte. Nell'ordine che volete. E poi aggiungete anche una F, sapete cosa intendo.» Ridono tutti. Spiega che lì si giocherà solo a chemin de fer, che lui avrebbe voluto anche i dadi ma l'hanno sconsigliato: «I giocatori di dadi fanno casino, sono rissosi, poi tocca gestire i problemi». All'inaugurazione Turatello non si fa vedere. Non va nemmeno Carlo Argento e nessuno degli altri della banda.

Quella mattina, all'alba, Epaminonda va a casa contento. Era quello che voleva, si sente grande. Pensa «*Vafanculu* Turatello».

Il Peppe Moreno all'inizio va bene, attira il giro che passa la notte nei night e poi va ad aspettare l'alba giocando d'azzardo. Il ristorante però resta quasi sempre vuoto, il cuoco cucina per Epaminonda piatti di pesce. Poi il Tebano scende e controlla i tavoli. Ha ingaggiato un paio di croupier che erano stati cacciati da altre bische perché rubavano. Ci sono due ragazze che vendono sigarette e sigari, un barman, un paio di buttafuori. Epaminonda tiene per sé il 5 per cento su ogni giocata. Non si limita a prendere la percentuale: gioca. Vince e perde e soprattutto non controlla quello che accade intorno a lui. Ora sta anche con una nuova ragazza, Maddalena: l'ha conosciuta al Peppe Moreno. Maria c'è sempre, ma alla bisca non va mai. E Angelo a casa ci resta pochissimo. La scusa è sempre la stessa: «Maria, sono latitante, non posso restare fermo in casa a farmi trovare».

Con Maddalena lo schema si ripete: coca e sesso. Lei a volte chiama le sue amiche che partecipano al gioco. Un giorno telefona a una ragazza che vive a Bologna, lei risponde: «Come faccio a venire? Non ho la macchina». Angelo prende il telefono: «Comprane una, appena arrivi ti ridò i soldi».

A tanti del giro della criminalità milanese Epaminonda non piace: troppo esuberante, troppo fuori di testa, incontrollabile. Anche Lello Liguori, il più celebre imprenditore delle notti milanesi, glielo dice: «Angelo, guarda che così vai a sbattere. Nel tuo locale devi guadagnare soldi, non giocarteli».

Una sera al Peppe Moreno c'è poca gente, i giocatori hanno cominciato ad andare in altri locali, per Epaminonda le cose, dopo l'inizio sfavillante, non vanno così bene. Seduto a un tavolo c'è un uomo, si chiama Giovanni Giovenco, è uno del gruppo di Turatello. Angelo lo conosce, sa chi è, e sa anche che se quella sera è nella sua bisca c'è sicuramente un motivo. L'aria è pesante, non solo nel locale, ma in tutta Milano. Qualche giorno prima qualcuno ha sparato a Francis da una macchina in corsa. Non erano colpi per ucciderlo, ma per fargli capire qualcosa: un avvertimento. In giro si dice che siano stati i catanesi, quelli legati a Cosa Nostra. Il messaggio è: «Non alzare troppo la testa, stai al tuo posto». Il problema è che Turatello al suo posto non ci vuole stare. E poi qual è il suo posto? Il suo posto è Milano, tutta Milano, e lui la vuole, pezzo dopo pezzo. Per poterla avere manca soprattutto una cosa: il gioco d'azzardo. È l'affare più grosso in città, insieme alla droga.

Una sera è al bar dell'Hotel Diana. Sigaro tra le dita, un bicchiere di Aperol sul tavolo, la sua passione. È una scena incongrua. Il cameriere lo serve chiamandolo «Signor Eros» ma sa benissimo chi è, lo sanno in molti. Eppure, Francis è tranquillo, nessuno lo cerca. Si parlerà molto, e si indagherà anche nei decenni successivi, di possibili protezioni importanti di cui godeva Turatello in città.

Quella sera con lui ci sono Carlo Argento e l'avvocato Calafiori. Turatello è rilassato, quasi stravaccato su una poltrona: «Ho pensato che dobbiamo allargarci, fare altro». La sua banda si finanzia ancora con le rapine, controlla il giro della prostituzione e buona parte del traffico di droga. Lui di quello non si occupa personalmente. Pensa che sia necessario per fare soldi ma la droga non gli piace, non ne usa, e diffida di chi sniffa troppa coca. «È ora di prendersi il gioco d'azzardo» dice. Prendersi il gioco d'azzardo per lui vuol dire prendersi le bische. Non aprirne di nuove, quelle magari dopo, ma impossessarsi di quelle che già ci sono, quelle di qualcun altro.

In quel periodo Francis è fortunato, ed è molto temuto. Le bische non deve prendersele, gliele offrono.

Una sera gli telefona Antonino Pristeri, ha una serie di locali-bische. Aveva iniziato con quelle all'aperto e poi aveva fatto il salto. Turatello rispetta Nino, sui suoi locali però ha sempre avuto un'opinione netta: «Roba da poveracci». Quella sera al telefono Pristeri gli dice: «Francis, ho un problema con una delle bische». «E io che c'entro?» risponde Turatello. «Mi devi aiutare, per favore.» Turatello ride: «Ma cosa ci guadagno?». «Dai, vieni, ne parliamo.»

Era successo che una sera alla bisca di via Savona quattro balordi avevano perso un bel po' di soldi. La notte dopo erano tornati davanti al locale e avevano sparato contro l'ingresso.

Se non ci fosse stata una reazione, Pristeri sarebbe passato come un debole, avrebbe perso il rispetto, chiunque si sarebbe sentito autorizzato a fare il balordo nelle sue bische. Turatello dice: «Nino, ci penso io, mi occupo di tutte le tue bische. Anzi, facciamo così: le bische passano a me. Ti tolgo una rogna e ti do il 30 per cento degli incassi». Pristeri accetta.

È così che nasce l'impero del gioco d'azzardo di Turatello. Senza fatica.

Francis riorganizza tutto. Chi lavora nei suoi locali deve essere in divisa: giacca bordeaux, camicia bianca e papillon nero. Pantaloni rigorosamente neri. Le ragazze sempre vestite eleganti.

Francis aveva detto a Carlo Argento: «È ora di dare a Milano quello che si merita».

Cambia tutti gli arredi, roba costosa, un po' kitsch ma che fa scena. Bottiglie di champagne ovunque. Le armi sono nascoste ma ci sono. I «ferri», cioè le pistole, e dove serve, la «sbroffa», il mitra.

Ci sono le ragazze, ovviamente, quelle del giro della prostituzione. I croupier vengono assunti nei casinò ufficiali, a

Venezia, a Saint-Vincent, a Campione: bravi ragazzi che conoscono il mestiere. Vestono in rosso e bianco.

Il giro si allarga presto, Turatello apre bische anche in provincia grazie ad alcuni prestanome. I fiori all'occhiello sono però due locali di Milano: uno in via Panizza, dietro corso Vercelli, e quello di via Savona.

È soprattutto in via Panizza che Turatello passa le serate. È la bisca più famosa, ci va gente «bene»: imprenditori, attori, giornalisti, qualcuno della «malagrossa», la malavita organizzata, mafia e 'ndrangheta soprattutto. Francis stringe le mani a tutti, chiacchiera, offre da bere, fa il galante. Intorno girano i suoi uomini. Il croupier di via Panizza è chiamato «Todo», è stato portato da Carlo Argento, si lega molto a Turatello: è attento, quando vede qualcuno di sospetto lo segnala. Poi se ne occupa Turi Mirabella. L'indesiderato viene accompagnato fuori, è inutile spiegare in che modo. A raccogliere i soldi a fine nottata è Sebastiano Vilardi, chiamato «Nino Malacarne». Lui li porta all'avvocato Calafiori che sa cosa fare. Ci sono da seguire anche gli altri affari: la prostituzione, il giro della cocaina. Ci pensano Franchino Restelli e Gianni Scupola, che in quel periodo gli altri della banda chiamano «Paul Newman» perché un giorno, guardandosi allo specchio, ha detto convinto: «Gli somiglio un po', vero?».

In poco tempo quasi tutte le bische di Milano passano in mano di Turatello. Non c'è bisogno di guerre per occupare il mercato del gioco d'azzardo, bastano le minacce. Francis si presenta una notte in una bisca. Entra, mette una bomba a mano sul tavolo della roulette e dice: «Io punto questa». Poi aggiunge: «D'ora in poi qui comandiamo noi. Se qualcuno non è d'accordo può venir fuori con me che glielo spiego meglio».

I clienti non mancano. Francis ha praticamente obbligato Lello Liguori a dirottare le persone che escono dai suoi locali verso le varie bische in città.

Restano quelle all'aperto, soprattutto all'Arena e in piazza Tirana. Francis si prende anche quelle e le affida a un uomo di sua fiducia. Dragomir Petrović, detto «Draga», il capo della banda degli slavi che aveva in mano piazza Tirana, non la prende bene. Tra il gruppo di Turatello e quello degli slavi volano alcuni colpi di pistola. Poi Francis si presenta a Opera, nel bar dove passa le giornate Petrović. Dice: «I casini finiscono qui. Se qualcuno muove un dito nel raggio di 20 chilometri da una delle mie bische, si ritrova cadavere nel Lambro». I racconti della malavita dicono che Draga fosse così infuriato che quando Francis se ne andò distrusse il bar a colpi di pistola.

Una sera Francis è seduto a un tavolo della bisca di via Panizza con un vecchio malavitoso che gli dice: «Tu lo conosci Angelo Epaminonda? È uno simpatico, schizzato, gli piace la neve come a nessun altro». «Sì. L'ho incontrato» risponde Turatello, «è un "garga", un magnaccia.» «Ha aperto una bisca anche lui» dice l'altro. «Lo so, e non va bene.»

È per questo che Turatello manda Mario Giovenco al Peppe Moreno. Ha un messaggio.

Giovenco, seduto a un tavolo del Peppe Moreno, gioca e aspetta. Alla fine, Epaminonda si avvicina: «Come va Giovanni, ti diverti?». Giovenco non risponde e passa subito al punto: «Senti, Angiolino, ma tu l'hai detto a Francis che aprivi questo posto?». «Ma dai, Mario, lo sa tutta Milano, dovevo mandargli la carta bollata?» risponde il Tebano. Giovenco continua: «Tu ne sai niente di quei colpi sparati contro Francis? Non è che c'entri? Si dice dei catanesi...». «Ma ti sembra che io faccio queste bambinate? Dai Mario...» dice Epaminonda. «Vabbè, vabbè, comunque Faccia d'angelo ti vuole parlare» conclude Giovenco.

L'incontro avviene al Peppe Moreno. Turatello arriva con la sua guardia del corpo. Per Francis è come muoversi scortato da un militare addestrato. L'uomo gira sempre con una capiente borsa di pelle. Dentro c'è un mitra.

Il Tebano ha fatto preparare tutto il personale per quella visita. Ha riservato per Turatello il tavolo migliore del ristorante. È nel punto da cui si può vedere tutta la sala e tenere sotto controllo l'ingresso. Nel ristorante non c'è nessun altro. La guardia del corpo resta in piedi, vicino alla porta. Turatello ordina spaghetti alle vongole. Epaminonda è davanti a lui. Francis non parla, non dice niente. Silenzio assoluto. Solo dopo aver finito il piatto guarda Epaminonda. Il Tebano dice: «Francis, guarda che io non c'entro niente con quei cornuti che ti hanno sparato...». «Ti sei già spiegato bene con Giovenco, è un argomento chiuso» risponde Turatello, «non sembri uno che ha voglia di suicidarsi.» Poi si alza: «Voglio vedere dove si gioca». Scendono nella bisca, Francis si guarda intorno, poi risalgono le scale, Turatello davanti, Epaminonda dietro. Francis non si gira e parla: «Angelo, per il gioco ci mettiamo d'accordo, ti do una quota. Però voglio togliermi una voglia, un ristorante. Questo va bene, farò fare dei lavori».

Turatello parla come se ci fosse stata una trattativa, come se ci fosse un accordo. Con due frasi il Peppe Moreno passa dal Tebano a Faccia d'angelo. Tutto qui, semplice. Non c'è da discutere. Epaminonda dice solo: «Come vuoi, Francis». Prima di uscire, sulla porta, Turatello dà un ordine: «Ho bisogno di te. Domani presentati a Giovenco nella bisca di corso Sempione». Epaminonda risponde ancora: «Come vuoi, Francis». Cos'altro avrebbe potuto rispondere?

Il giorno dopo si presenta in corso Sempione.

All'inizio lo mettono a fare i cocktail. Non è quello che sperava. Se ci fosse stato un termometro per misurare la rabbia, quella notte Epaminonda l'avrebbe fatto schizzare oltre i limiti. Ma il Tebano è anche una persona pragmatica. In fondo è accaduto quello che voleva: è entrato nel giro di Turatello, nel giro cioè di quello che a Milano è il numero uno.

Quel passaggio dietro al bancone della bisca di corso Sempione gli costa però commenti sprezzanti. Renato Vallanzasca, anni dopo, si riferirà a Epaminonda come «monnezza, quello che preparava panini schifosi in una bisca di Francis». Il Tebano e Renato non si sono mai amati. Per Angelo, Vallanzasca resterà sempre un «babbu», un casinista, uno che fa solo guai.

A fare i cocktail Epaminonda non resta molto, Giovenco lo mette a controllare i tavoli da gioco: ha esperienza ed è sveglio. Angelo osserva e impara. Girano tanti soldi, ogni sera. Poi Turatello inizia a coinvolgerlo anche in altre faccende, gli affida qualche incarico. Francis ai suoi dà ordini in maniera gentile, senza mai alzare la voce. Ma sono ordini: se ti dice di fare una cosa, la fai.

Una sera dice a Epaminonda di seguirlo. Lo porta al Peppe Moreno, gli fa vedere come l'ha rimesso a posto. Chiede anche a uno dei suoi di sparare contro le vetrine. Orgoglioso, dice al Tebano: «Hai visto? Ci sono i vetri blindati».

Sembra che nessuno possa contrastare l'ascesa di Turatello. Ogni tanto qualcuno ci prova, a lui basta la minaccia: «È meglio se sparite da Milano». Una sera si presentano in corso Sempione due malavitosi, proprietari di una delle poche bische che non sono ancora sotto il controllo della banda di Faccia d'angelo. Si rivolgono a Epaminonda: «Dovete smetterla di fare concorrenza sleale, mettete in giro brutte voci sul nostro locale». Epaminonda risponde: «Io sono solo un impiegato, parlate con il mio capo, andate direttamente da Francis». Non ci vanno ma è Turatello ad andare da loro. Non usa le armi né le mostra. Parla con calma e dice: «La vostra bisca ve la lascio, tanto fa schifo, a me non interessa. Però dovete chiudervi dentro. Non ne dovete uscire mai, nemmeno per andare a dormire. Fate finta di essere in carcere. Oppure, se preferite, cambiate città. Ma non in Lombardia».

È un periodo in cui Francis e Lia Zenari stanno insieme stabilmente. Nel 1972 nasce il loro unico figlio, Eros. Per la festa dopo il battesimo Turatello affitta una villa in Brianza. Arrivano invitati da tutta Italia, tra loro tanti boss della criminalità. Per l'occasione Francis ha voluto che i suoi si ripulissero. Li ha mandati a comprare bei vestiti, scarpe e cravatte costose. Lia ha un collier di brillanti che Francis le ha regalato il giorno prima. C'è anche Luisa Turatello, la mamma. A tutti gli ospiti Francis regala un portachiavi d'oro con incisa una F, l'iniziale del suo nome. A intrattenere gli ospiti c'è Franco Califano. Viene da un brutto periodo.

Il Califfo era stato arrestato nel 1970 per possesso di cocaina e accusato di spaccio di droga. Tutti sapevano, negli ambienti della criminalità, che sniffava, e d'altra parte questo lo aveva ammesso anche lui, ma non vendeva, non spacciava. Poi era stato scagionato.

Però dopo i giorni passati in carcere, non ha una lira, i discografici l'hanno scaricato. Lo aiuta Turatello: lo fa arrivare a Milano e gli offre di cantare ogni sera nella bisca di corso Sempione.

Francis lo ascolta entusiasta, dice: «Io quasi quasi trasformo questo posto in un piano bar». Califano resterà sempre riconoscente a Turatello per quell'aiuto e non rinnegherà mai la sua amicizia con il boss della malavita milanese. Quando, nel 1977, pubblicherà il suo disco di maggior successo, *Tutto il resto è noia*, sarà lui a chiedere a Francis di «prestargli» il figlio per una fotografia. Quell'immagine, di Califano con in braccio baby Turatello, finisce sulla copertina del disco che venderà un milione di copie.

Sembra la festa di matrimonio del *Padrino*, il film di Francis Ford Coppola. A un certo punto alcuni degli uomini si assentano, entrano in un salotto della villa. Francis offre sigari a tutti, poi parla: «Girano tanti soldi con i sequestri di persona. A Milano c'è una miniera d'oro da sfruttare. Vogliamo lasciare questo ben di Dio ai sardi e ai calabresi?».

Alla festa di battesimo di Eros c'è anche Epaminonda. Per l'occasione si è tolto il giubbotto di pelle e si è messo la giacca. È entrato stabilmente nel giro del capo anche se non nel giro ristretto, quello dei più affidabili. Di lui Turatello si fida fino a un certo punto. E d'altra parte non si fida completamente di nessuno, nemmeno di Lia. Solo di Carlo Argento, che gli resterà fedele fino all'ultimo.

Il Tebano è ubbidiente e intraprendente, non si tira mai indietro. Se Turatello ordina lui esegue senza fiatare. E lo stesso fa se gli ordini arrivano da Carlo Argento.

Ma quella sera al Peppe Moreno non l'ha dimenticata, gli è rimasta in mente come un pensiero fisso. E spesso si ripete quello che si era detto tra sé e sé camminando verso casa dopo l'inaugurazione del suo locale: «*Vafanculu* Turatello».

VIII

Il re di Milano e il re delle evasioni

La telefonata arriva di solito all'ora di cena, quando la famiglia è a tavola. «Pronto?» «C'è il signor...?» «Sono io.» «Bene, lei non ci conosce, noi conosciamo lei. Le vogliamo proporre una soluzione conveniente.» «Soluzione per cosa?» «Eh, lei sa quanti sequestri di persona ci sono, brutte situazioni, uno viene preso e magari non torna più.» «Cosa volete? Chi siete?» «Tutto a posto, stia tranquillo. Lei viene con noi una settimana, la mettiamo in una bella casa, cena ordinata al ristorante, magari qualche bella ragazza... La vuole qualche ragazza? Intanto la sua famiglia prepara i soldi, una cifra che non fa male, 100 milioni. Quando abbiamo i soldi chiamiamo un taxi e lei va a casa. Che ne dice? Siamo tutti contenti e lei evita di finire per mesi in una buca.»

È il metodo Turatello, quello che lui chiama il «colpo del fuoriclasse». Sequestri di persona senza che ci sia davvero un sequestro. Un crimine soft, senza violenza: rapimento con il consenso del rapito. C'è anche una variante: il «sequestro telefonico». Lui e i suoi sfogliano i giornali, annotano i nomi più in vista della finanza o dell'imprenditoria, poi cercano il numero sull'elenco. Nessuna difficoltà: allora nell'elenco si trovavano i numeri di tutti. La telefonata è breve, chirurgica: «Abbiamo intenzione di rapire un membro della tua famiglia. Se ci consegni 50 milioni puoi stare tranquillo, non facciamo niente. Altrimenti...».

Le persone pagano e del sequestro al telefono nessuno viene a sapere nulla. Con quel metodo la banda Turatello fa un sacco di soldi e i sequestri anomali non finiscono nelle statistiche ufficiali.

Fare soldi, fare più soldi e poi farne ancora. Turatello pensa solo a quello. Dice spesso a Lia: «Meglio essere un grande criminale che un mediocre impiegato dalla vita triste».

Le sue serate sono queste: aperitivo all'Hotel Diana, cena alla Porta d'oro o al Peppe Moreno, poi i night, magari una puntata al Derby in via Monte Rosa e infine il giro delle bische. Routine.

A volte torna nel suo quartiere, Lambrate, e si siede con i vecchi della mala, ladri d'appartamento, piccoli rapinatori. Ascolta e racconta. È vanitoso Francis, non rinuncia mai al centro dell'attenzione. Poi quando se ne va qualcuno dei vecchi dice: «Hai visto cos'è diventato Cicciobanana?». E tutti ridono. Continua a portare al collo la svastica d'oro. Dice: «Se ci fosse uno che comanda davvero non ci sarebbe tutta questa droga per le strade e tutti questi delinquenti da quattro lire». «Ma guarda che la droga la vendiamo anche noi» gli risponde qualcuno. «Sì, ma noi la vendiamo nei night, a gente di lusso, mica ai disperati.» Lui della droga però non si vuole occupare, la considera una debolezza, roba da omuncoli, gli fa schifo. Fa gestire gli affari ad altri. E comunque di quello che fanno i suoi uomini quando non sono al lavoro con la banda non si interessa. Carlo Argento non rinuncia alle rapine, non tanto per i soldi visto che ne ha già tanti, ma perché si diverte. Ripete spesso: «O si ruba o si lavora e io a lavorare non ci penso». Altri della banda al metodo Turatello per i sequestri di persona preferiscono i rapimenti vecchio stile con cui entrano più soldi. Vengono attribuiti a suoi uomini tre sequestri, quelli di Carlo Alberto Nassisi, di Lodovico Zambeletti, di Carlo Lavezzari. Quest'ultimo lo hanno fatto travestendosi da poliziotti. Hanno fermato l'auto dell'industriale: «È un normale controllo, scenda per favore». Poi l'hanno portato via.

Per Francis gli affari nei primi anni Settanta vanno alla grande. Il suo gruppo criminale muove ogni anno svariati miliardi di lire. I rischi sono ridotti: le pene per gioco d'azzardo, riciclaggio, sfruttamento della prostituzione sono tutto sommato lievi. Dai sequestri sul campo lui rimane fuori e, almeno a livello operativo, anche il traffico di droga l'ha affidato a qualcuno dei suoi. Inizia a impartire ordini: «Ragazzi, non andate in giro a sparare, meno attiriamo l'attenzione meglio è. Che si scannino i serbi, i sardi, i calabresi. Così i bracciali li mettono a loro». I bracciali sono le manette.

È diventato il re di Milano, il padrone incontrastato delle attività criminali e del divertimento.

Con Lia Zenari le cose vanno meno bene. Lei è sempre più gelosa, fa scenate davanti a tutti, aggredisce qualsiasi donna veda vicino a Francis. Lui la calma a fatica, si sta stufando, a volte dice ai suoi: «Portatela via». Lia viene caricata su una macchina e riportata a casa.

Anche per Epaminonda le cose girano alla grande. Turatello gli affida sempre più compiti, vede in quel ragazzo del potenziale, lo considera bravo a fare i soldi. Gli ha permesso di aggregare al gruppo anche alcuni amici catanesi, legati al clan dei «cursoti», li chiamano così perché provengono dalla zona dell'Antico Corso, a Catania. Diventeranno presto il gruppo di fuoco privato del Tebano.

A Epaminonda, Turatello affida anche compiti delicati. Un giorno lo chiama al telefono: «Vieni qui, ho un problema da risolvere». Il problema si chiama Graziano Mesina, «Gratzianeddu», il più famoso bandito sardo, autore di numerosi sequestri di persona. È uno che ha iniziato presto: primo arresto a 14 anni per possesso di un fucile rubato, poi di nuovo in carcere due anni dopo per aver sparato in luogo pubblico. Da lì in poi prosegue con omicidi, rapimenti, arresti ed evasioni.

Mesina è a casa di Turatello dopo essere evaso dal carcere di Lecce. Amici comuni gli hanno detto che avrebbe potuto trovare rifugio dal «re di Milano». Francis l'ha accolto ma non ha nessuna intenzione di tenerselo. Così lo affida a Epaminonda che lo porta a casa sua. Il Tebano passa a prendere un barbiere amico in via Eustachi che ripulisce Mesina e gli piazza sulla testa un parrucchino. Poi arriva la manicure, quindi gli danno vestiti nuovi perché messo così, pensa il Tebano, lo beccano subito. Dopo lo affida a un altro della banda, «Pippo l'agrigentino», che lo porta in un appartamento di Sesto San Giovanni. Mesina chiede: «E io che faccio tutto il giorno?». Fanno arrivare due ragazze del giro dei night.

Intanto Francis ha un altro problema da risolvere. C'è un luogo, a Milano, un unico luogo che ancora non è in mano sua: la bisca del Bridge club di via Fiori Chiari a Brera. «Che facciamo?» chiede Francis. «Facciamo che ci andiamo» risponde Carlo Argento.

Ci vanno qualche sera dopo. Ci sono Francis Turatello, Angelo Epaminonda, Carlo Argento, Turi Mingiardi, Gianni Scupola, Pippo l'agrigentino e per l'occasione si unisce al gruppo anche Graziano Mesina. Devono entrare senza che i buttafuori all'ingresso facciano casino. Così prima vanno a prendere un cliente abituale del Brera Bridge, uno conosciuto da tutti nel giro: «Tu ti fai aprire la porta, poi ci pensiamo noi» gli dice Francis. Quello risponde: «Ma come faccio? Mi gioco la reputazione». Interviene Mesina: «Sai chi sono? L'hai vista la mia faccia sui giornali? Bene, allora sai che ti lego mani e piedi e ti butto nel fiume».

Vanno al club, Scupola resta fuori, gli altri entrano. Francis ha un fucile con il manico tagliato, gli altri hanno la pistola. Nella bisca in quel momento ci sono ottanta persone, vengono tutte radunate nel salone più grande. Un uomo protesta, Turatello gli fa saltare i denti con il calcio del fucile. Poi si apparta con il direttore del locale. In sala quella sera c'è anche Alfredo Bono, uno legato alle cosche mafiose palermitane e alla mafia di Chicago. Turatello si apparta anche con lui. Passano le ore, Mesina si avvicina a Epaminonda e dice: «Quante belle donne, quasi quasi mi fermo a Milano». Poi aggiunge: «E quante pellicce». Ogni tanto qualcuno dei clienti si avvicina al Tebano: «Dai Angiolino, mi conosci. Compro la roba solo da te». Epaminonda risponde: «Stai zitto e torna a sederti». È quasi mattina quando Francis e i suoi fanno svuotare le tasche di tutti i presenti: orologi, portafogli, gioielli. Tutto su un panno verde. Chi prova a nascondere qualcosa riceve un colpo con il calcio della pistola in faccia. Turatello dice a Epaminonda: «Perquisisci tutti e se qualcuno ha nascosto qualcosa tagliagli un dito». Poi Turatello ordina a Pippo l'agrigentino di dare a ogni signora 10.000 lire per il taxi, per poter tornare a casa. Prima di andarsene Francis si rivolge a tutti: «Avete visto cosa succede a venire a giocare in questo posto? Non è sicuro. È meglio che da domani veniate a giocare in corso Sempione, lì non succede nulla, potete giocare in pace. Ora noi ce ne andiamo. State qui buoni ancora mezz'ora, io sarò fuori, se vedo qualcuno uscire gli sparo». Mesina non vuole andarsene, vuole portare via le pellicce. Lo convincono: «Troppo ingombranti, dove le mettiamo?». Fuori Turatello si ferma davvero per venti minuti, gli altri sono in auto, lo chiamano: lui sta parlando con un ubriaco.

In auto Epaminonda gli chiede: «Ma davvero volevi che tagliassi un dito a chi nascondeva qualcosa?». «Certo» risponde Turatello, «se no mica lo chiedevo a te.»

Dividono il bottino la mattina dopo. Francis tira fuori anche un assegno da 50 milioni di lire che si è fatto dare dal direttore del club. Pochi giorni dopo il Brera Bridge club passa nelle mani di Turatello.

Epaminonda si è comportato bene nella notte del Bridge

club, Turatello lo coinvolge sempre di più. Lo porta con sé a Roma, deve parlare con qualcuno. Partono da Milano in due auto, cariche di armi.

A Roma si deve siglare una pace o dare inizio a una guerra. In carcere Turatello ha avuto uno scontro pesante con Gerlando Alberti, «U Paccarè»: è un nome importante della mafia palermitana. Francis la guerra la vuole evitare ma è pronto a farla. A Roma Turatello parla con lo zio d'America, Frank Tre dita Coppola. È lui a fare il garante dell'accordo. Viene siglata la pace e c'è un patto d'affari. Poi Francis resta a Roma, deve incontrare altre persone, gente importante. Si parlerà molto, dopo la sua morte, di contatti tra Turatello e i servizi segreti, della sua iscrizione alla loggia massonica P2, delle sue cene con Licio Gelli. Nel 1978, quando era già in carcere, a Turatello venne chiesto di attivarsi per scoprire dove fosse il covo in cui le Brigate Rosse tenevano Aldo Moro, il presidente della Democrazia cristiana sequestrato. Avrebbe dovuto anche cercare una mediazione, una possibilità segreta per salvarlo. Turatello non riuscì a fare nulla, forse non poté o non volle.

Da Roma, Epaminonda torna in aereo. Si offende perché un attore fa finta di non riconoscerlo. «Ma come» gli dice il Tebano, «quando mi vedi nei night insieme a Francis è tutto un "Ciao caro, come stai caro" e qui ti giri dall'altra parte?»

In quel periodo, al seguito di Turatello e grazie a Lello Liguori, il re delle notti milanesi, Epaminonda conosce gente importante, anche alcuni politici milanesi in ascesa. In fondo, frequentano gli stessi locali.

Man mano che aumenta la fiducia crescono i compiti. Al Tebano viene affidata la gestione di una bisca all'aperto, in via Palmanova. Lui la dirige con ordine, appena qualcuno crea casino tira fuori la pistola e gli fa capire che non è il caso. La bisca diventa famosa, attira la malavita da tutta Milano, il Tebano è orgoglioso. Il segnale è lo stesso ogni sera. Arriva un camion e accende i fari: è il via, iniziano le partite a dadi. Epaminonda ha anche un'idea. Perché per entrare nei night bisogna pagare e per entrare nelle bische no? Così mette una tassa all'ingresso, anche se all'aperto: chi vuole giocare paga preventivamente 5000 lire.

L'idea a Turatello piace. La grande occasione per il Tebano arriva quando Turi Mingiardi che gestisce la bisca al chiuso di via Cellini deve scappare, e si rifugia in Sicilia: è stato coinvolto in un sequestro di persona e lo cercano dappertutto. Turatello affida la bisca a Epaminonda. Lui apporta subito una modifica: è convinto che i croupier rubino soldi, così fa realizzare da un sarto cinture con un portadenaro attaccato di modo che tutti possano vedere il giro dei soldi. Poi obbliga tutti quelli che lavorano alla bisca a vestirsi bene, mai senza giacca e cravatta. Anche lui mette via a malincuore l'amato giubbotto di pelle. Inserisce tra i dipendenti alcuni dei cursoti. Qualche problema sorge in via Palmanova. Senza il suo controllo diretto gli incassi calano. È sospettoso, diffidente. Convoca Pippo Barone, a cui ha affidato il controllo della bisca. Quello arriva e gli regala dieci grammi di cocaina. Epaminonda gli dice: «Puoi regalarmi anche un camion di coca ma so che stai rubando, se non la smetti subito ti sparo in pancia». Dal giorno dopo gli incassi di via Palmanova tornano a crescere.

In galera si sa tutto quello che avviene fuori. Radiocarcere è veloce, le notizie vanno di cella in cella. Renato Vallanzasca sa che Turatello ha conquistato Milano ma non gli importa. Le bische non gli interessano e nemmeno lo spaccio di droga. A lui piace fare rapine, piace rubare. Non ne può più di stare dentro, Consuelo non lo va più a trovare, gli amici lo aspettano per ricominciare. Ha conosciuto le celle punitive di carceri in giro per l'Italia, adesso è a San Vittore. In ogni istituto penitenziario si è scontrato con le guardie, sarà una costante della sua vita.

Decide che per uscire di galera deve adottare una terapia

d'urto. Chiede in giro, all'ora d'aria, se qualcuno tra i detenuti soffre di epatite, poi si fa dare il sangue e se lo inietta. Arriva anche a iniettarsi la sua urina, vuole a tutti i costi essere ricoverato in ospedale, da lì sarà più facile scappare. Inizia a mangiare uova marce: le apre, poi le mette al sole sulla finestra della cella. Quando hanno una puzza nauseabonda le cuoce, le mette tra due fette di sottilette e le manda giù. Per essere ancora più sicuro inala il gas del fornelletto che i detenuti usano per cucinare. Lo fanno alcuni carcerati per sballare, lui lo fa per sballarsi il fegato.

Alla fine ce la fa, una mattina si guarda allo specchio, è giallo, gli occhi sembrano due limoni. Sveglia i suoi compagni che urlano e festeggiano, ci sono applausi in tutto il raggio di San Vittore. Chiede la visita medica, il dottore lo spedisce in ospedale, al Bassi, in zona Dergano. Quando lo trasferiscono ci sono baci e abbracci, come si fa con un liberante, uno che sta per uscire.

Nel reparto carcerario dell'ospedale segue una dieta rigida, vuole guarire perfettamente prima di andarsene. Gli amici lo vanno a trovare, lo chiamano dall'esterno, lui parla loro dalle finestre. Raccontò poi che ogni giorno una ragazza diversa lo andava a trovare. Gli fanno avere un messaggio: è successo un guaio. Il suo amico fraterno Mario Carluccio è uscito da poco di galera, qualcuno gli ha detto che la sua donna si è vista troppo spesso con un uomo. Non è uno qualsiasi, è l'anguriaro di viale Fulvio Testi, un buon amico della banda Turatello. Una sera Carluccio si presenta al suo chiosco e spara due colpi contro l'uomo. I fratelli Spedicato, fedelissimi di Faccia d'angelo, gliela giurano, lo cercano. L'aria non è buona, Renato decide di affrettare i tempi. Per andarsene dall'ospedale ha bisogno di un aiuto, individua una guardia, inizia a parlarci e alla fine la convince a prendere dei soldi per girarsi dall'altra parte. La guardia accetta ma si mette in testa di ricavarci più soldi, di unirsi alla banda. Vallanzasca gli dice: «Senti ti pago, noi non siamo amici, siamo dalla parte opposta della barricata. Fai quello che devi fare e addio».

È una notte di luglio del 1976, ad aspettare Renato fuori dal Bassi c'è una Bmw con tre uomini. C'è anche Massimo Loi, un ragazzino della banda che vuole crescere in fretta. Lo aspettano fino quasi all'alba, poi se ne vanno. Vallanzasca esce dalla porta principale un'ora dopo, alle sei del mattino. Va a piedi in viale Jenner e prende un autobus fino alla Stazione Centrale, poi un taxi che lo porta a un appartamento, un bilocale che hanno preparato come suo primo rifugio. Si toglie una scarpa, dentro ha la chiave del portone e la chiave di casa. Poche ore dopo arrivano Carluccio, Cochis e il Pinella. Iniziano a parlare di rapine.

Riesce anche a rivedere Consuelo, è agosto, Renato vuole andare via da Milano: troppo pericoloso restare nella città deserta. Lui, Consuelo e Maxim vanno in Puglia, dieci giorni. Quando tornano, lei lo saluta. Non la rivedrà più e non rivedrà più suo figlio. Qualche mese dopo riceverà una lettera: «Renato, ho conosciuto un brav'uomo, ha una piccola industria di bottoni. Può assicurare un futuro a me e a Maxim. Hai qualcosa in contrario?».

Cosa poteva dire Renato? Lui aveva altri progetti nella vita.

Addio Consuelo, e addio Maxim.

IX

Il mucchio selvaggio

Eccoli lì, tutti insieme, come in una vecchia fotografia. C'è Renato Vallanzasca, sempre al centro, magrissimo, con i baffetti ben curati. Ha addosso un completo grigio con il panciotto, l'ha fatto fare su misura perché all'eleganza ci tiene; a coprire gli occhi azzurri ci sono Ray-Ban scuri a goccia, da aviatore. Alla sua destra sorride l'amico di sempre, Mario Carluccio, quello che è con lui da quando erano ragazzini. Non lo sa ovviamente, ma gli resta molto poco da vivere. Dall'altro lato c'è Mandingo, Rossano Cochis, imponente, forte, la faccia da duro che fa paura.

E poi Antonio Colia, il Pinella, piccolo, esile, riflessivo, capelli e occhi scuri. Si trasforma in un demonio quando è al volante di un'auto: è lui che guida la macchina su cui sale Renato quando fanno un colpo. Abbracciata a Colia c'è Giuseppina Usuelli, Pina la rossa, la sua compagna: ride allegra, il taglio dei capelli è alla moda. Poi ci sono Vito Pesce e Claudio Gatti: si somigliano, sembrano fratelli, facce larghe, occhi piccoli, entrambi mostrano la pistola infilata nella cintura: non fanno un passo senza il «ferro». Più scostata c'è Angela Corradi, la donna di Pesce, quella che Renato chiama «la mia sorellina», futura suora laica. E poi Antonio Furiato: anche a lui resta poco da vivere.

Dietro ci sono altri: Franco Careccia, Santino Stefanini,

Osvaldo Monopoli, Claudio Basanisi. Non c'è Roberto Vallanzasca: da quando è uscito dal carcere ha preso la sua strada, lontana dal fratello. Accucciato, in questa fotografia immaginaria, c'è un ragazzo più giovane, la mascotte della banda: l'abbiamo già conosciuto, si chiama Massimo Loi, avrà un destino pesante, legato indissolubilmente a quello di Renato.

I volti dei membri di quel gruppo, di quel mucchio selvaggio, stanno per comparire nei commissariati di tutta Italia, sui cruscotti delle pantere della polizia e delle gazzelle dei carabinieri. Compariranno sui giornali sotto i titoli dedicati alla banda della Comasina o alla banda del bel René, un soprannome che Renato ha sempre detto di odiare ma che in fondo, vanitoso com'era, gli piaceva.

Una mattina sono nel covo di Renato, dove lui ha trovato rifugio dopo l'evasione. Ci sono Colia e Carluccio. C'è anche una ragazza, Patrizia, amica di qualcuno del giro. È diventata la ragazza di Vallanzasca. Non è un grande amore, lo sanno tutti e due, ma si fanno compagnia.

Renato sta sfogliando «Il Giorno», il quotidiano di Milano e della Lombardia. Legge un articolo, parla di Como. Il giornalista scrive che è un'isola felice, lì non ci sono rapine. Il motivo è semplice: per entrare e uscire dalla città ci sono due sole grandi strade di accesso, basta chiudere quelle e i banditi sono in trappola. Vallanzasca dice: «Andiamo a Como». Gli altri annuiscono, sanno che non sta scherzando. Ci va con Vito Pesce e Mario Carluccio. Individuano un istituto di credito in una zona pedonale, il colpo però è complicato, c'è molta gente, l'uscita è esposta e si può scappare solo a piedi. Pesce e Carluccio si tirano fuori. È agosto, entrambi hanno in programma di partire per le vacanze, anche i rapinatori fanno le ferie. Così qualche giorno dopo Renato torna a Como con il ragazzino, Massimo Loi, e altri due che si sono aggregati alla banda per l'occasione. Entrano in banca alle 13.00, tirano fuori le armi. Non ci sono né il direttore né il cassiere, sono in pausa pranzo: hanno loro le chiavi del caveau. Intanto in banca continua a entrare gente, i quattro banditi radunano tutti. Uno dei rapinatori si rivolge a Vallanzasca chiamandolo per nome: «Renato, è troppo rischioso, tra poco qui si riempie di madama. Andiamo via». Vallanzasca si avvicina: «La prossima volta che fai il mio nome ti sparo nei coglioni».

Direttore e cassiere arrivano alle 15.00, due ore dopo l'ingresso dei banditi in banca. Uno dei complici di Vallanzasca spacca il naso al direttore con il calcio della pistola, poi il cassiere apre la «marmotta», così i banditi chiamano la cassaforte. Loi e gli altri due sono nervosi, Renato ha paura che inizino a sparare per niente. Scarica l'arma di quello che gli sembra più esaltato. Poi prendono i soldi, li mettono in sacchetti di plastica dell'Esselunga e se ne vanno. Prima di uscire chiudono impiegati e clienti nel caveau. Camminano veloci, raggiungono le auto e prendono la via per Milano. Lungo la strada Vallanzasca si ferma in un autogrill, chiama la polizia e avverte: «Andate in quella banca, c'è gente chiusa nella cassaforte, sbrigatevi se no crepano».

Dividono il bottino, poi Vallanzasca prende a schiaffi uno dei tre complici, quello che era più nervoso: «Toglietevi dai coglioni, voi con me non lavorerete mai più».

È la prima rapina di quella che sarà una sequenza frenetica: settanta colpi in meno di un anno, dall'estate del 1976 alla primavera del 1977. Vallanzasca dirà poi che quello è il periodo in cui si è «bruciato la vita».

Rapine, rapine, ancora rapine. È quello che sanno fare. Vallanzasca lo ripete sempre: «Io sono nato ladro, da piccolo rubavo i soldatini». È lui a essere preso da una smania d'azione quasi incontrollabile, come se dovesse battere tutti i record. Di spaccio di droga non vuole sentir parlare, non ama dipendere da nessuno: con la criminalità organizzata, la mafia, la camorra, la 'ndrangheta, a differenza di Turatello ed Epaminonda, non vuole avere a che fare. E per spacciare droga bisogna per forza rivolgersi a loro. E poi lui la droga la detesta, come Turatello e a differenza di Epaminonda. Sopporta a fatica che i suoi si facciano, a Vito Pesce, quello più sballato di tutti, fa dei cazziatoni violenti: minaccia di sbatterlo fuori dalla banda se non la smette.

Nemmeno di bische vuole sentir parlare, troppo impegnativo gestirle, e poi quello è il mercato di Francis. Lo sfruttamento della prostituzione invece gli fa proprio ribrezzo, la considera roba da vigliacchi.

Restano i furti e i sequestri di persona: quelli li fa, ma a modo suo. Vedremo poi come.

Con Cochis, Carluccio e altri cominciano a fare posti di blocco in giro per la città, soprattutto nel quartiere di Lambrate. Ferma auto della polizia e porta via le armi agli agenti. Ha iniziato perché ci sono alcuni poliziotti che la sera, in borghese, vanno a citofonare a casa dei suoi genitori, in via Porpora. Quando Marie o Osvaldo rispondono, arrivano le minacce: «Dite a Renato che lo facciamo fuori, che ha i giorni contati. Ve lo restituiamo morto e con i coglioni in bocca». Lui si vendica rapinando le pattuglie e mandando un messaggio: «Se quei bastardi continuano a minacciare i miei li scovo e li ammazzo».

La banda è sempre più arrogante, spericolata. Intanto Colia è finito in carcere, l'hanno portato in quello di Lodi. Vallanzasca vuole liberarlo, del Pinella ha bisogno e poi è un amico e lui gli amici non li abbandona. Il 2 ottobre 1976 due macchine, un'Alfetta e una Fiat 124, si fermano non lontano dall'istituto penitenziario di Lodi. A bordo ci sono sei persone. Da una delle auto scende Pina Usuelli, la donna di Colia: quella mattina è previsto un colloquio con Antonio. Appena i due sono al tavolo del parlatorio, lei dice a lui: «Stai pronto».

Vallanzasca e altri due, nel frattempo, si sono confusi tra i parenti in coda per i colloqui. Quando la guardia lo fa entrare, Vallanzasca lo colpisce con il calcio della pistola, gli prende le chiavi e corre dentro seguito dai due complici. Aprono i cancelli e arrivano al parlatorio, un maresciałlo tenta di dare l'allarme ma gli sparano, viene ferito a una coscia e a un piede. L'azione dura meno di quattro minuti. Pina, Colia, Vallanzasca e i complici corrono verso le auto. Intanto i due della banda rimasti a guardia delle macchine sparano in aria con fucili a canne mozze.

L'evasione è riuscita ed è stata spettacolare. I giornali titolano: «La banda del bel René colpisce ancora».

Sta per cambiare tutto, finora non hanno ucciso ma sta per succedere.

A metà ottobre del 1976 Vallanzasca parte per la Puglia. Con lui ci sono Patrizia, Carluccio e Cochis con le rispettive fidanzate, Massimo Loi, Claudio Gatti e un altro della banda, lo chiamano «il Muto» perché sta sempre zitto. Il progetto è quello di fare un sequestro di persona, il primo della banda. L'obiettivo è il figlio del vicepresidente del Foggia calcio. Vallanzasca e Cochis, con le rispettive compagne, prendono due stanze nell'albergo dove è in ritiro la squadra che la domenica successiva dovrà giocare contro la Juventus. Fanno amicizia con i calciatori, giocano con loro a biliardo. Un dirigente della squadra non lascia un attimo Patrizia, le fa una corte spietata. Non sa quello che rischia.

Renato una mattina si accorge di aver perso la carta d'identità e la patente false che si era fatto preparare. Chiama Colia a Milano perché gli procuri altri «santini», così chiamano i documenti. Colia esegue e incarica uno della banda di effettuare la consegna. L'uomo parte a bordo di una Bmw color argento verso Foggia. Guida come un pazzo, zigzagando tra le altre auto. Lo ferma una pattuglia della polizia stradale vicino a Montecatini, uno degli agenti scende, si chiama Bruno Lucchesi. Si avvicina alla Bmw: «Buongiorno, ha fretta? Favorisca i documenti». L'uomo al volante consegna la patente falsa, quella preparata per Vallanzasca: è intestata a un certo Renato Gatti, residente a Milano. L'agente torna alla sua auto e fa un controllo con la centrale, sono minuti lunghi, c'è come una sospensione del tempo.

Il bandito in auto fuma, è nervoso, è indeciso se accelerare di colpo e scappare, provando a seminare gli sbirri o se restare e rischiare. Decide di restare. Ha un giaccone pesante, poco adatto a una giornata d'ottobre ancora mite. Nella tasca destra ha la pistola, toglie la sicura.

Il documento sembra regolare. Solo che c'è un problema: l'uomo nella foto non assomiglia per niente a chi è alla guida della Bmw. Così Lucchesi si avvicina all'auto e dice: «Mi dispiace, c'è qualcosa che dobbiamo approfondire. Dovrebbe seguirci al posto di polizia, va eseguito un controllo». L'uomo apre la portiera, scende dall'auto e segue il poliziotto. Dopo dieci passi, continuando a camminare, toglie la pistola dalla tasca e spara tre colpi. Lucchesi muore subito, l'altro agente è ferito. Poi l'assassino scappa a piedi, poco lontano ferma un'auto, una Vauxhall, e continua la fuga guidando. La lascia poco dopo sotto un cavalcavia di Lucca. Arriva a Foggia in treno e racconta tutto a Renato.

Il documento è rimasto nella mano dell'agente Lucchesi, il confronto è immediato: l'uomo nella foto è lo stesso il cui volto è comparso su tutti i giornali ed è appeso nelle questure di tutta Italia: Renato Vallanzasca.

Questo è ciò che ha raccontato Vallanzasca: si è sempre rifiutato però di dire il nome dell'assassino dell'agente Lucchesi. Il tribunale non gli credette: per l'assassinio di Bruno Lucchesi Renato Vallanzasca verrà condannato all'ergastolo.

Anche per la stampa è lui l'uomo che ha sparato a Montecatini. Diventa, da quel momento, il pericolo pubblico numero uno, lo chiamano il nuovo John Dillinger. In effetti c'è qualche somiglianza, in particolare per via dei baffetti, con il criminale americano dei primi anni del Novecento. Ma soprattutto i giornali dicono che Vallanzasca è spietato, feroce proprio come Dillinger.

Per ciò che è accaduto a Montecatini, Vallanzasca non si scompone più di tanto. In fondo, dice, «se indossi la divisa sai cosa rischi». Però a Foggia non può più restare.

Prima di tornare a Milano, dice ai suoi: «Bisogna rifarsi delle spese». Si spostano più a sud, verso Bari, e si fermano ad Andria, è il primo pomeriggio. Entrano in quattro nella banca che si trova nel centro della città: Vallanzasca, Cochis, Carluccio e Loi. Davanti ci sono Renato e Mandingo, gli altri due seguono. Un impiegato riesce a suonare l'allarme, Cochis e Vallanzasca escono per bloccare l'arrivo delle auto della polizia. Gli altri due si fanno aprire il caveau ma Loi non è lucido, fa una cosa stupida: appoggia il mitra sul bancone e lo lascia lì. Un funzionario della banca, Emanuele Di Ceglie, 53 anni, lo prende, fa per puntarlo contro i rapinatori. I banditi sparano e lo uccidono. Prendono due ostaggi e scappano, li rilasciano qualche chilometro dopo.

Non avevano mai ucciso, adesso ci sono due morti, Bruno Lucchesi ed Emanuele Di Ceglie. Stanno per uccidere il terzo.

Tornati a Milano riprendono la vita di sempre. Una sera sono tutti nella casa-prigione di Vallanzasca. Renato sta cucinando un'anatra all'arancia. Parlano di rapine, e di cos'altro potrebbero parlare? Entra in cucina Vito Pesce: «Renato, per favore, ci presti la macchina? Io e Gatti dobbiamo incontrare il tizio che mi ha venduto il fucile, ne ha altri tre e vogliamo chiudere l'affare». Renato risponde: «No, quando siete insieme voi due fate casino, capace che vi mettete a sparare in mezzo alla strada». «No, no, davvero Renato, andiamo e torniamo.» «Va bene, ma alle nove ci si siede a tavola. Ho cucinato io, che cazzo. E fate la benza, è quasi a zero.»

Pesce e Gatti escono, tornano puntuali per le nove. Poi iniziano a litigare. Sono amicissimi, stanno sempre insieme, ma si accapigliano tutti i giorni. Pesce dice a Gatti: «Se non fosse per me staresti ancora a rubare alle vecchiette, come criminale ti ho inventato io». «Può darsi, però adesso sono più bravo, vero Renato?» Vanno avanti così per dieci minuti, poi interviene Vallanzasca: «Adesso basta, state davvero rompendo i coglioni a tutti, anche alle vostre donne».

Erano strafatti tutti e due. Vallanzasca inizia a urlare: «Drogati di merda, fatevi una batteria per conto vostro, io non vi voglio più vedere». Pesce si alza rovesciando la sedia, prende il suo fucile mitragliatore e se lo mette in spalla. Poi esce anche Gatti, prende l'auto, il Maggiolone Volkswagen di Renato di cui ha ancora le chiavi, e raggiunge Vito che sta camminando in mezzo alla strada con il fucile a tracolla, come se fosse un cacciatore. Pesce sale in auto, continua a lamentarsi, quasi a piangere, dice che neanche Renato lo considera più, che lui è un peso per tutti. A un semaforo apre la portiera e scende, quasi non sta in piedi, trova una panchina e si sdraia. Sta lì, abbracciato al fucile mitragliatore. Gatti parcheggia l'auto e lo raggiunge, ci mette dieci minuti buoni a farlo alzare e a rimetterlo in macchina.

Stanno tornando verso il rifugio di Vallanzasca quando vedono un'auto della polizia. È Pesce ad avere l'idea: «Facciamo un posto di blocco, facciamo vedere che siamo capaci anche noi». Scendono dall'auto, Pesce imbraccia il fucile mitragliatore, Gatti tira fuori la pistola. Vito però si è dimenticato di togliere la sicura, non riesce a sparare. Gatti esplode due colpi, i poliziotti rispondono. I due risalgono veloci sul Maggiolone e scappano. In viale Monte Ceneri l'auto inizia ad andare a scatti, poi si ferma, è finita la benzina. Renato l'aveva detto. Scappano a piedi con le armi, fermano una Fiat 132. A bordo c'è un uomo di 54 anni, si chiama Umberto Premoli, è un medico, sta tornando a casa dopo aver passato la serata con alcuni amici. Premoli si spaventa, ha un riflesso istintivo, accelera, va a sbattere violentemente contro un'auto parcheggiata. Pesce lo raggiunge, spara una raffica, lo uccide sul colpo. Gettano il corpo sull'asfalto, salgono sull'auto e scappano ma la 132 è danneggiata, il paraurti picchia sulla ruota. Lasciano l'auto in via Previati, raggiungono piazzale Brescia, sparano a caso contro le auto che passano, sono esaltati, fuori controllo. Fermano un'altra auto, una Citroën, sparano all'autista, un cittadino francese che viene ferito al braccio e all'addome. È una notte di fuoco a Milano. In quelle stesse ore sono in giro anche gli uomini di Turatello per alcuni regolamenti di conti: si spara in varie zone della città.

Alla fine, Gatti e Pesce tornano nella casa-rifugio di Vallanzasca, raccontano tutto. Renato gli ordina di andare a dormire, ne parleranno il giorno dopo. Ma Pesce si continua a svegliare, si affaccia alla finestra, poi va da Renato e dice: «Siamo circondati». Non è vero, è ancora fatto, ha le allucinazioni.

All'alba Vallanzasca si alza, prende la pistola e mette il silenziatore, entra nella stanza dove stanno dormendo Pesce e Gatti. Punta la pistola alla testa di Vito che sta dormendo profondamente, non si accorge di niente. È Patrizia a fermarlo: «Renato, lascia perdere, Vito non c'è con la testa. Ti adora, fa tutto per mettersi in mostra con te».

Gatti e Pesce quella notte se la cavano, faranno entrambi una brutta fine, in carcere, qualche anno dopo.

Vallanzasca prende la sua roba e lascia la casa. Da una cabina telefonica chiama Carluccio: «Vienimi a prendere».

I morti ora sono tre. Tutte le forze dell'ordine sono mobilitate: bisogna trovare Vallanzasca e i suoi, ma non sarà facile.

A Vallanzasca piace che si parli di lui. Nel novembre del '76 trova modo di fare un salto, da latitante e ricercato ovunque, nella redazione del «Corriere d'Informazione», il quotidiano milanese del pomeriggio: si fa intervistare. Quando il giornalista gli chiede se si consideri una vittima della società lui risponde: «Ma non diciamo cazzate». Sul giornale la risposta sarà edulcorata e riportata senza parolacce. Per farsi capire meglio rivela al giornalista di avere alla cintura una pistola e una bomba a mano in tasca. Dice: «Ha 30 metri di raggio, l'ho in serbo per chi dice che Vallanzasca è un bastardo boia che ammazza la gente». Poi aggiunge: «Non so dire se la mia libertà valga più della mia vita però so che vale più della vita degli altri se per altri si intendono le forze dell'ordine. Ma se davanti alla mia libertà dovesse essere compromessa la vita di un povero disgraziato che ogni mattina va alla Breda a lavorare preferirei rientrare in carcere, tanto so che ne uscirei di nuovo». Poi parla dell'uccisione del dottor Premoli: «Il fatto della morte del dottor Premoli (tengo a precisare che io non c'ero) non dico che mi abbia disgustato, ma mi ha preso male... È stato qualcosa di inutile, che non serviva. Questo tizio non faceva del bene, né del male a nessuno... non era un elemento che pregiudicava la mia libertà».

Quell'intervista in questura provoca molta rabbia. La considerano una sfida, Vallanzasca fa lo sbruffone: gliela giurano.

In quell'articolo Vallanzasca appare come un eroe romantico, il suo mito cresce e lui fa di tutto per alimentarlo.

Seduto in un bar del centro, Francis Turatello legge il giornale. «Quella banda di drogati sta diventando un problema» dice. Epaminonda lo spinge ad agire: «Francis, quelli sono una mina vagante, fanno arrivare a Milano gli sbirri da tutta Italia». Anche la mafia che fornisce la droga agli uomini di Francis spinge per una soluzione drastica: il casino fa male agli affari. Turatello però ha forti dubbi: «Non ci hanno mai attaccato, e non posso fare io il lavoro della madama, non sono mica il commissario Turatello».

Epaminonda non è d'accordo. Pensa che Francis sia troppo morbido. Vallanzasca e i suoi vanno uccisi, devono sparire: è una questione di soldi, tutto lì. Glielo hanno spiegato bene i suoi compari catanesi, quelli con cui fa affari e per i quali è diventato il punto di riferimento a Milano. Gli hanno detto: «Quando ci sono posti di blocco e sbirri in ogni strada il lavoro diventa difficile, pensateci voi». Ma finché Francis non dà l'ordine non ci si può muovere.

Quell'ordine però Turatello sta per darlo.

X
La guerra

Renato Vallanzasca è sdraiato in mezzo alla strada, poco dopo il cavalcavia di viale Monte Ceneri, non lontano dal ponte della Ghisolfa. Pancia in giù, le gambe un po' allargate, gomiti sull'asfalto. È immobile, imbraccia un fucile a pompa. È buio, notte inoltrata. Verso di lui procedono lentamente due Bmw, una ha la carrozzeria forata da colpi di mitra, i vetri dei finestrini sono infranti. A bordo di quell'auto, seduto accanto al guidatore, c'è Turatello. Oltre Vallanzasca, a 50 metri di distanza, c'è un'altra auto che sta facendo inversione. A bordo c'è un solo uomo, Rossano Cochis, Mandingo. Anche la sua auto porta i segni di una battaglia.

Intorno è deserto, non c'è nessuno. Si sono accese le luci nelle case, molti si sono affacciati alle finestre e sui balconi.

Sembra la scena di un film, è invece una guerra vera, uno scontro come non si era mai visto tra gruppi criminali. È Milano, in una notte d'inizio inverno del 1976.

Ma torniamo indietro di qualche settimana. «Spaghettino»: è iniziato tutto da lui. Ha un soprannome innocuo, carino, quasi affettuoso, l'uomo che fa scoppiare la guerra tra la banda di Turatello e quella di Vallanzasca. È lui il detonatore, la miccia corta. Spaghettino, spaghetto. Lo chiamano così perché è un peso piuma, magrissimo, leggero, lo sollevano con una sola mano. Il suo nome è Salvatore

Caruso e appartiene al giro della banda Turatello. È cattivo, violento, spesso anche con le donne, pronto a sparare e a uccidere. Ha da poco lasciato il «2», il carcere di San Vittore, dove è rimasto due anni per una rapina. Ogni giorno che ha trascorso in cella è diventato sempre più rabbioso, irrequieto, pieno di odio e risentimento verso gli altri della banda e verso lo stesso Francis. In carcere non gli hanno fatto arrivare una lira, nemmeno un piccolo sostegno come invece accade normalmente per i membri della batteria che finiscono a casanza. C'è un motivo: Spaghettino, quando era fuori e altri del gruppo erano invece dentro, si è comportato male con alcune delle loro donne. Con una è anche stato violento. Non ci sono state denunce, non ci si rivolge alla polizia in quegli ambienti. Ma Spaghettino ha rischiato grosso, e rischia ancora grosso. Per ora l'ha salvato Francis che ha detto: «Teniamolo un po' a mollo, poi decidiamo cosa farne». Francis lo considera un po' un fratello minore, è uno della banda delle origini, quella che si è formata a Lambrate tanti anni prima.

È una testa calda Spaghettino, una mina vagante.

Che prima o poi Turatello e Vallanzasca debbano affrontarsi lo sanno tutti nella malavita milanese. Sono troppo diversi. Francis è per l'ordine, la disciplina: comanda uno e gli altri eseguono. Considera la città suo territorio esclusivo. Vuoi rapinare? Vendere droga? Giocare d'azzardo? Fare un sequestro di persona? Devi chiedere a lui.

Vallanzasca è anarchico, insofferente a qualsiasi autorità, anche quella criminale, si sente come un vichingo, un samurai, si sente come Geronimo che qualcuno vorrebbe chiudere in una riserva indiana.

Hanno una cosa in comune: si sono autonominati re, monarchi diversi e assoluti del regno criminale di Milano.

Nessuno dichiara la guerra, non funziona così tra bande rivali.

Inizia una sera, Spaghettino è in giro per i soliti locali, beve e si fa di coca. A tutti quelli che incontra racconta la sua storia. Dice: «Mi hanno mollato quei bastardi, io ho rubato per Francis, ho ucciso per lui e vengo ripagato così». In un night beve con Vito Pesce: sono di due bande diverse ma iniziano a parlare, a familiarizzare. Spaghettino e Pesce: una miscela esplosiva e imprevedibile, un mix di cattiveria e follia. Spaghettino dice a Pesce: «Vieni con me, devo parlare con Francis». Prendono l'auto e vanno in via Panizza, in una delle bische più prestigiose dell'impero Turatello. Pensano di trovarlo lì, suonano alla porta, apre Todo, poco distante c'è Angelo Epaminonda. È Spaghettino a parlare: «Voglio vedere Francis». «Non è qui» risponde Todo, «è al nuovo circolo di via Crespi, va lì ogni sera per vedere come gira la situazione.» Spaghettino e Pesce se ne vanno. Todo però si è accorto di qualcosa. Dice al Tebano: «Spaghetto ha il fucile sotto il cappotto, lo hai visto?». Epaminonda scatta, prende il telefono, chiama il circolo di via Crespi e avverte Francis.

Quando Spaghettino e Pesce arrivano in via Crespi decidono di lasciare le armi in auto, sono certi che Turatello li farà perquisire. «Il fucile nel caso lo userò dopo» dice Spaghettino.

Entrano nel locale, Francis sembra allegro, abbraccia Spaghettino: «Ciao *fradelin*, dai, venite su, in ufficio». Con lui ci sono Dino Montagna, che Vallanzasca definì poi «un incapace che si atteggiava a tirapiedi di Francis», e Franco Maffoni.

In ufficio Francis si siede dietro la sua scrivania, prende un sigaro. Spaghettino e Pesce si siedono davanti, Montagna e Maffoni restano in piedi. Spaghettino inizia la sua tiritera: «Mi avete lasciato solo, nemmeno una lira per i miei mentre ero in carcere. Francis, non pensavo di meritare un tale comportamento da parte tua». Francis sorride: «Vieni qui Spaghetto, sieditì sulle mie gambe». È una scena strana, surreale: Spaghettino sembra un bambino seduto sulle ginocchia del suo papà affettuoso. «Non credi di meritarti questo atteggiamento da parte mia? Hai il coraggio di dire questo dopo che sei arrivato a casa mia, nel mio locale, con un fucile sotto il cappotto?». Spaghettino allarga le braccia, tenta di alzarsi, Francis lo trattiene e continua: «Ricordati bene, e ti conviene farlo, che la prossima volta che ti permetti di alzare anche solo lo sguardo verso la donna di uno dei bravi ragazzi che sono dentro ti scanno come un capretto».

Poi Turatello prende un coltello sulla scrivania, marca a vita il volto di Spaghettino e gli fa anche un lungo taglio alla gola, sul lato destro. Infila due dita nella ferita e la apre. Spaghettino urla, Pesce si alza di scatto, spaventato, e in quel momento Montagna gli tira una coltellata al fianco. Non è una ferita profonda. Pesce e Spaghettino corrono fuori, aprono il baule dell'auto, Vito imbraccia un MP40, una pistola mitragliatrice tedesca della Seconda guerra mondiale. Inizia a sparare contro il locale mentre Turatello, Montagna e Maffoni stanno uscendo per corrergli dietro. Pesce urla: «Bastardi, pensavate che fosse così facile farmi fuori?». Francis viene ferito leggermente a una coscia, Maffoni ha entrambe le gambe maciullate dai colpi. Poi Pesce e Spaghettino scappano.

È iniziata la guerra.

Turatello è fuori di sé dalla rabbia. Quei due li vuole morti. Ma è anche spaventato, forse per la prima volta. Sa che il suo vecchio complice è vendicativo, crudele, è certo che vorrà farlo fuori: «Chi arriva prima ammazza l'altro» dice. Per questo cambia ogni sera casa dove va a dormire, non si muove senza una scorta di almeno quattro persone.

In quel periodo ha anche un altro problema non da poco: Lia, sempre Lia. Francis ha una nuova donna, Maria Marzulli. È, o meglio era, commessa in un grande emporio di Carugate, poco fuori Milano. Da quando si è messa con il boss si è licenziata, ora fa la first lady, la compagna del re. Dopo le furibonde liti con Lia Zenari, Turatello aveva preso Eros e lo aveva portato a casa di sua mamma, Luisa. Lia lo aveva accettato. Ma ora Francis vuole che suo figlio cresca in casa con Maria e Lia è furiosa. Con chiunque incontri si mette a parlare di Francis, racconta cose che non dovrebbe. Minaccia, insulta. È andata anche a urlare di notte sotto la casa dove vivono Maria, Francis ed Eros: rivuole suo figlio. Lia sta camminando su un filo sottile, qualcuno ha già suggerito a Turatello di eliminare il problema alla radice. Lui esita, «Lia» dice «è la madre di mio figlio».

Il problema più urgente però è Spaghettino. Lui e Vito Pesce, dopo aver sparato davanti alla bisca di via Crespi, sono andati a farsi ricucire da un medico amico, uno che prende volentieri i soldi e non fa domande. Spaghettino ora è nascosto da qualche parte, pensa alla vendetta. A salvare Vito invece si è impegnato Vallanzasca. È vero, è una testa calda, ma è uno dei suoi, gli è fedele e devoto. Così Renato sparge la voce che vuole un incontro con Turatello: «Dobbiamo chiarire, Vito in questa storia è stato tirato dentro, non c'entra». Gira per i bar frequentati da Scupola e Argento ma niente, sembra che la banda Turatello sia sparita da Milano. Poi arriva la risposta. Uno che conta poco, una seconda fila del giro di Francis, fa sapere a Cochis: «Francis accetta l'incontro ma solo con Pesce. Si possono vedere all'Idroscalo, a 30 metri di distanza. Se Vito resta in piedi dopo la prima raffica di mitra allora possono parlare». Renato prova a convincere Vito: «Dai, vengo con te all'Idroscalo, portiamo anche Cochis. Vedrai che Francis non farà niente. È un ragazzo come me, in fondo, ci rispettiamo». Pesce risponde: «Tu vivi nel mondo delle favole, quello non vede l'ora di ammazzarci».

Renato però ci prova ancora. Affida l'ennesima ambasciata alla vecchia amica, Antonellina, che è anche amica di Turatello. Ma Francis non risponde. Il silenzio è comunque una risposta.

Vallanzasca la guerra non la vorrebbe. Pensa che spararsi tra banditi sia una cosa stupida ma soprattutto in quel momento è il ricercato numero uno: già non farsi trovare dagli sbirri è un problema, se poi a questo si aggiunge una guerra per le strade di Milano le cose rischiano di diventare ingestibili.

Però Renato a farsi umiliare non ci sta. Ha saputo che Turatello ha preso a schiaffi un tipo in un bar solo perché somiglia vagamente a Vito Pesce. Chiama Cochis e Carluccio: «Ma come, io gli offro la pace e lui va in giro a stendere chi non c'entra niente? Adesso gli facciamo male».

Fare male a Turatello significa colpirlo in ciò che ama di più: i soldi e la reputazione.

Vallanzasca fa appostare alcuni dei suoi fuori da una delle bische di Turatello perché scoprano chi è l'uomo che, ogni mattina all'alba, alla chiusura, porta i soldi incassati fino allo studio dell'avvocato Calafiori. Qualche giorno dopo lui, Vito Pesce e Claudio Gatti si muovono che non è ancora l'alba. A bordo di un'auto bloccano quella guidata dal corriere che ha lasciato la bisca. Vallanzasca punta una pistola, prende la borsa dal sedile del passeggero e lascia un biglietto indirizzato a Turatello: «Ciao Cicciobanana, alla faccia tua, grazie da parte dei ragazzi in galera». Quei soldi, 30 milioni di lire, vengono inviati tramite una serie di vaglia postali a detenuti del quinto raggio di San Vittore.

La reazione di Turatello è rabbiosa. È Angelo Epaminonda a suggerirgli la mossa da fare. Il Tebano sa che c'è un buon amico di Renato che frequenta il barbiere di via Eustachi. Inizia a passarci davanti più volte, ogni giorno. A volte entra, si siede con i clienti e chiacchiera. Un pomeriggio, mentre è lì seduto, entra l'uomo che sta cercando. Epaminonda esce, raggiunge la cabina del telefono più vicina e telefona a Turatello. Poco dopo arrivano Francis, Turi Mingiardi, Gianni Scupola e Carlo Argento. L'uomo è seduto sulla poltrona, davanti allo specchio. Ha il telo bianco fino al collo, si sta facendo regolare i capelli. Mingiardi e Scupola girano la poltrona, gli dicono: «Devi venire a fare un giro con noi». Lo portano via a bordo di una Range Rover.

Qualche ora dopo Epaminonda è nel bar dove si è dato appuntamento con i quattro. Loro arrivano e scendono dall'auto, Argento ha i vestiti macchiati di sangue. È Francis a raccontare com'è andata: «Non pensare più a lui, se n'è andato. È morto da uomo, non ci ha detto niente».

Un giorno la squadra mobile riceve una soffiata: ci sono alcuni uomini della banda di Vallanzasca in un appartamento di via Zuretti. Forse c'è anche lui, il capo. Poco prima dell'alba trenta uomini circondano l'edificio. La sorpresa però salta. Un abitante del palazzo esce dal portone, tre poliziotti in borghese si avvicinano, lui si spaventa e urla: «Aiuto, al ladro». Al piano rialzato, dove si trovano gli uomini della banda, si accende una luce, poi la porta di un appartamento si apre appena. È Vito Pesce che urla: «Andate via o facciamo una strage». Achille Serra, che comanda l'operazione, riconosce la voce: «Dai Vito, non fare sciocchezze, siete circondati. Uscite». Pesce ci pensa un po' poi getta il fucile ed esce. È in mutande, alza le mani e si arrende. «Chi c'è dentro?» chiede Serra. «Claudio Gatti, dice che uscirà da lì solo con i piedi in avanti, morto» risponde Pesce. Dopo un po' anche Gatti si arrende e si fa ammanettare. Vallanzasca in quella casa non c'è.

Intanto Turatello ha deciso la sua risposta. Vallanzasca lo ha attaccato sul denaro, lui replica attaccandogli la famiglia. Una sera Renato è a casa, riceve una telefonata inaspettata. È Consuelo, non si sentono da mesi. «Ciao bellezza come stai? Come sta Maxim?» chiede Renato. Consuelo ha la voce spaventata: «Renato, ero fuori con il bambino, si è fermata un'auto e sono scese tre persone. Uno ha preso in braccio il bambino, un altro mi ha fatto vedere che aveva la pistola infilata nella cintura. Mi hanno detto di riferirti questo messaggio da parte di Francis Turatello: "Questa volta tuo figlio se l'è cavata, la prossima finirà male"». Vallanzasca è furibondo, livido. Mette giù il telefono e immediatamente chiama Cochis: «Ross, lo voglio morto. Morto, morto, morto. Ora dobbiamo trovarlo. Porta tutte le armi che hai».

Caricano in auto dieci bombe a mano, un fucile a pompa, uno a canne mozze, sei pistole. Vanno alla guerra.

Trascorrono buona parte della notte passando lentamente davanti a tutti i luoghi frequentati da Turatello, poi Cochis ha un'idea: «E se lui fosse in giro a cercare noi?». Vanno in via Mac Mahon dove c'è un locale gestito dalla sorella dell'attrice Agostina Belli. È un posto dove Vallanzasca e i suoi vanno spesso. Renato non rinuncia al suo ruolo di «bello e dannato» che fa conquiste. Davanti al locale ci sono tre Bmw. Cochis dice: «Sono loro, sono le loro macchine». Via Mac Mahon è percorsa dalla corsia riservata ai tram che divide le due carreggiate. Vallanzasca dice: «Fammi scendere, io vado lì a piedi, anche se mi vedono non faranno in tempo a reagire. Tu intanto fai il giro e quando arrivi mi carichi. Spariamo per primi, nessuno scrupolo». Prende il fucile a pompa e scende dall'auto. Attraversa la strada ma proprio in quel momento Turatello e i suoi escono. Non lo vedono, salgono sulle auto e si allontanano.

Renato risale veloce sulla macchina guidata da Cochis che nel frattempo lo ha raggiunto: «Vai, vai, li becchiamo all'incrocio». Le tre Bmw sono ferme, affiancate, gli uomini si stanno parlando dai finestrini. Cochis arriva piano: hanno tirato giù i finestrini di destra, Renato si è messo sul sedile posteriore in modo che tutti e due possano sparare senza avere ostacoli. Il primo colpo lo esplode Vallanzasca con il fucile a pompa, poi Cochis, la mano sinistra sul volante, sporge il mitra dal finestrino e inizia con le raffiche. Dalle tre Bmw rispondono al fuoco. La banda di Turatello era in caccia di Vallanzasca, aveva le armi pronte. Sono tre minuti di colpi incrociati: Vallanzasca vede chiaramente Turatello, punta il fucile a pompa contro di lui ma Francis nel frattempo si abbassa. Cochis finisce il caricatore, invece di ricaricare preme l'acceleratore e scatta in avanti. Due delle Bmw ripartono all'inseguimento, la terza è ferma, l'autista è ferito in maniera grave. Le due auto inseguitrici sono a 200 metri. Dopo il cavalcavia di viale Monte Ceneri Vallanzasca dice a Cochis «Fermati, qui non ci vedono. Tu continua, quando senti sparare torna indietro». Vallanzasca si sdraia in mezzo alla strada, imbraccia il fucile.

Turatello lo vede, ordina alle auto di fermarsi. Trascorrono trenta secondi, poi le Bmw fanno inversione e se ne vanno. Poco dopo arriva Cochis. Lui e Renato tornano nel punto della sparatoria. C'è la Bmw ferma in mezzo alla strada, bucata dai colpi di mitra e fucile, il sangue è dappertutto. Non c'è nessuno, Turatello ha deciso che era meglio raccogliere i feriti e portarli al sicuro piuttosto che proseguire lo scontro.

Quella sera Turatello è euforico, sa di essere sopravvissuto al rischio più grosso corso nella sua vita da bandito: «Ma come cazzo hanno fatto a trovarci? Stavolta c'è mancato davvero poco». È Argento a rispondere: «Non mi piace, sapevano dov'eravamo. C'è qualcuno di cui non mi fido, lo sai. A me quell'Epaminonda non convince». Interviene Turi Mingiardi: «Francis, quello si atteggia a padrone della bisca, cancella i debiti dei suoi amici mafiosi, va in giro come se fosse il capo. Vuole prendere il tuo posto, forse è lui che ha parlato con Vallanzasca».

È vero, Epaminonda si sta allargando. Quella vita gli piace: accoglie i clienti alla bisca, offre coca come regalo di benvenuto. Qualche sera va al Derby Club, saluta tutti come una star, ogni volta è con una donna diversa. Maria è a casa, per lui è una sicurezza. Molte notti le passa però con Maddalena, una ragazza che lavora in uno dei night di Francis. Turatello dice ad Argento: «Controllalo, vedi chi incontra. Se è una spia lo sgozziamo, altrimenti lascialo stare, è uno che ci porta montagne di soldi».

Argento inizia a pedinare il Tebano, la prende come una missione personale, non lo ha mai sopportato. E poi non gli piace che quando c'è da sparare e da rischiare la pelle lui si tiri sempre fuori, sembra che della guerra con Vallanzasca non gli importi nulla. Però Argento non scopre niente: Epaminonda non incontra nessuno della banda rivale né nessuno che possa sembrare uno sbirro. Torna da Francis e glielo dice. Però aggiunge: «Guarda che quello prima o poi ci darà dei problemi, un discorsetto bisogna farglielo». «Chiudiamo questa storia con quella banda di drogati e poi me ne occupo» risponde Turatello.

Qualche settimana dopo, Carletto «tre pistole», un malavitoso che non fa parte di nessuna delle due bande, si offre di fare da garante per un incontro. Turatello e Vallanzasca dovrebbero vedersi da soli in una pizzeria di via delle Forze Armate. Carletto porterà lì Renato, da solo, e poi andrà a prendere Francis, anche lui da solo. Vallanzasca non si fida, per precauzione si fa seguire da una ragazza a bordo di un'auto nel cui bagagliaio c'è una borsa con mitra e pistole. Sale in auto con Carletto e si fa lasciare alla pizzeria, appena il garante si allontana lui sale sull'auto della ragazza e lo segue. Carletto si ferma davanti a un bar nella zona di Baggio, un uomo sale a bordo. È alto, grosso, da lontano sembra Turatello.

Vallanzasca si fa riportare di corsa alla pizzeria. È fuori dalla porta a fumare una sigaretta quando arriva Carletto. Scende anche l'altro uomo: non è Turatello, è Franchino Restelli. Vallanzasca è furibondo. Dice a Restelli: «Sei fortunato, se con me ci fosse stato Rossano tu a quest'ora saresti a terra stecchito». «Sono qui per vedere se è tutto okay e per prendere un appuntamento definitivo» risponde Restelli. «Turatello propone di incontrarvi mercoledì prossimo, a mezzanotte, alla Tour d'Orient.» È un locale che si trova dalle parti della Stazione Centrale. Vallanzasca ci sta. «Però» dice, «se questa volta Cicciobanana non si presenta brucio Milano finché non lo trovo.»

In realtà quell'incontro non ci sarà. Stanno per accadere molte cose, valanghe che travolgeranno entrambe le bande.

XI

Piazza Vetra e un cucciolo di leone

«Hai capito Angiolino? Io finora ti ho protetto ma c'è gente che ti vuole in una cassa. Tu sai che se sciolgo i cani non duri neanche il tempo di una sigaretta.» Turatello è davanti a Epaminonda che annuisce. Francis ha addosso una pelliccia chiara che lo fa sembrare ancora più grosso e imponente. Sotto ha solo una camicia bianca ben aperta in modo che tutti possano vedere la svastica d'oro che porta al collo. Lui e il Tebano sono fuori dal palazzo che ospita la bisca di corso Sempione, proprio davanti alla sede della Rai. Sul citofono c'è scritto Circolo amici della pittura. La casa-bisca è al quinto piano, è di proprietà di una contessa che racconta di essere stata la fidanzata di Dino Buzzati. Prende 100.000 lire a sera e in più tutto lo champagne che vuole. Cristal, perché nei locali di Francis si beve solo quello.

Turatello l'ha mandato a chiamare, Angelo è uscito. È da dieci minuti che Epaminonda annuisce e ripete: «Sì, Francis, tutto chiaro Francis … Ma ti sembra Francis?». Faccia d'angelo è stato duro: «Mi hanno detto che vai in giro a dire che sei tu il proprietario qui. Spero che non sia vero, tu sei un dipendente, se dovessi pensare altro allora saresti morto. E se vuoi coprire le perdite di qualche cliente che ti è caro, fallo pure ma i soldi ce li metti tu. Hai capito tutto Angiolino?».

Poi Turatello dà uno schiaffetto sulla guancia di Epaminonda e se ne va. Angelo resta un po' sul marciapiede. In quel momento, mentre guarda il suo capo che sale in auto, spera che Vallanzasca riesca a fargli un buco in fronte. Non che gli piaccia quel balordo da quattro soldi che va in giro a sparare come se fosse in un poligono di tiro. Le uniche volte che si sono parlati, Renato ha continuato a pronunciare frasi in milanese, giusto per fargli capire che lo considera solo un terrone, un ospite qui a Milano. Ma se riuscisse a far fuori Turatello, pensa Epaminonda, tanto di guadagnato: «Avrei campo libero». Nessuno nella banda di Francis ha la stoffa del capo, lui sì che ce l'ha. E ha gli amici giusti, da Catania gli hanno fatto sapere che nel caso sarebbero con lui ma che se vuole far fuori Turatello ci deve pensare da solo, loro non hanno nessun interesse a farlo. «Pensarci da solo...» si dice Epaminonda, «col cazzo. Però la vita è lunga. Certo, non per tutti.»

Turatello in quei giorni sta facendo strani discorsi ai suoi: «Sto pensando di farmi prendere, qualche mese in gabbia e poi esco pulito, e chi mi tocca?». «Se ti prendono non esci più» gli dice Gianni Scupola. Turatello ride: «C'è gente che mi ha assicurato un trattamento molto di favore, gente che ha bisogno di me e che mi vuole tenere buono. È gente che decide».

Francis è andato spesso a Roma negli ultimi tempi. Si è sempre fatto accompagnare da uomini armati ma poi agli incontri si è presentato da solo. «Politici» ha detto a Scupola senza specificare altro. Di sicuro a Roma Turatello incontra i capi della banda della Magliana, che sta prendendo forma in quegli anni, con cui stringe accordi per alcuni sequestri di persona. Ma incontra anche Raffaele Cutolo, capo della camorra napoletana, al quale interessa molto aprire contatti sicuri per fare affari nel Norditalia. Turatello però è stato chiaro: «Tutti gli affari che vuoi, ma a Milano comando io e solo io». In uno dei suoi viaggi ha incontrato Licio Gelli, il maestro venerabile della loggia massonica P2: anche lui fa parte della rete di protezione e collaborazione che Turatello si è costruito. E tra i suoi interlocutori c'è anche Pierluigi Concutelli, terrorista fascista, responsabile dell'omicidio del giudice Vittorio Occorsio che indagava proprio sui legami tra massoneria, terrorismo nero e criminalità. Per questo Francis si considera al sicuro e protetto. Ha tanti amici, importanti e potenti, si sente nell'olimpo di quelli che in Italia contano. Ugo Bossi, uno dei nomi importanti della criminalità milanese di quegli anni, dirà qualche anno dopo durante un processo: «Francis era audace, forte, intelligente. Ma era un bambino, era facile fregarlo».

Anche Vallanzasca sta pensando al suo futuro. Dopo il Far West di via Mac Mahon le due bande sono rimaste in attesa, come se Renato e Francis aspettassero ognuno le mosse dell'altro. La guerra è come sospesa, non cessata, forse solo rimandata. Nessuno dei due è riuscito a uccidere l'altro, hanno in mente di riprovarci, non ora però, troppa polizia in giro.

Quindi il problema immediato per la banda Vallanzasca è il solito: recuperare soldi, sono a secco. La latitanza costa.

Renato tira fuori un vecchio progetto, rapinare l'esattoria civica di piazza Vetra, pieno centro di Milano. Quell'idea l'aveva sempre messa da parte: troppo rischiosa, complicata. Adesso però è convinto di avere accanto i complici giusti: Cochis, Carluccio, Colia. Gliene parla, gli altri sono muti come pesci, solo Cochis prende la parola: «René, hai idea di quanti sbirri in borghese possono esserci là dentro? Come facciamo a individuarli? E poi siamo in centro, tempo tre minuti e ci piombano addosso tutte le divise del mondo». «Quindi non ci stai, Ross?» chiede Vallanzasca. «Non dire cazzate. Certo che ci sto. Cosa sto a fare a casa mentre tu fai il colpo del secolo?» «Dobbiamo tenere conto di un'altra cosa» interviene Colia, «anche fuori, in piazza, c'è il rischio che ci siano sbirri in borghese. Quella è la principale piazza di spaccio di Milano.» Era davvero così, niente a che vedere con la piazza Vetra di oggi. Nella seconda metà degli anni Settanta e per buona parte degli anni Ottanta da piazza Vetra passava il grosso dell'eroina venduta a Milano, così come da via Odazio, al Giambellino, e dal Parco Lambro.

Decidono di fare un sopralluogo. È il 17 novembre 1976. Vanno in tre: Renato, Carluccio e Cochis, vestititi bene e ripuliti, barba fatta e sorriso da brave persone stampato in faccia. Solo che la banda Vallanzasca è un gruppo di anarchici, così alla spicciolata in piazza Vetra arrivano anche altri: Colia, che si porta dietro Franco Careccia, un pregiudicato appena uscito dal carcere e che vorrebbe rientrare al volo nel giro, e poi un'altra faccia da galera di cui Renato non conosce nemmeno il nome, lo chiamano «il Marsigliese». Arriva anche il Muto, che già aveva partecipato ad alcuni colpi. Sono tutti lì, in capannelli che si formano e si disfano davanti all'esattoria. Intanto Vallanzasca è entrato. Per l'occasione si è messo un cappotto color cammello e nella mano destra tiene una valigetta ventiquattrore. Non sa che fuori si è radunata gran parte della sua banda. Sotto il cappotto ha una P38 e una calibro 9: è vero che è solo un sopralluogo ma non si sa mai. Vallanzasca prende un modulo e si siede nel salone. Controlla i movimenti degli uomini della Mondialpol. Si convince che la rapina si può fare, certo è rischiosa ma lì dentro ci sono vagonate di denaro, nessuno ha mai tentato un colpo simile, passerà alla storia, altro che la rapina di via Osoppo.

Vallanzasca va al piano di sopra, dove ci sono gli uffici e dove c'è la stanza in cui viene custodito il denaro. Sposta il cordone che impedisce l'accesso ed entra nel corridoio. «Desidera?» chiede una segretaria, lui risponde deciso: «Sono il responsabile della Mondialpol, devo fare un controllo». Si fa un'idea: andare spediti al piano di sopra, disarmare le guardie giurate, prendere i sacchi di denaro, solo quelli con banconote di grosso taglio, e gettarli dalle finestre protette da sbarre ma abbastanza larghe da farli passare. Sotto ci sarà un camion scoperto: i sacchi finiranno lì e poi via tutti. La rapina del secolo.

Soddisfatto, Vallanzasca esce e viene raggiunto da Cochis: «Ci sono anche Pinella, il Muto, il Marsigliese e Careccia». Vallanzasca rimane interdetto. «Siete completamente fuori di testa?» dice. «Andiamo via veloci.»

Ma è tardi.

Un impiegato della Cassa di Risparmio di via Urbano III vicino a piazza Vetra ha chiamato il 113 allarmato dalla presenza di quelle brutte facce che stazionano in piazza. Arriva la volante Milano centro. Vallanzasca, Cochis e Carluccio vedono Careccia correre verso di loro, è a un centinaio di metri ed è inseguito da un poliziotto. Corre male, dopo un incidente d'auto ha una gamba più corta dell'altra. Vengono estratte le armi, Vallanzasca e Cochis sparano, l'intenzione all'inizio è quella di creare un diversivo in modo che Careccia possa scappare. Ma arrivano altre volanti della polizia. Carluccio esce da sotto i portici e corre verso il poliziotto che insegue Careccia. «Sbirro, sbirro, stai cercando me?» Il poliziotto, il capopattuglia Giovanni Ripani, spara alcuni colpi, Carluccio è colpito al cuore, continua la corsa per inerzia, poi crolla a faccia in giù. Il capopattuglia si avvicina al corpo di Carluccio e, secondo ciò che racconterà Vallanzasca durante uno dei processi, continua a sparare. Poi crolla a terra anche lui. È stato Careccia a colpirlo prima di ricominciare a correre verso via Molino delle Armi. Dopo poche decine di metri, viene colpito al collo e al torace. Intanto ogni membro della banda scappa in una direzione diversa, un vigile urbano spara verso un uomo in fuga, quello si gira e spara a sua volta, crollano le vetrine di un negozio, la gente si getta a terra. Un altro fuggitivo strappa un bambino dalle braccia del nonno, forse vuole far finta di essere un passante in cerca di rifugio, dopo pochi metri abbandona il bambino. Cochis è riuscito a salire su un'auto guidata da Colia, scappano. Riescono a fuggire pure il Marsigliese e il Muto. Anche Vallanzasca riesce ad allontanarsi.

In piazza Vetra arriva il viceispettore Achille Serra, vede che Carluccio è morto, ha gli occhi aperti. Il capopattuglia Ripani è vivo ma è in condizioni disperate. Anche Careccia sembra destinato ad andarsene velocemente. Le ambulanze partono verso l'Ospedale Maggiore.

In piazza Vetra arrivano decine di poliziotti, la rabbia li invade, in quel momento vorrebbero solo vendetta. Achille Serra cerca di calmarli, è anche lui colmo di rabbia ma tenta di far ragionare i suoi uomini. «D'ora in poi spariamo per primi, subito» rispondono loro.

I superstiti della banda si sono trovati in uno dei rifugi. Colia piange disperato, Cochis è immobile, non si sa a cosa stia pensando. Vallanzasca urla: «Cazzo, ha ragione Turatello, ci vuole disciplina, ordine, dovrei ammazzarvi tutti. Chi cazzo vi ha detto di venire tutti in piazza? Carluccio è morto, morto, lo capite? È morto perché siete delle teste di cazzo». Carluccio era suo amico fin da ragazzo e anche con Careccia aveva un rapporto antico, si erano conosciuti al Beccaria, il carcere minorile. «Non sappiamo nemmeno se Franco è vivo» dice Renato, «ma io quel bastardo che ha ucciso il mio amico lo voglio morto.» Quella sera esce con un altro della banda, va all'Ospedale Maggiore, vuole davvero uccidere Giovanni Ripani. L'ospedale è presidiato da decine di poliziotti, Vallanzasca torna indietro. Il capopattuglia è già morto.

Turatello apprende del Far West in piazza Vetra mentre sta uscendo dall'Hotel Diana. È Gianni Scupola ad avvertirlo. Lui alza le spalle e dice: «Quel balordo di Vallanzasca si fa fuori da solo. Ci risparmia il lavoro».

Quel pomeriggio il «Corriere d'Informazione» esce con il titolo *È l'ora di Caino*. Un giornalista scrive che Milano è in mano ai criminali, che la gente per bene ha paura a uscire di casa, non solo di sera ma anche di giorno. Nei bar della malavita iniziano a girare le scommesse: «Lo prendono entro una settimana» è la puntata più gettonata insieme a quella «Vallanzasca muore entro fine mese». Qualcuno scommette che Vallanzasca sarà ucciso entro cinque giorni.

Lui, intanto, nel suo rifugio ha smaltito la rabbia. È seduto a tavola con Colia e Cochis. Dice: «Abbiamo un problema, dobbiamo trovare nuovi rifugi, ci daranno la caccia ovunque. Ci servono tanti soldi, abbiamo un solo modo per farli ora. Di rapine neanche a parlarne, dobbiamo prendere qualcuno, una persona di una famiglia molto ricca che paghi subito, senza fare storie e senza tirarla per le lunghe. Poi converrà lasciare Milano. Sfogliate i giornali, trovate l'obiettivo». Il giorno dopo è Cochis a dire: «Renato, hai visto questo Trapani? È un industriale, vuole comprarsi l'Inter». «Ah sì? Deve essere bello carico. E poi a me gli interisti stanno sui coglioni.» E aggiunge: «A me fare il secondino fa schifo, è una cosa che non vorrei mai fare ma ci hanno costretti. Prendiamo qualcuno e se la famiglia non paga noi lo uccidiamo».

Anche Epaminonda ha saputo subito quello che è accaduto in piazza Vetra. Da una parte è contento, due della banda Vallanzasca fuori gioco è una cosa positiva. «E poi quel disperato di Renato» pensa il Tebano «dovrà starsene rintanato, così non rompe i coglioni.» Ma d'altra parte il suo sogno segreto che la banda Vallanzasca levi di torno Francis sfuma. Quei disperati non possono tirare fuori le teste dai tombini in cui si sono cacciati senza che gli sbirri gliele taglino, così Turatello ha vinto un'altra volta. Epaminonda si dice: «O lo faccio da solo o prima o poi Scupola o Argento convincono lui a fare fuori me. E se Turatello condanna a morte qualcuno la sentenza viene sempre eseguita. Punto».

Epaminonda è in una zona grigia. Fa fare soldi a Turatello ma ne fa anche molti per sé, vuole diventare re ma non ha il coraggio necessario a detronizzare Francis. Intanto però stringe alleanze. Con la mafia catanese il rapporto è saldo e solido, con quella palermitana ci sono problemi. Una sera si trova al tavolo di chemin de fer con Alfredo Bono, uomo della mafia palermitana ma soprattutto fratello di un boss importante che tiene i contatti tra la Sicilia e gli Stati Uniti. È una partita memorabile: a fine nottata Bono deve a Epaminonda parecchi milioni. Bono dice: «Io i soldi non ce li ho...». Epaminonda risponde: «E a me che me ne frega? Paga. Ti do quarantott'ore». Alla scadenza è Nino Malacarne, il cassiere di Turatello, a chiamare il Tebano: «Angiolino, c'è una persona che ti deve parlare». È Ugo Martello, rappresenta i palermitani a Milano: «Bisogna sistemare tutto senza fare rumore» dice, «gli americani ci tengono». Epaminonda risponde male: «Che mi frega degli americani, qui siamo a Milano, in corso Sempione». «Anche Tanino» replica Ugo Martello «sarebbe contento se si trovasse una soluzione.» Tanino è Gaetano Fidanzati, detto «Don Tanino», uno che fa davvero paura: va a braccetto con mafiosi come Tommaso Buscetta, Gaetano Badalamenti e Gerlando Alberti, gente che se ti vuole morto non ti dà nemmeno il tempo di salutare a casa. Alla fine, l'accordo è raggiunto: Bono onorerà il debito versando un po' per volta ogni mese. Qualche settimana dopo però lo arrestano, Epaminonda deve salutare i suoi soldi. Una cosa che ha capito è che dai palermitani deve guardarsi, così si circonda ancora di più di catanesi, gente fidata che non guarda in faccia a nessuno. È il suo esercito privato che si forma senza che Turatello capisca che quell'operazione per lui è un pericolo. I capi di questo gruppo, agli ordini diretti del Tebano, sono i fratelli Miano, Jimmy e Nuccio, Salvatore Paladino, Angelo Fazio che viene chiamato «il Pazzo», Demetrio Latella, Illuminato Asero. Sono gli Indiani, presto inizieranno a fare le loro danze di guerra e a urlare alla luna.

Al Tebano però l'esercito non basta. Ha bisogno di amicizie e protezioni importanti. Tramite Lello Liguori stringe la mano a imprenditori e politici. C'è una leggenda che viene tramandata nella malavita milanese: un giorno il Tebano, tramite Liguori, fa recapitare un cucciolo di leone a Bettino Craxi, segretario del Partito socialista italiano e politico in forte ascesa a fine anni Settanta: «Per sua figlia Stefania» dice il messaggio. Craxi lo porta a casa ma il cucciolo in poche ore fa fuori poltrone e divani così Anna, la moglie di Bettino, obbliga il marito a portare il piccolo leone allo zoo. Vero? Falso? Epaminonda racconterà questo episodio anche ai magistrati che anni dopo lo interrogheranno per giorni. Che ci sia una parte di verità oppure no è comunque indicatore dell'alto tasso di megalomania raggiunto dal Tebano.

Il suo stile di vita non è cambiato: donne e coca. Coca a fiumi, donne in quantità. Dà festini a casa sua, invita uno o due amici e molte più ragazze contattate nel giro dei night. Chiama ristoranti di lusso e si fa portare la cena, si diverte a umiliare i camerieri, a farli provocare dalle ragazze. Conclusa la nottata si fa un bagno bollente, è il suo rito, dice che lo aiuta a riordinare le idee.

Ha apportato alcune modifiche in corso Sempione: ha deciso un orario rigido, si gioca dalle 20.00 alle 8.00 della mattina, di giorno no. Prima la bisca era aperta ventiquattro ore su ventiquattro ma i giocatori uscivano stremati e spolpati. Con l'orario ridotto chi perde non è costretto a giocarsi la casa e il giorno dopo torna al tavolo.

Epaminonda ora ha tanto tempo libero, di giorno, quando si sveglia, va a passeggiare nelle vie eleganti di Milano, passa ore alla Rinascente, guarda tutto, in particolare le commesse del reparto profumeria. Chiacchiera con chiunque, è felice se qualcuno lo riconosce. Pensa al futuro, a quando Turatello sarà fuori gioco. È sicuro che a quel punto avrà via libera per impossessarsi di tutte le bische, il suo gruppo scalpita. Qualche ostacolo, è ovvio, si presenterà. Ci sono tre personaggi che gravitano nella banda di Francis Turatello ma che si muovono anche come gruppo a parte. Sono ambiziosi e pericolosi: Franchino Restelli, Ugo Bossi detto «Centovestiti», e Mario D'Agnolo. Nel giro li chiamano «i tre milord» perché non si sporcano mai le mani, fanno fare agli altri e loro incassano. Epaminonda è sicuro che loro tre abbiano mire sull'impero Turatello, che siano pronti a saltare addosso al bottino grosso una volta che a Francis succedesse qualcosa.

Turatello non li considera un pericolo ma d'altra parte è sempre più sicuro di sé, si sente protetto e invincibile, intoccabile. Intorno a sé ha uomini fedelissimi, Carlo Argento e Gianni Scupola non lo tradirebbero mai, nemmeno se puntassero loro dieci pistole alla testa e iniziassero un conto alla rovescia. A loro Turatello delega molte delle sue attività, lui è sempre più spesso in viaggio: va a Courmayeur, a Taormina, a Cortina. Resta ancora in giro Spaghettino, è nascosto da qualche parte, sicuramente medita vendetta.

A preoccupare maggiormente Francis è però Lia Zenari: è sempre più fuori controllo. Un giorno si presenta in questura urlando, dicendo che rivuole suo figlio, che le è stato portato via. Un commissario la riceve, cerca di calmarla. Il problema, le spiegano, è che Lia non risulta essere la madre di Eros: alla nascita il bambino era stato registrato con il solo nome del padre, lei era sposata, avrebbe rischiato una denuncia per abbandono del tetto coniugale. La denuncia poi arrivò comunque. Francis vuole garantire un futuro al figlio e se dovesse succedergli qualcosa vuole che tutto sia in regola, che Lia non tenti di prenderlo e sparire. Così inizia a balenargli in testa un primo passo, sposare Maria. Sarebbe un matrimonio di cui si parlerebbe ovunque.

Questo pensa Turatello mentre il suo rivale, Renato Vallanzasca, progetta sequestri di persona e Angelo Epaminonda elabora piani per spodestare il re. Forse è già in quei giorni, a cavallo tra il 1976 e il 1977, che il Tebano inizia a fare avere soffiate alla polizia infilandosi in un triplo gioco tra la mafia, Francis Turatello e le forze dell'ordine.

Anche Lia Zenari medita le sue mosse, ha già imboccato una strada senza ritorno.

XII
Emanuela

«Renato, ma ti rendi conto di quello che stiamo facendo?» Rossano Cochis impreca e ride: stanno trasportando un albero di Natale completo di addobbi, qualche palla colorata si stacca e rotola sul marciapiede. Camminano veloci, l'abete è voluminoso, alto più di due metri. Cochis lo tiene per la base, Vallanzasca per la punta. «Siamo ricercati per omicidi e rapine e ce ne andiamo in giro a rubare alberi. Ha ragione Turatello, siamo una banda di balordi, di ladri del Natale.» «Dai Ross, sta' un po' zitto. Quella poveraccia è lontana da casa, almeno un albero di Natale...» «Guarda Renato che non è lontana da casa perché è scappata con uno sbarbato, l'abbiamo rapita. RAPITA. Hai presente? Se ci beccano ci aggiungono trent'anni e non è che ci fanno uno sconto perché le abbiamo cantato le canzoni di Natale.» «Dai muoviti» dice Vallanzasca, «e poi è solo una ragazzina.» Caricano l'albero su un furgoncino e se ne vanno.

La ragazzina è Emanuela Trapani, la banda Vallanzasca l'ha rapita il 13 dicembre 1976. Renato ha voluto che nella casa in cui la tengono prigioniera ci fosse un albero di Natale. È stata lei a chiederlo, il giorno della vigilia: «È Natale, ma qui non avete nemmeno l'albero...». Solo che è il 24 dicembre, ed è sera, dove vuoi andare a comprarlo un albero? Così sono entrati nel portone di un palazzo e l'hanno preso nell'androne. «Stasera in televisione c'è il film dei Beatles, *Yellow Submarine*, ho detto a Tonino di recuperare un televisore più grande così passiamo un Natale decente» dice Renato. «Uh, che allegria» risponde Cochis, «non vedo l'ora. Hanno ragione gli altri, ti sei un po' bollito la testa per quella ragazza.» «Ma vai a cagare» risponde Vallanzasca.

Discussione chiusa.

È una storia strana quella del sequestro di Emanuela Trapani: è cronaca nera che però, nei mesi successivi alla liberazione della ragazza, diventa sui giornali anche cronaca rosa. La stampa racconta di una passione nata tra sequestratore e sequestrata. Di quel che accadde nel mese e mezzo in cui Emanuela Trapani venne tenuta prigioniera esiste solo la versione di Vallanzasca, la ragazza disse poco alla polizia. Rilasciò un'intervista e poi di quell'esperienza non ha mai più voluto parlare.

È il 13 dicembre 1976. La banda Vallanzasca ha scelto il proprio obiettivo: la famiglia Trapani. Gaetano, il padre, è amministratore unico della Helene Curtis in Italia, azienda di cosmetici americana, ed è presidente della camera di commercio di Milano. Pianificando il sequestro, Renato è riuscito ad avere informazioni sicure tramite una persona che lavora all'intendenza di finanza. I Trapani hanno soldi a sufficienza. Si tratta di decidere quale membro della famiglia sequestrare. Ci sono tre possibilità: la moglie dell'imprenditore, Hilde, o una delle due figlie, Roberta, 11 anni, o Emanuela, 16. Gaetano Trapani viene escluso perché è lui che deve recuperare il denaro. Scelgono Emanuela, Roberta è troppo piccola e la madre può dare alla banda maggiori problemi di gestione. Renato ha selezionato tre uomini che oltre a lui parteciperanno operativamente al sequestro: Cochis, il Muto e Antonio Furiato, detto «lo Smilzo». La compagna di Rossano si occuperà di fare da mangiare.

Prima di agire Vallanzasca si è dato due regole che dovranno valere per tutti i sequestri di persona: trattare bene, per quanto possibile, le persone rapite; far sapere subito chi è stato a sequestrarle. «Io non mi nascondo dietro un passamontagna, che sappiano subito che a fare quel rapimento è stato Renato Vallanzasca.»

La mattina prescelta è lunedì. Il venerdì precedente hanno fatto l'ultimo sopralluogo. La routine della famiglia è sempre la stessa. Tra le 8.05 e le 8.10 il cancello della villa dove abitano i Trapani si apre, esce una Mini Morris guidata da un autista. Davanti siede Emanuela che frequenta un istituto privato in via Senato, sul sedile posteriore c'è la sorella Roberta che va alle scuole medie, sempre private, in piazza Buonarroti. La casa dei Trapani è in via dei Loredan, la zona è quella delle villette di San Siro dove vivono molte persone con elevate disponibilità economiche.

La Mini Morris esce dal cancello alle 8.05, c'è nebbia quella mattina, è tutto lento, ovattato. La banda aspetta su due auto. Vallanzasca è a bordo di un'Alfetta assieme a Rossano Cochis, gli altri sono su una Bmw 2500. Il piano è abbandonare l'Alfetta e salire tutti, con l'ostaggio, sulla Bmw.

La Mini Morris viene bloccata appena oltrepassato il cancello della villa, Cochis tira fuori l'autista e lo getta a terra, poi gli dà qualche calcio per fargli capire che deve stare buono. Vallanzasca estrae dalla macchina Emanuela Trapani e le preme su naso e bocca un fazzoletto bagnato di etere.

Quando si sveglia, Emanuela è sdraiata nel bagagliaio dell'auto ferma in un box di via Alessi, a un centinaio di metri dalla Darsena, zona Porta Genova. Il bagagliaio si apre, Vallanzasca dà alla ragazza un'aspirina. Le dice: «Se hai mal di testa...». Restano nel box alcune ore, per salire nell'appartamento bisogna aspettare la sera, quando ci sarà meno rischio di incontrare qualcuno.

Alla fine, mettono a Emanuela un paio di occhialini da saldatore a lente cieca e la portano in una stanza della casa. Le tolgono gli occhialini, chiudono la porta. Lei è convinta

che sia una specie di scherzo e che a organizzarlo siano stati alcuni suoi compagni di classe. Dopo poco la porta si apre, entrano in tre, due hanno un passamontagna, il terzo, dirà lei, «è un bel ragazzo, i capelli un po' lunghi e gli occhi azzurri». Gli parla, fa domande, non sembra per niente spaventata. L'uomo a volto scoperto, quello che si è sdraiato con lei nel bagagliaio, le dice: «Sono Renato Vallanzasca».
«Ah.» Non lo aveva mai sentito nominare. Renato un po' si irrita e un po' si diverte: «Ecco, io sarei questo qua». Prende il «Corriere d'Informazione» che ha in prima pagina il suo volto sotto al titolo *Il capo dei killer di piazza Vetra*. «Ora hai capito?» continua Renato. «Non ti succederà niente, non siamo delle bestie, tu però devi stare buona, fare quello che ti dico. Prima il tuo papino ci darà i soldi che chiediamo e prima torni nella tua bella villa vicino all'Ippodromo.»

Alla ragazza viene data biancheria pulita. Vallanzasca dice: «Questa è provvisoria, ora viene qui una donna, le dici di cosa hai bisogno e pensa a tutto lei. Ti ripeto, sta' tranquilla e in pochi giorni sarai a casa. Non metterti a urlare se no finisce male». La ragazza non sembra per nulla impressionata.

Dalla casa-prigione Vallanzasca si allontana raramente. Dirà anni dopo: «Evitavo di uscire per stare con lei, era bellissima, intelligente, spiritosa, timida come le ragazze della sua età, sensuale e femmina come poche». Cochis un pomeriggio prende da parte Renato e gli dice: «René, guarda che è un sequestro, non un viaggio di nozze. Siamo qui per affari». Renato non risponde. Piacere è la cosa che lo gratifica di più e affascinare una ragazzina di buona famiglia, così diversa dal mondo che lo circonda di solito, quasi lo esalta. Dice agli altri: «Le ho offerto lo champagne, sapete che non lo aveva mai assaggiato? Ma la gente come i Trapani i soldi cosa li fa a fare?». Cochis e il Muto scuotono la testa perplessi. Renato Vallanzasca ed Emanuela Trapani stanno a parlare per ore, spesso sdraiati sul letto nella stanza-prigione. Emanuela racconta della scuola, delle amiche, delle vacanze. Lui le racconta di quando ha fatto scappare gli animali del circo.

A gestire la trattativa con la famiglia è un altro della banda. Telefona a casa Trapani e dice: «Sono Vallanzasca, abbiamo tua figlia, prepara due miliardi di lire». La situazione però non si sblocca, Trapani dice che non è facile recuperare quei soldi, che la polizia controlla ogni sua mossa: gli hanno detto di non pagare che sono impegnati ventiquattro ore al giorno per trovare sua figlia.

Renato decide di prendere in mano la situazione. Al telefono risponde Gaetano Trapani: «Sono Renato Vallanzasca». «No, non è vero, hai la voce diversa.» «Quello che ti ha telefonato fino a oggi era un altro, parlava a nome mio. Io sono quello vero.» «Allora se sei tu, ridammi mia figlia, vi intesto la mia società...» «Smettila di fare il furbo» risponde Vallanzasca, «non me ne frega niente della tua società, io voglio i soldi che ti abbiamo chiesto. Tutti. E muoviti perché tua figlia è simpatica e carina ma io mi sto stufando, tra un po' è Natale e io voglio chiudere questa storia.» Fanno avere al padre della ragazza una fotografia di Emanuela con un quotidiano datato 20 dicembre, la prova che sono loro i sequestratori e che la ragazza sta bene.

La Vigilia Renato ordina a uno dei suoi di andare a comprare un albero, Emanuela gli ha detto che è la prima volta che trascorre una Vigilia senza luci e palle di Natale. Quello torna e dice: «Mi dispiace Renato, non ce n'è più in tutta Milano». «Vabbè, Ross, andiamo a rubarlo. In fondo siamo ladri» dice Renato. Cochis fa finta di protestare ma si diverte. L'albero viene messo in soggiorno, per l'occasione a Emanuela viene concesso di uscire dalla sua stanza. Si siedono tutti a guardare la televisione, Vallanzasca e «Manù», così la chiama lui, seduti per terra e dietro, sul divano, gli altri. «Potete togliervi il passamontagna, tanto lei non si gira. Vero Manù?» dice Vallanzasca. Cochis sospira e si toglie il passamontagna.

Poco prima di Capodanno Vallanzasca decide di cambiare rifugio. Dice che via Alessi è diventata un porto di mare, troppa gente che entra ed esce, troppo facile per la polizia riuscire a individuare il posto. Spostano la ragazza in un appartamento in zona Fiera. L'ordine è: «Qui non entra nessuno, solo Cochis se ha cose urgenti da dirmi». Ogni mattina una donna della banda porta la spesa e la lascia fuori dalla porta. A Capodanno Renato ed Emanuela Trapani brindano al 1977 con lo champagne. Le permette anche di telefonare a una sua amica, le lascia parlare per pochi istanti.

La trattativa intanto non si sblocca.

Cochis, il Muto e lo Smilzo sono sempre più perplessi: «Così non va bene, non va per niente bene. Sta durando troppo, c'è polizia dappertutto, a ogni incrocio». È il Muto, un giorno, ad avere il coraggio di affrontare il capo. Chiama Renato e gli chiede se possono vedersi: «René, tu così rischi di mandare tutto a puttane, diciamo la verità, la sbarbata ti ha fatto uscire di testa». Renato lo guarda e gli dice: «È vero che lei mi piace ma gli affari sono affari, state tranquilli, tra poco chiudiamo».

Ai primi di gennaio Vallanzasca si allontana per due giorni. Si sposta a Lecco dove due della banda, Tonino Rossi ed Enrico Merlo, hanno un piano per evadere dal carcere. I due riescono a fuggire, salgono sull'auto di Vallanzasca e Cochis che li attende fuori, e se ne vanno. Rossi e Merlo verranno ripresi alcuni giorni dopo.

Quando Vallanzasca torna nel rifugio-prigione in zona Fiera non dorme da due giorni. Dice al Muto che lo aveva sostituito di andarsene, si sdraia sul letto accanto a Emanuela e si addormenta. Si sveglia di colpo subito dopo, la ragazza non c'è più. È uscita in vestaglia e a piedi nudi. È l'una di notte. Vallanzasca chiama Cochis: «Vieni di corsa». Mandingo arriva subito: «Vai alla villa dei Trapani». Emanuela ha camminato per un po', poi è salita su un taxi, ha dato l'indirizzo di casa. Ha detto all'autista: «Non ho con me i soldi, glieli darà mio padre». Il taxi arriva davanti al cancello di casa contemporaneamente a Cochis e Vallanzasca. I due vedono la ragazza scendere dal taxi e citofonare a casa, Vallanzasca corre, la prende di peso e la carica in auto. Dal citofono una voce dice: «Pronto, pronto, chi è?».

Emanuela Trapani viene riportata nell'appartamento in zona Fiera. Vallanzasca è furioso, urla, alla fine ammette: «Va bene, sono stato un pirla io, non ce l'ho con te, avrei fatto lo stesso. Anche io sono evaso». Dice a Cochis: «Adesso basta, avete ragione, mi sono rincoglionito». Chiude Emanuela Trapani in camera e chiede a Cochis di restare. Al mattino chiama il padre della ragazza: «O la chiudiamo qui o tua figlia non te la ridiamo. E smettila di dire che hai problemi a recuperare il denaro, i soldi li hai, ne hai molti più di quelli che ti chiediamo. Sappiamo cose di te che se iniziamo a raccontarle ai giornali al gabbio ci finisci tu prima di noi. Quindi regolati, quando sei pronto metti un annuncio sul "Corriere della Sera". E muoviti».

L'annuncio compare due giorni dopo. Quindi Vallanzasca telefona a un numero che gli ha fatto avere Gaetano Trapani. È il numero del telefono di casa dell'ex sindaco di Milano, Pietro Bucalossi. Lì il padre di Emanuela attende il contatto. Dice: «Sono riuscito a raggranellare i soldi». «Ah sì, li hai raggranellati? Allora non era così difficile.» Si mettono d'accordo: il denaro, diviso in due valigie, viene depositato nel bagagliaio dell'auto di un figlio che Trapani ha avuto da un precedente matrimonio. Il ragazzo percorre più volte la tangenziale ovest di Milano, gli uomini della banda controllano che non sia seguito, poi lo fermano, in meno di un minuto spostano le valigie nella loro auto e se ne vanno. Quindi i soldi vengono divisi in quattro borsoni, le valigie gettate nel Naviglio. La spartizione avviene subito. Quella notte stessa Vallanzasca telefona di nuovo a casa Bucalossi: «Tutto a posto, siete stati di parola. Tra quarantott'ore liberiamo Emanuela».

«Quarantotto ore, ma non si può prima?» «Quarantott'ore. Arrivederci.»

La ragazza viene rilasciata a mezzanotte di due giorni dopo in una strada dietro piazza Piemonte, Vallanzasca le mette due cerotti sugli occhi e le dice di aspettare cinque minuti prima di toglierseli. Finisce così, dopo quaranta giorni, il sequestro di Emanuela Trapani. I racconti di Vallanzasca parlano di un bacio al momento dei saluti. Lei di quei giorni non ha mai detto molto. Achille Serra definì l'atteggiamento della ragazza durante gli interrogatori «irritante». Emanuela risponde a monosillabi, dice solo che è stata trattata bene. Quando viene condotta in via Alessi, individuata dalla polizia come il primo luogo in cui era stata custodita, non riconosce la casa. Gli investigatori sono però sicuri che sia proprio l'appartamento dove aveva vissuto la prima metà di quei quaranta giorni. Rilascia un'intervista: Dice: «Ho vissuto in un appartamento piuttosto elegante e quei signori mi davano da mangiare tutto quello che chiedevo: bistecche, insalata mista, formaggio e frutta. A mia richiesta mi compravano bibite e vino. Con ciò non voglio dire che sia stata una bella esperienza. Tutt'altro». Le chiedono insistentemente di Renato Vallanzasca. «Mi ha raccontato la sua vita, ho giocato con lui a scopa e a scala quaranta, a Natale e Capodanno mi ha portato lo champagne. Posso dirvi che è un megalomane. Uccidere le persone e poi conservare i ritagli di giornale è una forma di pura follia.»

C'è una cosa che Vallanzasca ha imparato in quei giorni: fare i soldi con i sequestri è facile. Così ne viene organizzato subito un altro. È un sequestro che non è mai stato denunciato ma che Vallanzasca ha raccontato nei particolari pur non facendo mai esplicitamente il nome del sequestrato.

Di lui Vallanzasca dice: «Nei giorni trascorsi con noi si è divertito parecchio, ha fatto cose che nemmeno immaginava che esistessero». Lo chiama «lo scacchista» perché voleva sempre giocare.

Lo rapiscono in casa. Si presentano in quattro: Vallanzasca e tre complici. L'imprenditore è giovane, non ha nemmeno 40 anni. In casa ci sono la moglie e due figli piccoli, un maschio e una femmina. Mentre in due portano via l'uomo, Renato spiega alla moglie che per rivedere il marito deve recuperare due miliardi di lire: «Non succederà niente, basta che paghiate». Lo portano nel rifugio-prigione, la sua unica richiesta è di avere una scacchiera, si rilassa così. Il prigioniero gioca da solo, poi ogni tanto Renato si siede per una partita. Perde in pochi minuti e se ne va.

Il riscatto viene pagato dopo tredici giorni. Il giorno prima della liberazione Vallanzasca arriva all'appartamento e trova il sequestrato completamente sballato. Uno degli uomini della banda gli ha offerto una pista di cocaina.

In quei giorni è in corso un altro sequestro, molto più drammatico. Un gruppo di banditi veneti, chiamato la banda dei giostrai, è arrivato a Milano per rapire un imprenditore, Rino Balconi. A Vallanzasca è stato chiesto di dare un appoggio logistico, cioè una casa sicura dove tenere il rapito, e di poter usare il suo nome che è diventato una sorta di brand solido del banditismo: «Renato, facciamo il tuo nome, così siamo sicuri che pagano in fretta». Vallanzasca accetta in cambio, ovviamente, di una buona fetta di soldi. Dice orgoglioso: «Usate pure il mio nome, è una garanzia».

Un giorno va nella casa che ha prestato ai rapitori e trova una situazione disperata. L'ostaggio è tenuto sotto una tenda al centro del salone, legato mani e piedi con del filo da pesca. All'altezza delle caviglie il filo è penetrato nella carne, i piedi sono gonfi. Ha nastro adesivo sugli occhi e sulla bocca e una cuffia alle orecchie collegata a una radio. Vallanzasca gli toglie cuffie e cerotti, gli libera mani e piedi, poi si fa portare delle pastiglie di analgesico e le lascia al sequestrato. Chiede all'uomo: «Ti danno da mangiare?». «Qualche mela» risponde lui. «Dirò di portarti qualcosa di serio, e che non ti mettano più i cerotti sugli occhi e sulla bocca. Ora me ne devo andare, tu stai calmo che la situazione si risolverà in fretta.» Poi si apparta con i due uomini incaricati di fare la guardia al sequestrato. Dice: «Se lo trattate ancora così torno e vi ammazzo. State usando il mio nome, ricordatevelo».

Per il sequestro Balconi Vallanzasca verrà processato. In aula, quando i giudici chiedono all'ex sequestrato se lo riconosce, l'imprenditore dice: «Sì, lo riconosco, lui è uno di quelli che è stato nella casa dove mi tenevano. Però è anche quello che mi ha salvato la vita».

In tutta Milano intanto, nel 1977, le perquisizioni proseguono, l'arresto di Vallanzasca e dei membri della sua banda è una priorità. Vengono scoperti alcuni covi. In uno di questi la polizia trova una carta d'identità intestata a un certo Giuseppe Sarno, il nome non dice niente ma la fotografia è quella di Antonio Colia, il Pinella. Vengono contattate tutte le agenzie immobiliari di Milano per scoprire se ci sono appartamenti affittati in città da una persona con quel nome. Giuseppe Sarno ha in effetti preso un appartamento al decimo piano di un palazzo in via S. Giovanni Battista de la Salle, dalle parti di via Palmanova. Ci va Achille Serra con una ventina di uomini: «Aprite, polizia». «Andate via o facciamo un strage» rispondono da dentro. A parlare è Osvaldo Monopoli, uno della banda Vallanzasca, evaso da poco da San Vittore dove era detenuto in seguito a una condanna di nove anni per rapina: «Abbiamo due donne in ostaggio, se non ve ne andate le ammazziamo». Le due donne non sono in ostaggio, in realtà sono le loro compagne. Poi da dietro la porta si sente un'altra voce: «Achille, sono Colia. Manda via i tuoi uomini e parliamo. Io da qui non esco se non fai arrivare il mio avvocato, Camillo Rosica». La trattativa dura due ore, alla fine il Pinella apre la porta, ha due bicchieri di champagne in mano, ne offre uno ad Achille Serra. Lui, Monopoli e le due donne si fanno portare via senza problemi. Nella vasca da bagno dell'appartamento la polizia trova migliaia di banconote bruciate: prima di arrendersi i due hanno dato fuoco alla loro parte di denaro ricavata dai sequestri di persona.

L'aria a Milano per Vallanzasca è pesante. Carluccio è morto, Colia è a San Vittore, Vito Pesce è sempre più strafatto, Cochis è braccato come lui. Però Renato a scappare dalla città ancora non ci pensa. È convinto di riuscire a nascondersi meglio, ha appoggi ovunque e nascondigli disseminati in varie zone, se lasciasse Milano sarebbe più esposto. Ormai si è del tutto convertito ai sequestri di persona: fruttano camionate di denaro, nessuno si fa male e anzi, a volte il sequestrato si diverte pure. Cosa c'è di meglio? Antonio Furiato lo convince che si può fare un buon sequestro nella provincia di Bergamo. Partono una mattina per andare a fare il sopralluogo. Per l'occasione Furiato si è vestito superelegante. Ha un cappotto di cachemire color cammello e sotto un completo con tanto di panciotto. Alla vita però porta una cartuccera da cowboy e una pistola Smith & Wesson.

Lui e Renato salgono su una Fiat 132 blu insieme a Michele Giglio e imboccano l'autostrada Milano-Venezia.

XIII

Dalmine, Roma

Renato Vallanzasca è tenuto sottobraccio da due carabinieri. È appena uscito da una caserma di Roma, lo stanno per portare in carcere. Si regge su due stampelle, ha addosso un cardigan pesante e sotto un pigiama scuro a pallini. Ha i baffi e la barba incolta, i capelli arruffati. Chi l'ha arrestato ha detto che puzzava di whisky.

Sorride. Davanti a lui ci sono giornalisti e fotografi che si spingono, i carabinieri li lasciano fare. Un giornalista chiede: «Renato, perché eri a Roma?». «Mi piace la città, non mi credi? Sono innamoratissimo di Roma» risponde lui. Un altro: «Chi era la ragazza con te?». «Ragazza? C'era una ragazza?» «Renato, è vero che la mala milanese ti ha mollato completamente?» Vallanzasca fa una smorfia divertita: «Lo vedremo in seguito». «Renato, da che parte stai? Cosa pensi politicamente?» Lui ride: «No comment». «Conosci Concutelli, il terrorista nero? Dicono che hai dei contatti...» «No, non lo conosco. Lo conoscerò in carcere.»

Lo stanno per portare via quando un giornalista chiede: «Chi ti ha tradito? È stato Turatello a dire dove trovarti?». Renato diventa serio: «Con Francis abbiamo dei contrasti, ma no, non credo».

Poi saluta, sembra un attore su una passerella del festival del cinema, non il pericolo pubblico numero uno su cui tutti gli uomini delle forze dell'ordine italiane volevano mettere le mani.

Va via a fatica, zoppica, si regge sulle stampelle. Qualche giorno prima è stato ferito. E ha ucciso.

Lo abbiamo lasciato mentre, al volante di una Fiat 132 blu con a bordo anche Michele Giglio e Antonio Furiato, si stava dirigendo verso il lago d'Iseo. Lì, a Sarnico, c'è la villa di un imprenditore, Carlo Pesenti, un costruttore ricco al punto giusto. Si può sequestrare, fare denaro, tanto e veloce. Il lavoro è piuttosto semplice, va fatto: la latitanza costa un sacco di soldi, bisogna spostarsi continuamente, affittare appartamenti da gente che non fa domande, comprare qualche guardia per avere informazioni, pagare galoppini della malavita perché tengano le orecchie ben aperte.

È domenica 6 febbraio 1977, mattina, verso le 10.30. Hanno appuntamento a Dalmine con uno della zona, una persona che li guiderà alla villa per fare il sopralluogo, uno fidato. Se poi si presenta l'occasione, chiameranno qualcun altro pronto ad arrivare subito da Milano e il sequestro lo faranno quel giorno stesso, pronti via. Un rifugio sicuro li aspetta, nel caso si presenti l'occasione.

Sono in ritardo, Renato guida come un forsennato, va a zig-zag tra le altre auto, ha già rischiato due tamponamenti, al volante non è un mago come Colia. Il basista li aspetta qualche chilometro dopo il casello, ma se non li vedrà arrivare puntuali andrà via di filato, sono le regole di qualsiasi bandito che si rispetti.

Vallanzasca accelera ancora. Finalmente compaiono i cartelli che indicano l'uscita di Dalmine. Vede che c'è una pattuglia della polizia stradale ferma in una piazzola lungo l'autostrada, dopo lo svincolo. Poco male, loro devono uscire. Però gli agenti si insospettiscono per quell'auto che si lancia sull'uscita troppo velocemente. Uno dei due poliziotti prende la radio, avverte un'altra pattuglia, ferma subito prima del casello. Vallanzasca la vede: «Mi sa che aspettano noi, state tranquilli, ci penso io, voi state fermi e vedrete che andrà tutto liscio come l'olio».

L'agente ha tirato fuori la paletta, chiede al guidatore della 132 di accostare. Vallanzasca decelera, si ferma, abbassa il finestrino. Recita un sonoro: «Buongiorno agente». Il capopattuglia Luigi D'Andrea cammina verso la macchina, imbraccia il mitra. L'altro poliziotto, l'agente Renato Barborini, resta vicino all'auto di pattuglia.

D'Andrea si avvicina al finestrino dal lato del guidatore: «Patente e libretto per favore». Vallanzasca si china verso il cassetto portaoggetti: «Fermo, fermo, le mani sul volante» dice il capopattuglia. «Sì, ma se non apro il cassetto come te lo do il libretto?» ride Vallanzasca. «Va bene, con calma. Non c'è bisogno di andare veloci come stavate facendo fino a due minuti fa. Dove credete di essere?» «Eh, sai com'è, un appuntamento importante. Posso prendere il libretto?» D'Andrea annuisce. Il libretto sembra a posto. Però quei tre uomini vestiti a festa che andavano a razzo sull'autostrada non lo convincono. «Anche la patente, per favore» dice D'Andrea. «Quella ce l'ho nella tasca dei pantaloni, devo scendere dall'auto.» «Va bene, esca.» Vallanzasca scende, vede che la pattuglia ferma sull'autostrada è stata raggiunta da altre due auto della polizia stradale. I poliziotti osservano quello che sta succedendo vicino al casello.

Anche Antonio Furiato è sceso dall'auto. Si è appoggiato con le braccia sul tetto della 132, si è acceso una sigaretta, guarda Vallanzasca, poi guarda il poliziotto con in mano il libretto di circolazione e la patente.

Renato nota due cose contemporaneamente: l'altro poliziotto si è scostato dalla sua auto e sta venendo verso di loro slacciando la fondina della pistola. Gli agenti fermi sull'autostrada stanno risalendo sulle loro auto, forse hanno intenzione di fare retromarcia per avvicinarsi allo svincolo.

Vallanzasca, si gira, dà le spalle a D'Andrea e poi si volta di colpo: tira fuori la pistola da sotto il cappotto, urla al capopattuglia: «Butta il mitra se no ti buco in fronte, non fare il pirla e nessuno si fa male. Vogliamo solo andare via». Il poliziotto non getta il mitra, anzi lo alza per puntarlo verso Vallanzasca che spara due colpi, uno dietro l'altro, vicinissimi, veloci, senza nessuna esitazione. D'Andrea è colpito al petto due volte, cade all'indietro. L'agente Barborini inizia a sparare, Furiato si è scostato dall'auto e tira fuori la pistola, ma è lento, non spara. Vallanzasca per proteggersi dai colpi di Barborini si getta sul corpo di D'Andrea, gli prende il mitra dalle mani ma in quel momento un colpo lo raggiunge al gluteo sinistro. Intanto Barborini si sta avvicinando, spara. Furiato è girato, spara con la sua pistola contro le altre auto della polizia che intanto hanno fatto retromarcia e stanno raggiungendo il casello ma sono colpi che vanno a vuoto, gli agenti a bordo però rallentano.

Poi Furiato smette di sparare.

Vallanzasca, sdraiato a terra urla a Giglio che è rimasto seduto sul sedile posteriore: «Spara, cazzo, spara». Giglio ha un fucile a pompa. Spara attraverso il lunotto anteriore. È un colpo tremendo, un botto che assorda. Barborini è preso in testa, vola all'indietro, muore subito. Vallanzasca si alza, sale in auto, urla a Furiato: «Sali, Antonio, sali». Quello non risponde, Vallanzasca lo vede a terra, Giglio urla: «È andato, Cristo, via, via». Vallanzasca si sposta sul sedile del passeggero, non riesce a premere la frizione, la gamba sinistra non risponde. Giglio prende il suo posto, afferra il volante e accelera di colpo, passa sul corpo di Furiato che è già morto.

La 132 parte velocissima, le altre auto della polizia intanto stanno completando la manovra.

Rimangono a terra in tre. I poliziotti Luigi D'Andrea e Renato Barborini, stesi uno vicino all'altro. Poco distante Antonio Furiato, incongruo con il suo cappotto color cammello e il cinturone da pistolero alla vita.

Giglio e Vallanzasca fanno 500 metri, poi Renato vede una

Fiat 128 ferma al lato della strada. C'è una donna che sta facendo fare pipì a sua figlia, il padre è rimasto in auto, seduto al volante. La 132 si affianca. Vallanzasca urla: «Scendi subito, subito». Quello terrorizzato alza le mani e scende. Giglio dice: «Portiamoli con noi». Vallanzasca non risponde, sale in auto e dice: «Via, via».

Lasciano la loro auto e scappano a bordo della 128. Tornano verso Milano, si rifugiano in una casa sicura. Cochis viene avvertito subito, li raggiunge. Dirà poi che Renato piangeva a dirotto, non l'aveva mai visto così.

Arriva un medico, uno di quelli che non fanno domande in cambio di un compenso adeguato. Il medico apre la carne con il bisturi, non c'è anestesia, danno a Renato della grappa, lui non si trattiene e urla.

Il proiettile non può essere estratto, si è schiacciato contro il femore e il medico dice che toglierlo in quel momento, con i muscoli contratti, sarebbe un problema. Dice a Vallanzasca che potrebbe restare zoppo a vita, è meglio aspettare un paio di settimane. Lo ricuce e gli mette una benda.

A Milano Vallanzasca non può più stare. Adesso è davvero una caccia all'uomo casa per casa. Lo vogliono prendere a tutti i costi, deve pagare, ha ucciso due poliziotti, non ha avuto nessuna pietà.

Lo portano a Roma a bordo di un'ambulanza che si sono procurati. In autostrada viaggiano tranquilli. Alla guida c'è un ragazzo giovane, si è appena avvicinato alla banda. È uno che ha contatti con ambienti neofascisti romani, ha anche programmato un incontro tra Renato e qualcuno di importante. Seduto vicino a Vallanzasca, che è steso sulla lettiga, c'è Rossano Cochis. Dietro, a meno di 100 metri, viaggia un'auto di scorta con a bordo il Muto, Tonino Rossi ed Enrico Merlo. Hanno molte armi, la scorta del capo deve essere adeguata e pronta. La meta è un appartamento poco distante dalla Vecchia Cassia, a Roma. Ci abita una giovane donna, attrice di film poco visti. Si chiama Antonella Traini, conosce bene Merlo che l'ha convinta per qualche tempo a ospitare «un amico». Quando Vallanzasca arriva si presenta: «Io per te sono Ciccio, ti basti questo». Renato resta a letto tutto il giorno, ogni tanto qualcuno della banda parte da Milano e lo va a trovare. La gamba gli fa male, i muscoli sono sempre contratti.

Riceve anche una visita particolare: è l'incontro organizzato dal giovane che guidava l'ambulanza. Sono un avvocato, legato all'estremismo fascista, e un altro personaggio anche lui legato alla destra eversiva. Dicono a Renato: «In certi ambienti sei molto ammirato, tu sei un combattente, avremmo bisogno di te». Che cosa produsse quell'incontro non si è mai saputo. Vallanzasca disse poi che lui con quella gente non aveva voluto avere a che fare, che l'avevano convinto ad avere quell'incontro e lui l'aveva fatto più per riconoscenza verso chi l'aveva aiutato a nascondersi a Roma che per altro.

Un fatto è certo, però. Qualche tempo dopo venne arrestato Pierluigi Concutelli, terrorista nero, fondatore di Ordine Nuovo, autore dell'omicidio del magistrato Vittorio Occorsio. Nel suo rifugio furono trovate banconote per dieci milioni di lire provenienti dal sequestro di Emanuela Trapani.

A casa di Antonella Traini, Vallanzasca fa la sua convalescenza. Viene visitato da un medico romano che prima gli dice che il collega milanese non ha capito niente e che adesso ci penserà lui, che lo rimetterà a posto come nuovo, di non preoccuparsi. Poi però arriva alla stessa conclusione: tirare fuori quel proiettile è pericoloso, bisogna farlo in una struttura adeguata e prima bisogna fare radiografie, capire bene la situazione.

Vallanzasca viene portato in una clinica dove non fanno domande. Dalle radiografie si capisce che ancora non può essere operato. Lo riportano a casa, la gamba gli fa male, come anestetico usa il whisky. Poi dorme.

Antonella gli compra ogni giorno i quotidiani, legge con

attenzione gli articoli che parlano di lui. A Milano lo cercano dappertutto, è stata trovata una casa-prigione abbandonata, in una stanza c'era un televisore portatile rosso come quello che Emanuela Trapani ha detto di aver avuto nella prima casa-prigione. L'aria in città è pesante per tutta la malavita, la polizia è ovunque: vogliono trovare Vallanzasca a ogni costo. Così qualcuno fa arrivare una soffiata: «Renato non è qui, cercatelo più a sud, cercatelo a Roma».

Lui sa che in città non può trattenersi a lungo: Roma non è Milano, non ha gli stessi aiuti, non ha coperture adeguate, non saprebbe dove altro rifugiarsi. E poi tutti i suoi sono al Nord, anche Cochis, l'uomo di cui insieme a Colia si fida di più, è ripartito. I due si parlano al telefono, Renato a Roma, Rossano a Milano. Fanno progetti, l'idea, una volta che Renato potrà muoversi e camminare, è di fare un sequestro a Roma per tirare su un po' di denaro. Gli obiettivi lì non mancano. Renato chiede a Cochis se sia stato lui a passare dei soldi a Concutelli, l'altro dà una risposta vaga, lui non insiste, in fondo in quel momento non gliene importa niente.

Qualcuno alla fine dà anche il nome di una via. Da Milano l'indicazione arriva a Roma.

Si muovono i carabinieri. Alle 6.00 del mattino del 15 febbraio circondano la casa dove Vallanzasca è ancora a letto. A casa di Antonella Traini arriva una telefonata, una voce dice: «È pieno di sbirri, andate via». Sì, ma dove? Non c'è modo di scappare, e poi non hanno un altro posto. Però sullo stesso pianerottolo abita un'amica di Antonella. Renato dice alla ragazza di andare da lei, di stare lì, al riparo.

Ora è solo in casa. Sul comodino ha due pistole, in una borsa sotto al letto alcune bombe a mano. Tira fuori la borsa.

I colpi all'ingresso sono forti. Urlano: «Carabinieri, aprite la porta». Vallanzasca un po' si tranquillizza, se fossero stati poliziotti se la sarebbe vista più brutta, aveva appena ammazzato due di loro, sapeva che volevano fargliela pagare. Risponde: «Se non ve ne andate faccio saltare in aria tutti, mi accoppo io ma accoppo anche voi. Decidete in fretta». I carabinieri non fanno il suo nome, Vallanzasca si convince che abbiano ricevuto una segnalazione ma non sappiano con certezza che ci sia lui dietro la porta. Lo stallo va avanti per tre quarti d'ora. A condurre la trattativa è un colonnello. Dice: «Guarda che non hai scampo, la casa è circondata, puoi stare lì anche dieci giorni ma alla fine ti prendiamo. Non fare sciocchezze, ti garantisco che non ti sarà torto un capello».

Vallanzasca si arrende. Dice, prima di aprire: «Sono ferito, ho le stampelle. Le armi sono in camera da letto». Apre la porta. Il colonnello dice: «Sei Vallanzasca, vero?». Lui risponde da spaccone: «*Yes, sun mi, come l'è che la va?*».

Lo portano subito davanti a un giudice, poi a Regina Coeli, il carcere di Roma.

Quattro giorni dopo lo trasferiscono all'ospedale Santo Spirito dove gli tolgono il proiettile dal gluteo. Al suo avvocato dice: «Mi hanno distrutto il culo». Al termine dell'intervento gli mettono centocinquanta punti di sutura. Quel proiettile viene analizzato: gli inquirenti cercano la prova certa che sia lui uno degli uomini che a Dalmine hanno ucciso i due poliziotti. Non serve comunque perché Vallanzasca confessa: «Sì, io c'ero».

La gamba continua a fargli un male atroce. Viene trasferito a San Vittore, qualche giorno dopo lo visita un medico. Ha un'infezione importante, lo operano di nuovo: durante l'intervento al Santo Spirito gli hanno lasciato una garza avvolta attorno al femore. A Milano gli dicono: «Ancora qualche giorno e perdevi la gamba per sempre». Lui si convince che non può essere stato un errore, che è stato fatto apposta. Lo portano al carcere di Parma, poi a Pisa dove dovrebbe essere operato nuovamente ma l'autorizzazione non arriva. Lo trasferiscono al carcere di Fossombrone, in provincia di Pesaro e Urbino. La garza è stata tolta ma l'infezione c'è ancora. Un detenuto amico, Marco Medda, gli fa da infermiere. Lo medica, gli cambia le fasciature mentre il suo avvocato, Camillo Rosica, continua a insistere con il ministero di Grazia e Giustizia perché dia il via libera all'intervento.

Arriverà solo dopo tre anni, nel 1980.

In quel 1977 sta per succedere anche qualcos'altro, qualcosa che cambierà per sempre il mondo della criminalità. Un'epoca sta per finire.

Bisogna tornare a Milano.

È il 2 aprile 1977, piazza Cordusio, in pieno centro, si riempie improvvisamente di auto della polizia. Ci sono le pantere e anche molte auto «in borghese». Circondano un'auto, una A112. Al volante c'è un uomo, al suo fianco, sul sedile del passeggero, un'altra persona. I poliziotti hanno le armi puntate. Uno dice: «Turatello, scendi dall'auto lentamente». «Okay, okay» risponde l'uomo seduto sul sedile del passeggero, «mi avete preso, non sono armato, ora scendo dalla macchina.» Scende e si fa ammanettare, sul sedile posteriore c'è una valigetta con 16 milioni di lire.

Turatello viene portato in questura. Gli dicono: «Abbiamo tante cose di cui parlare». Lui risponde: «Come potete immaginare, a questo punto di tempo ne ho da vendere».

Finisce in questura anche l'uomo che era al volante della A112. Si chiama Vincenzo Domenico Lombino, è l'avvocato di Franchino Restelli ma è anche un personaggio ambiguo, considerato vicino ad alcuni esponenti della mafia palermitana. Quando Turatello esce dalla questura per essere trasferito in carcere ci sono decine di giornalisti e di fotografi. Lui si copre il volto e reagisce male. Dice: «Non sono mica Vallanzasca, sono uno serio io». Due giorni dopo è il compleanno di Francis, compie 33 anni. In una discoteca del centro di Milano viene data una grande festa. Si brinda a champagne in onore di Faccia d'angelo che «oggi purtroppo non è qui, è momentaneamente impegnato». Una cassa di champagne Cristal viene anche recapitata al 2 di piazza Filangieri.

Turatello compare davanti al giudice. L'accusa per ora è solo quella di aver organizzato e condotto la rapina al Bridge club di Brera. Nell'aula del tribunale Faccia d'angelo siede composto, sempre in giacca e cravatta. Risponde educato, non parla con i giornalisti. All'avvocato Calafiori dice: «Mettiti in contatto con Argento, che prenda in mano lui la situazione, io torno tra poco». «Faremo il possibile, Francis, non sarà facile. Argento ha il fiato sul collo, lo cercano dappertutto» risponde Calafiori. «Va bene, puoi parlare anche con Franchino Restelli o con Turi Mirabella. E poi c'è un'altra cosa...» «Sì?» chiede Calafiori. «Come mi hanno trovato? Sono andati a colpo sicuro, mi seguivano, sapevano che su quella macchina c'ero io. Qualcuno ha parlato, mi ha fatto prendere. Voglio sapere chi è stato, qualcuno ha tradito ma devono capire bene che io qua dentro non ci resterò a lungo, che a Milano comando io e solo io. Non si montino la testa, gliela taglio.»

Turatello dà ordini precisi. Far funzionare le bische come se non fosse successo niente ma mantenere sempre un profilo basso, non dare nell'occhio, stare calmi fino a che lui non riuscirà a uscire. È solo un intoppo, passerà in fretta. Calafiori riesce a incontrare Argento: «Di' a Francis di non preoccuparsi, mi occupo io di tutto. Per quanto riguarda il traditore io non ho dubbi, dietro a questa storia c'è Epaminonda». «Francis vuole essere sicuro» risponde l'avvocato, «mi ha chiesto di dirti di stare calmo, di non fare colpi di testa, che ci penserete più avanti all'infame.» «Va bene, va bene. Sarò tranquillissimo, a Milano non volerà una mosca. Tu però, avvocato, cerca di tirarlo fuori in fretta.»

Non sarebbero volate mosche a Milano, nei mesi seguenti, ma pallottole. E per Argento e Calafiori sarebbe stato un periodo tutt'altro che tranquillo.

Intanto Vallanzasca tra un'aula di tribunale e l'altra continua a fare proclami. Se Turatello sta zitto e siede composto lui fa tutt'altro: parla, recita, ride. Un giornalista lo avvicina mentre è dietro le sbarre di una gabbia, in tribunale a Milano. Gli chiede: «Come vedi il tuo futuro?». «Come vuoi che lo veda?» risponde lui, «cercherò di scappare. Tu hai qualche alternativa?»

Un giorno, nella sala colloqui del carcere di San Vittore, Turatello e Vallanzasca si incontrano. Detenuti e parenti presenti assistono come spettatori a un duello verbale: «Oh, il re di Milano, sei in gabbia anche tu eh, ti hanno tirato giù dal trono?» dice Vallanzasca con il suo sorriso da teppista cresciuto. È su una sedia a rotelle, si diverte. Francis si alza, gli va vicino mentre le guardie allarmate si muovono per separarli. «Ciao rubagalline, non ti rompo il culo solo perché mi sembrerebbe di picchiare la Croce Rossa. Storpio.»

Sembrano tornati ai tempi della partita a calciobalilla: due bulletti nella stessa stanza che si insultano senza toccarsi.

Il 1977 si chiude così, con due protagonisti di questa storia in carcere.

Turatello è convinto di uscire a breve, che in fondo le accuse contro di lui siano poca cosa, e poi si sente protetto. Segue i suoi affari dal carcere, è un re anche dentro, di soldi ne ha montagne.

Anche Vallanzasca è convinto di poter uscire a breve. Riuscirà a scappare, pensa. L'ha già fatto, lo farà ancora.

E Angiolino Epaminonda? È raggiante. Fatto di coca, iperattivo, conta i soldi e conta le ragazze con cui si accompagna. «E ora chi mi ferma più?» pensa.

XIV

Matrimoni e omicidi

Lia Zenari lancia il portacenere contro il muro, i mozziconi di sigarette si spargono sul pavimento. L'avvocato Calafiori allarga le braccia: «Lia, dai...». «Nemmeno ha il coraggio di dirmelo in faccia, mi manda l'avvocato quel bastardo...» urla lei. «E come poteva dirtelo di persona? È in carcere, a Cuneo.» «Non se la cava così, voglio vederlo, deve dirmelo guardandomi negli occhi.» Poi prende una foto di Eros, quella famosa, quella finita sulla copertina del disco di Franco Califano, e la agita davanti agli occhi dell'avvocato: «Questo è mio figlio, mio, capito? Mio e di Francis, di nessun'altra».

L'ambasciata che Calafiori ha portato a Lia Zenari è molto semplice: il re incoronerà la sua regina. Francis Turatello ha deciso di sposare Maria Marzulli, lo vuole fare subito.

Ha preso la decisione dopo pochi mesi passati in carcere, a San Vittore e poi a Cuneo, in un supercarcere, uno di quelli di massima sicurezza. È stato un incontro con Calafiori a spingerlo. «Francis» gli ha detto l'avvocato, «fuori c'è agitazione, gira voce che ci sia qualcuno già con il colpo in canna, pronto a fare la guerra per prendere il tuo posto.» «Io non ho lasciato libero nessun posto, a Milano comando io, e comando anche qua dentro, finché ci resto.» «Sì, ma non è facile» ribatte Calafiori, «Carlo Argento deve rimanere nascosto, la polizia lo cerca notte e giorno. Vogliono chiudere il cerchio, il re e il viceré. Senza te e con Carlo a mezzo servizio c'è chi alza la testa.» «Di' a Carlo di stare al riparo, io esco presto.» «Non so, Francis, ti vogliono accusare di due sequestri di persona, i giornali continuano a parlare di te, ti accusano di qualsiasi crimine commesso a Milano.» «Sì, ma non sarà un problema, vero avvocato...»

Non è una domanda, è un'affermazione, anzi è qualcosa di più, quasi una minaccia.

Qualche giorno dopo Calafiori torna al carcere di Cuneo. Francis gli ha fatto sapere che ha preso alcune decisioni. «Sposo Maria, voglio che Eros stia tranquillo con lei, che abbia una mamma ufficiale.» «Sì, ma Lia?» Francis ripete la frase di qualche giorno prima: «Non sarà un problema, vero avvocato... E poi mandami Ugo Bossi, voglio parlargli». «Va bene, e per l'altra faccenda, quella del Tebano?» «Nessun casino per ora, di' a tutti di stare calmi» risponde Turatello.

Ugo Bossi è nel gruppo di Francis da molto tempo. In quel momento è libero, non è ricercato, si può muovere senza problemi. Turatello fa affidamento su di lui: ha conoscenze importanti, nella mafia e nella politica, e poi nel mondo della malavita il suo nome conta. Nel 1973 è stato accusato di aver sparato al vicequestore Angelo Mangano, il poliziotto che aveva arrestato il capo dei corleonesi, Luciano Liggio. Mangano teneva sotto pressione i mafiosi a Roma e soprattutto aveva nel mirino Frank Tre dita Coppola. L'ordine di ucciderlo arrivò probabilmente proprio da Frank Tre dita.

Lo aspettarono in quattro sotto casa, gli spararono alla testa e al petto ma il poliziotto non morì. Disse di aver riconosciuto Bossi. Ugo Centovestiti venne arrestato, entrò in carcere come una celebrità, i detenuti si misero in fila per stringergli la mano: era l'uomo che aveva sparato a un poliziotto importante. Due anni dopo, al processo, venne assolto, contro di lui non c'erano prove.

Ugo Bossi è seduto davanti a Francis, nel parlatorio del carcere di Cuneo. «Ugo» dice Faccia d'angelo, «voglio che tu controlli tutte le bische, fai in modo che funzionino come la Fiat, voglio una catena di montaggio di banconote. Ci servono tonnellate di soldi. Facciamo vedere che tutto è come prima, che siamo noi a comandare. Teniamo i soldi in una mano e il mitra nell'altra. E la grana falla girare, falla avere ai nostri in carcere ma anche ad altri in gabbia che hanno bisogno. Fai Babbo Natale, insomma, che tutti ci restino fedeli, dentro e fuori.»

Francis dà altre indicazioni: Nino Malacarne deve continuare a fare il cassiere, che parli con Calafiori. Ugo Filocamo si deve occupare di corso Sempione. Anche questa è una scelta mirata: Filocamo è uno conosciuto, non solo nella malavita. Ha frequentazioni politiche a Milano. Una cameriera di una bisca nel 1980 durante un interrogatorio dirà poi di aver visto entrare due volte nel locale Filocamo con Bettino Craxi, segretario del Partito socialista italiano. L'affermazione non avrà mai riscontri. Faustino Baronchelli e Giulio Calabrese dovranno occuparsi di via Panizza. «E il Tebano?» chiede Bossi a Francis. «Gli lasciamo via Cellini» risponde lui, «però non da solo, deve dividerla con Turi Mirabella.» «Non la prenderà bene» risponde Ugo Centovestiti, «comunque in questo periodo Epaminonda non è a Milano, è alle Seychelles.» «Io sono in galera e lui va in vacanza?» ironizza Turatello. «Sì, dice che a Milano era troppo stressato. Cazzo, si fa 2 chili di cocaina al giorno e scopa a ogni ora in ogni angolo. Ci credo che sia stressato» risponde Bossi.

Poi Bossi affronta un'altra questione: «Francis, Danilo Abbruciati mi ha chiesto di incontrarmi con un tipo, un romano, un politico ben inserito, vuole qualcosa da noi».

Danilo Abbruciati, er Camaleonte, è una vecchia conoscenza di Turatello: con lui ha fatto buoni affari. Il suo è un nome importante nella malavita romana, futuro boss della banda della Magliana e anello di collegamento tra la capitale e Milano, amico di diversi estremisti neri. «E cosa vuole da me?» chiede Turatello. «Un favore a nome di gente importante, così dice. Vorrebbe che tu facessi qualcosa contro i detenuti politici, i rossi che nelle carceri stanno arruolando gente tra i comuni. Insomma, che tu ti metta in mezzo.» «E in cambio di cosa?» chiede Francis. «Nel suo giro ci sono anche magistrati...» «Il favore glielo faccio con piacere.»

È un periodo che le Brigate Rosse nelle varie carceri d'Italia stanno facendo proselitismo, arruolando detenuti comuni. A Turatello non interessa più di tanto però inizia a far sapere in giro che lui non gradisce la cosa, che i brigatisti devono stare al loro posto se non vogliono conseguenze. Il carisma di Turatello conta nelle carceri, la sua parola viene ascoltata, ed è temuto. In quel periodo poi non è solo. Suo compagno di cella è Tommaso Buscetta, nome di spicco della mafia palermitana. Buscetta è stato trasferito nel supercarcere di Cuneo e lì ha ricevuto una buona accoglienza. «Quando si arrivava in un supercarcere di solito venivi picchiato, manganellato. A Cuneo nessuno alzò un dito» raccontò poi Buscetta, «dopo il periodo di isolamento mi misero subito in cella con Francis, eravamo come fratelli.»

Lia Zenari ottiene il colloquio con Turatello. Più che un dialogo è un monologo. Lia parla, urla, si alza, si risiede, fa per andarsene poi torna indietro. È bella, bionda, indossa una pelliccia vistosa: agli altri detenuti sembra di assistere a uno spettacolo in un night. Un secondino si avvicina, Francis gli fa cenno di stare al suo posto. Turatello è calmo, appoggiato allo schienale della sedia, sta zitto, solo ogni tanto dice: «Lia...». Lei urla: «Francis, tu vuoi davvero sposare una commessa? Ma che cosa sei diventato? Sei finito, il grande Turatello si sposa una commessa. Non ti segue più nessuno, non conti più un cazzo, riesci a dare ordini solo ai secondini». «Lia...» «E a Eros non ci pensi?» «A Eros ci penso, sta' tranquilla. Intanto per ora andrà un po' via da Milano, in collegio, lontano dal casino e lontano da te.» «Io ti ammazzo, Francis, ti ammazzo.» Francis cambia tono: «Non dare problemi, Lia, sono stato paziente...». «Oh, Francis, te ne darò di problemi, stanne certo.» Turatello sorride e le manda un bacio, poi richiama l'agente della polizia penitenziaria: «Colloquio finito, la signora va a casa».

Quella sera Lia si ubriaca. In casa ha spaccato tutto quello che poteva spaccare, ha provato a telefonare a Maria, la futura sposa di Francis, ma nessuno ha risposto. Poi ha chiamato l'avvocato Calafiori: «Voglio parlare con Argento» dice lei. «Non è possibile, lo sai. Nemmeno io so dove si trovi Carlo, deve restare nascosto. Lia, per favore, non dare problemi. È pericoloso.» «Pericoloso un cazzo, avvocato. Cosa può farmi? Ammazzarmi? Ammazzare la mamma di suo figlio?» «Lui no, ma a Milano tira una brutta aria.» «Sarà ancora più brutta, te lo giuro» dice Lia buttando giù il telefono.

Poi chiama un amico spacciatore: «Vieni qui, portami un po' di roba. Muoviti».

Prima di crollare strafatta e ubriaca, Lia Zenari è arrivata a una conclusione: può fare male a Francis solo in un modo, portandogli via gli affari. «A lui interessano solo i soldi e gliene porto via un po', con chi cazzo crede di avere a che fare?»

Il matrimonio tra Francis e Maria si celebra a settembre nel supercarcere di Cuneo. Qualche giorno prima Turatello ha fatto alla sua futura moglie un discorso chiaro: «Ora tu mi rappresenti, sei Turatello anche tu. Per qualsiasi problema rivolgiti all'avvocato Calafiori, ci pensa lui. E poi c'è Carlo Argento, tu non lo vedi ma lui sa che deve stare attento a te, proteggerti».

Il giorno del matrimonio arrivano tutti quelli che possono. Non c'è Carlo Argento e non ci sono gli altri latitanti della banda: certo non vogliono entrare in carcere di propria volontà. Arriva da Roma anche Franco Califano, solo che dal ministero è arrivata una direttiva: non entra nessuno, è un carcere, non una sala per banchetti. Così il Califfo e gli altri, dopo aver protestato, stappano lo champagne e lo bevono appoggiati alle auto. «Dai, Franco, canta una canzone, urlala così Francis da dentro ti sente.» «E chi sono? Uno che fa le serenate?» risponde lui.

La cerimonia è veloce, un po' triste. Turatello è in smoking bianco, Maria ha un abito color avorio. Buscetta è testimone. Alla fine, Francis dà un bacio alla sposa e la saluta, poi torna in cella. Gli amici fuori se ne vanno, quella sera i detenuti hanno in programma una cena speciale per il re che è diventato marito e ha scelto la sua regina.

Tra gli amici fuori dal carcere Angelo Epaminonda non c'è. Nessuno lo ha invitato. Lui è appena tornato dalle Seychelles, è abbronzato e ingrassato. Dice a tutti: «Devo perdere qualche chilo». Poi racconta che si è annoiato: «Era lo stesso se andavo a Rimini».

Il suo problema non è però il sovrappeso. Appena sbarcato all'aeroporto di Linate due dei suoi l'hanno informato: «Guarda che qui sta cambiando tutto. Francis ha fatto sapere che ora comanda Maria, sua moglie». «Maria? Ma che cazzo ne sa quella di bische? È impazzito?» «Sì ma in realtà è Ugo Bossi a occuparsi di tutto.» «Di bene in meglio, quello se vede una pistola scappa a piedi fino al carcere di Cuneo per mettersi sotto la gonna di Turatello. Andrò a parlare con Francis.»

Ci va qualche giorno dopo, l'avvocato Calafiori ha organizzato l'incontro. Francis è scostante, se ne sta stravaccato sulla sedia della sala colloqui come se fosse sul divano dell'Hotel Diana. «Ci manca solo che gli portino un whisky» pensa il Tebano. Angelo espone le sue perplessità: «Francis, ma che succede? Non ti ho fatto sempre guadagnare un sacco di soldi? E ora mi escludi?». «Non ti escludo, devi gestire via Cellini» risponde Faccia d'angelo. «Sì, con Turi Mirabella, quello non sa neanche come si chiama e se solo uno fa cadere una fiche si mette a sparare.» Turatello sta zitto qualche istante, poi si piega verso Epaminonda: «Angiolino, cerca di capire. Io devo potermi fidare delle persone. Dicono in giro che sei stato tu a vendermi agli sbirri. L'avrai sentito anche tu, no?». «Io con gli sbirri non ci parlo e non vendo nessuno» replica Epaminonda. «Credi davvero a quegli infami? Sono loro che vogliono farti fuori, Francis, non io.» Turatello si alza: «Va bene, fammici pensare».

Si salutano con una veloce stretta di mano, niente abbracci e baci sulla guancia. Epaminonda lascia Cuneo pensando: «Quello è già morto e ancora crede di essere un re».

Pochi giorni dopo arrestano Carlo Argento. L'hanno trovato in uno dei suoi rifugi. Lo portano in carcere a Cremona. A Epaminonda arriva un messaggio da Turatello: «Lo devi tirare fuori tu». È una sfida, una prova, Epaminonda lo sa benissimo. Non ha alternativa, lo deve fare, punto e basta.

Passato qualche giorno in via Cellini si presenta un uomo: «Cerco Angelo». «Non è qui» risponde il Tebano, «e poi chi è che lo cerca?» «Mi hanno detto che l'avrei trovato qui di sicuro, ho per lui una lettera di Carlo Argento.» «E com'è che hai questa lettera? Tu chi sei?» «Faccio il secondino a Cremona, lui è detenuto lì.» «Va bene, dammi questa lettera.» È solo un messaggio: «Fammi avere i capelli d'angelo». E che cazzo sono i capelli d'angelo? si chiede il Tebano. Glielo spiega Nino Malacarne, ridendo come un pazzo: «Non sai niente di malavita». I capelli d'angelo sono seghettini sottilissimi e taglienti, Argento li vuole per segare le sbarre. «Ma che razza di piano è?» dice Epaminonda. «Un piano alla Carlo Argento» gli rispondono, «cioè non è un piano.»

La notte stabilita, il Tebano e Mirabella si appostano a qualche centinaio di metri dal carcere di Cremona. Mirabella scende dall'auto e va a mettersi vicino al portone. Argento, dopo aver segato le sbarre dovrebbe salire sul tetto del carcere e poi saltare giù. Da lì Mirabella lo condurrà fino all'auto del Tebano.

Solo che passano le ore e non si vede nessuno. All'alba Epaminonda se ne va, è troppo esposto.

Argento non è riuscito a segare le sbarre, i capelli d'angelo si sono rotti. Chiama la guardia, quella che ha portato l'ambasciata a Epaminonda, e prova a convincerla ad aprirgli le porte. Quello non ne vuole sapere, allora Argento lo minaccia con un coltello che si è procurato in carcere. La guardia apre i cancelli fino al portone. Arrivano altre guardie, Argento prende il secondino, gli punta la lama alla gola e dice: «Se vi avvicinate lo sgozzo». Si fa aprire il portone, lì trova Mirabella. Invece di correre lontano inizia ad abbracciarlo con Mirabella che dice: «Che cazzo fai, Carlo? Corri». Scappano per i campi, fanno almeno 5 chilometri prima di trovare qualcuno che dia loro un passaggio. Ce l'hanno fatta comunque, Carlo Argento è di nuovo fuori, libero. A Cuneo Turatello tira un sospiro di sollievo. Su Epaminonda però i dubbi sono sempre più pesanti: perché se n'è andato e ha lasciato solo Mirabella ad aiutare Carlo?

Da quel giorno Carlo Argento e Turi Mirabella diventano inseparabili.

Mentre Turatello dal carcere cerca di tenere saldo il suo impero, all'improvviso spunta fuori una vecchia conoscenza: Spaghettino. È rimasto nascosto chissà dove e protetto chissà da chi. Si fa vivo una sera alla bisca di via Cellini: «Ciao ragazzi, sono tornato. Siete contenti?». Poi aggiunge: «Sono qui per prendermi quello che mi spetta». Spaghettino spiega a Epaminonda che non ce l'ha con lui, che vuole incontrare i tre milord. Erano loro ad aver giurato di essere suoi fratelli e poi ad averlo lasciato solo come un cane, in galera senza una lira.

Epaminonda lo accompagna in ufficio, nel retro della bisca. Quando Spaghettino entra trova Turi Mingiardi, Guido Tafuri e Gianni Scupola. Mingiardi è sdraiato su un divano, i piedi su un tavolino. Spaghettino non saluta, guarda Mingiardi e gli dice: «La prossima volta che mi vedi alzati in piedi altrimenti ti sego quelle cazzo di gambe». Poi continua: «In galera ti ho salvato parecchie volte, se no a quest'ora eri morto. Mi devi rispetto e riconoscenza». Mingiardi è impassibile, non si alza. Interviene Scupola che dice a Spaghettino di abbassare la voce, lui replica: «Gianni, sei alto e grosso, quelli come te non li sbaglio di certo, sei un bel bersaglio».

La situazione è tesa, Spaghettino mostra il segno che ha sulla faccia, quello che gli ha fatto Turatello. Abbassa i toni, dice che lo hanno sempre considerato come il fratello povero, che è ora che la sua parte gli venga riconosciuta. Chiede un incontro con i tre milord.

L'incontro viene fissato, ma solo con Franchino Restelli. Si vedono a casa della convivente di Spaghettino. Ci sono anche Epaminonda e Mingiardi. Spaghettino insiste, continua a parlare dello sfregio che porta in faccia, Restelli replica: «Devi parlarne con Francis, vallo a trovare a Cuneo».

Spaghettino è sempre più rabbioso, quasi ossessionato. Il giorno dopo dice al Tebano: «Li ammazzo tutti e tre, scordatevi i tre milord perché li faccio fuori a uno a uno. Io ho fatto omicidi per quei tre, e ora mi trattano come l'ultimo dei poveracci».

Solo che anche i tre hanno deciso di fare la stessa cosa: da loro arriva l'indicazione di uccidere Spaghettino.

Mingiardi e Tafuri danno appuntamento a Spaghettino davanti alla Standa di piazzale Lodi, gli hanno fatto credere che vogliono stringere un'alleanza, mettersi insieme contro i tre milord. I due partono da corso Sempione a bordo di una moto. Il primo guida, il secondo ha un fucile sotto il cappotto. Sono ancora in corso Lodi quando a Mingiardi parte una fucilata: è nervoso, ha premuto il dito sul grilletto. Scappano, rinunciano al piano di uccidere Spaghettino. Lui davanti alla Standa non si è accorto di nulla, aspetta un po' e poi se ne va.

Quella sera torna alla bisca, chiede come mai l'appuntamento sia saltato. Mingiardi tira fuori una scusa banale. Spaghettino inizia però a essere diffidente, comincia a girare sempre con Giocondo Calicchio, un malavitoso che gli fa un po' da guardaspalle e un po' da autista perché Spaghettino non ha la patente e non sa guidare l'auto. Quella sera Spaghettino dice: «Vado prima in corso Sempione e faccio fuori Ugo Bossi, poi cerco D'Agnolo e ammazzo anche lui». È Mingiardi a convincerlo: «Le cose vanno fatte bene. Vediamoci domani sera».

La sera dopo è Tafuri a passare a prendere Spaghettino, gli dice che lo accompagnerà in un posto dove li aspettano Epaminonda e Mingiardi e da lì poi andranno insieme ad ammazzare i tre milord. Spaghettino è nervoso, a un certo punto tira fuori la pistola. Dice: «Dove mi stai portando?». Poi si tranquillizza. Passano a prendere Mingiardi, che si siede dietro in auto, gli spiegano che Epaminonda li raggiungerà più tardi. Spaghettino non lo sa, ma poco prima è stato ucciso, a colpi di pistola, il suo amico, Giocondo Calicchio.

Spaghettino è rilassato quando Mingiardi gli circonda il collo con un filo d'acciaio, lui reagisce, scalcia, tenta di togliersi il cavo dal collo. Tafuri blocca la macchina, tira fuori un coltello da cucina e gli taglia la mano sinistra. Verrà ritrovata sul tappetino dell'auto. Poi portano il corpo dietro all'aeroporto di Linate e danno fuoco all'auto.

Quando la polizia trova il corpo, il giorno dopo, è bruciato solo parzialmente, viene riconosciuto subito. Sul petto Spaghettino ha un tatuaggio inconfondibile. In carcere si è fatto incidere la frase: «Chi donna crede, galera vede».

A Turatello la notizia arriva la mattina dopo. Mormora: «Io t'avevo avvertito. Addio Spaghetto. Problema risolto».

XV
Sangue su sangue

E poi tocca a Lia.

La trovano nella notte tra il 15 e il 16 gennaio 1978 in strada, in via Paisiello, tra viale Abruzzi e viale Gran Sasso, a Milano. L'hanno uccisa con sette colpi di pistola, uno alla nuca. Accanto a lei c'è uno stivale nero, con tacco alto. Era riuscita a sfilarselo mentre correva, scappando lungo la strada.

«Cazzo, Lia, che fine di merda» dice un poliziotto accovacciato vicino al corpo. I capelli lunghi biondi sono sporchi di sangue. «La conoscevi?» chiede un collega. «Sì, era stata la donna di Turatello. È stata la sua sfortuna.» «Chi può averla uccisa?» «Francis? I nemici di Francis? Qualcuno a cui aveva rotto troppo i coglioni? Chiunque.» «Amen.» «Sì, amen.»

La sera precedente, quasi mezzanotte. Lia esce da un night di via Turati con Cosimo Tarallo, l'uomo che frequenta da qualche tempo. È un pregiudicato, con precedenti per spaccio di droga. Un delinquente che cerca di affermarsi ma non gode di grande considerazione negli ambienti criminali. Salgono sulla Lancia Fulvia Coupé rossa dell'uomo e vanno verso via Paisiello 8, lì c'è il residence dove vivono alcune ragazze che si prostituiscono. L'auto accosta davanti al portone, Lia scende per citofonare, indossa una vistosa pelliccia scura. Deve chiedere una cosa a Katy, amica sia sua sia di Francis che vive in quel complesso. Poi lei e Tarallo andranno in qualche locale a tirare mattina. Una A112 si affianca alla Lancia, escono due uomini. Uno di loro si avvicina a Tarallo che sta aprendo la portiera, la richiude con un calcio, poi spara. Due colpi in faccia. Tarallo muore subito.

L'altro uomo guarda Lia che inizia a correre lungo la strada e tenta di scalciare via gli stivali con il tacco alto, si appoggia a un cancello e riesce a sfilarsene uno. Sta per riprendere a correre ma viene colpita dai numerosi proiettili, cade a terra. È in ginocchio, tenta di rialzarsi, l'uomo le spara alla nuca, poi si gira e se ne va. L'A112 corre via.

Finisce così la storia di Lia Zenari.

La notizia gira veloce. Epaminonda sta dormendo quando suona il telefono di casa. Risponde. È Nino Malacarne: «Hanno ammazzato la Lia». «Che sorpresa» risponde ironico lui. Qualche tempo prima il Tebano aveva ricevuto ordine da Turatello di lasciare due uomini armati in auto sotto casa di Maria Marzulli, una scorta ventiquattro ore su ventiquattro. Gli uomini dovevano accompagnarla ovunque andasse, non lasciarla mai sola. «Però, una cosa è proteggere sua moglie, un'altra arrivare a far fuori la madre di suo figlio...» pensa Epaminonda.

Più tardi, quella sera, il Tebano è nella bisca con Otello Onofri, il mentore di Turatello. Arrivano Carlo Argento e Turi Mirabella, sono inseparabili. Hanno una valigia, la tengono sempre con loro, piena di armi. Argento tira fuori due bombe a mano e le lancia in grembo a Otello Onofri. Si diverte spesso così. Poi, secondo quanto raccontò Epaminonda, Argento dice: «Abbiamo ammazzato la Lia, ha finito di rompere i coglioni». Lui e Mirabella si guardano, scoppiano a ridere.

Epaminonda resta in silenzio. Non sa se crederci. Argento è un pazzo, ma raccontare una cosa così, davanti a Onofri poi. Forse li sta solo prendendo in giro. Però Argento è euforico, ed è così solo quando uccide o fa rapine.

Epaminonda pensa: «Se è stato Francis a dare l'ordine vuol dire che ha deciso di chiudere i conti, e allora tra poco tocca a me. Se non è stato Francis, chi cazzo è stato?». Più ci pensa, però, più si convince che Turatello non c'entri niente, inoltre non avrebbe mai affidato l'incarico a Carlo Argento, da sempre amico di Lia. Carlo voleva bene alla Zenari. No, pensa il Tebano, è stato qualcun altro. Comunque, affari loro, «non è roba mia» si dice.

Cosimo Tarallo era uno spacciatore, forse volevano uccidere solo lui e Lia è una vittima collaterale. O forse Lia Zenari aveva dato fastidio a qualcun altro oltre a Turatello. Si era messa in testa ultimamente di entrare nel giro della prostituzione, aveva reclutato una dozzina di ragazze, procurato loro protezione e alloggio. L'aveva fatto per dare fastidio a Francis, per fargli vedere di cosa era capace. E poi frequentava un gruppo di banditi di strada, l'avevano arrestata per una tentata estorsione. In questura l'avevano anche interrogata su una serie di rapimenti, volevano informazioni su Turatello.

Il pomeriggio del 16 gennaio il quotidiano «La Notte» ha il titolo a tutta pagina: *Giustiziata l'amante di Turatello.* Nel portafoglio di Lia viene trovata una fotografia di Carlo Argento e un'altra foto, di un uomo sdraiato su un letto a petto nudo. In questura sanno chi è: è un piccolo criminale, faceva il pugile, poi si era dato a furti in appartamenti e aveva creato un piccolo giro di prostituzione. Per qualche tempo era stato il compagno di Lia, li avevano visti insieme nei night e in qualche bisca. Due mesi prima dell'omicidio di via Paisiello, l'uomo era stato trovato nella strada che costeggia l'ippodromo e lo stadio di San Siro. L'avevano ammazzato con dieci coltellate nello stomaco. Si diceva che Lia si fosse impossessata del suo giro di prostitute ma che ci fosse qualcuno che non aveva gradito per niente quello strano asse ereditario.

Solo tre giorni dopo l'omicidio gli agenti di polizia entrano nel residence di via Paisiello 8. Non c'è più nessuno, nel lavandino ancora i piatti da lavare.

L'autopsia sui due corpi evidenzia tracce consistenti di cocaina e, nel caso di Lia Zenari, di una forte dose di antidepressivi.

Qualche giorno dopo un giornale esce con una notizia a cui viene dato molto risalto: Lia Zenari, negli ultimi tempi, avrebbe avuto contatti con uomini della banda di Vallanzasca. Anche Renato ha letto quel giornale, poi l'ha ripiegato e l'ha passato a un compagno di cella dicendo solo: «Stronzate». Turatello legge quell'articolo. Non dice niente, ripiega il giornale e lo appoggia sulla branda.

Francis è in cella. Buscetta gli ha appena porto le sue condoglianze, poi gli ha fatto il caffè: «Grazie Masino» risponde lui. Si affaccia un agente della polizia penitenziaria: «Turatello, nell'ufficio del direttore». Ci sono due poliziotti, Turatello si siede. Anche loro porgono le condoglianze. Poi domandano: «Turatello, lei c'entra qualcosa con l'omicidio di Lia Zenari e Cosimo Tarallo?». «Sono chiuso qui dentro, fate un po' voi. Siete messi male se come prima cosa venite a chiedere a un carcerato.» «Ha idea di chi può essere stato?» «Nessuna idea.» Il colloquio finisce subito, Turatello torna in cella: compila una «domandina» per incontrare l'avvocato Calafiori.

L'avvocato si presenta due giorni dopo nel carcere di Cuneo. «Condoglianze, Francesco.» «Sì, sì, va bene, lasciamo perdere.» Turatello fa un gesto con la mano. L'avvocato capisce che non è il caso di affrontare l'argomento. «Che si dice fuori?» chiede Francis. «Lo puoi immaginare, ci sono poliziotti dappertutto, cercano Carlo, lo vogliono a qualunque costo.» «Ma che cazzo, e gli sbirri amici non fanno niente?» «L'aria è cambiata, quelli se ne stanno ben lontani e la questura vuole dare colpi pesanti alla criminalità, con i terroristi non riescono a spuntarla e quindi vogliono far vedere che almeno sul lato "comuni" ci vanno giù duri. Dammi retta, in questo momento non fare affidamento su Carlo Argento, e poi lo conosci, prima o poi lo beccano, non riesce a tenere un profilo basso.»

«Dobbiamo farci più amici, allargare il gruppo» dice Francis. «Voglio gente di cui fidarmi nelle carceri. Date il 10 per cento delle entrate delle bische a Buscetta e un altro 10 per cento a Graziano Mesina. E poi soldi a tutti, fate arrivare pacchi a chi è a casanza e ne ha bisogno, anche se non è dei nostri.» «Saranno un sacco di soldi» replica Calafiori. «Sì, ma spesi bene. È il momento di investire. Dai l'incarico a Ugo Bossi, lui sa come fare.»

L'ordine viene eseguito, nelle carceri di tutta Italia arrivano pacchi con denaro. Turatello fa pagare anche Vincenzo Andraous, il boia delle carceri, uno degli uomini che tre anni dopo lo massacreranno. Francis stipendia mensilmente il suo assassino.

Le indagini sulla morte di Lia Zenari proseguono: l'ipotesi più accreditata è che l'omicidio sia stato deciso proprio perché Lia si era inserita nel giro della prostituzione a Milano. Qualcuno l'ha vista come un pericolo per i suoi affari. Francis Turatello non c'entrerebbe niente. Se è così, è stato però fatto senza chiedergli il permesso. E questo è un segnale.

E poi gira una voce: qualcuno, negli ambienti criminali, fa il nome di Epaminonda. Il segnale a Turatello l'avrebbe mandato lui.

Carlo Argento si fa vivo. Fa arrivare un messaggio nel carcere di Cuneo. Chiede, per l'ennesima volta, il permesso di agire contro Epaminonda. Argento è preoccupato: «Con lui non sto tranquillo» manda a dire.

La risposta di Turatello è decisa: «No, se Epaminonda muore accuseranno me e in questo momento non ho bisogno di altre grane dagli sbirri». Il pensiero di Turatello è in quel momento rinsaldare il suo ruolo di capo, di re, e farsi alleati, anche i più improbabili.

In cella a Cuneo c'è anche Dragomir Petrović, il capo della banda degli slavi. Lui e Turatello si sono fatti costantemente la guerra, uno scontro impari: Francis e i suoi hanno sempre dominato. Però ora a Turatello Petrović fa comodo, sa che è una testa calda, che la banda degli slavi è inaffidabile, violenta anche quando non serve. Ma un'alleanza in quel momento gli serve. Il patto è semplice: gli slavi avranno libertà di manovra con le loro bische aperte, quelle in strada. In cambio dovranno tenere fuori qualsiasi terzo incomodo, stroncare sul nascere le ambizioni di altri gruppi. Sanno come fare, non guardano in faccia a nessuno. Petrović pretende che il patto venga siglato alla sua maniera. Si fa un tatuaggio, con aghi e china, e ne fa uno uguale sul braccio di Francis. Accordo fatto.

Dura meno di due mesi. In strada viene ucciso Dragan Mladenović, braccio destro di Petrović che accusa gli uomini di Turatello. «È guerra» urla Dragomir a Faccia d'angelo.

Però ancora non accade nulla. È come se dopo l'omicidio di Lia Zenari tutto fosse sospeso, in attesa che qualcuno faccia una mossa.

Anche il Tebano finisce nel mirino della polizia. Lo arrestano accusandolo di aver partecipato a un sequestro di persona. Resta sei mesi nel carcere di San Vittore, poi lo rilasciano: contro di lui non c'è nulla di concreto. Nel periodo trascorso in galera Epaminonda non ha ricevuto soldi, nessuno del gruppo di Turatello si è fatto vivo, nessun segnale, nessun messaggio, neppure dalla bisca di via Cellini.

Quando esce va subito alla bisca. Scopre da uno dei suoi fedelissimi che Turi Mirabella ha preso decisamente in mano gli affari e che va in giro a dire che le quote del Tebano ora sono cosa sua.

Si incontrano qualche ora dopo. Mirabella nega, dice che non è vero niente: «Qualcuno ha frainteso i miei discorsi, di certo io non ti voglio fregare». Il Tebano riprende il suo posto ma con Mirabella sono liti continue, i due non si possono sopportare.

Un giorno Nino Malacarne, il cassiere di Turatello, quello che ha il compito di gestire gli incassi, chiama Epaminonda: «Mi avete stufato, facciamo così, d'ora in poi tu prendi la supervisione di tutte le bische». Epaminonda è contento, pensa a una promozione sul campo. Lo stesso compito però Malacarne lo affida a Mirabella, le cose non cambiano, anzi peggiorano. Epaminonda e Mirabella si ignorano, e quando non lo fanno litigano, anche davanti a tutti. «Stiamo perdendo soldi» urla il Tebano, «fai solo casini, la gente qui non vuole più venire.» Mirabella risponde solo: «Prova a farmi fuori».

Il Tebano è furioso e scalpita, inizia a farsi vedere sempre meno alla bisca, lascia che se ne occupi Mirabella. Però allo stesso tempo rinsalda i suoi contatti con la mafia catanese. Insiste, dice: «Prendiamoci Milano, è il momento giusto, Francis è in galera, Argento è nascosto, quei quattro incapaci, Malacarne in testa, non contano un cazzo». Incontra anche uomini della camorra, fedeli al gruppo di Raffaele Cutolo. Dice: «Vi posso garantire un sacco di soldi, Turatello non è più un'opzione, puntate su di me». Ma sia mafiosi che camorristi attendono, non vogliono trovarsi in una guerra a Milano. Turatello è ancora potente e il viceré, Carlo Argento, è in giro, da qualche parte, e non è uno che sta a guardare.

Epaminonda è impaziente, frequenta le bische non più da padrone ma da cliente. Passa ore a giocare a chemin de fer.

Poi decide di giocarsi una possibilità. Chiede di incontrare Turatello in carcere. Si è preparato il discorso: «Francis, le bische… le hai date in gestione a gente che non lo merita. Sono incapaci, fanno casino, i clienti scappano, così perdi soldi e basta». «E tu cosa proponi?» chiede Turatello. «Dai tutto a me, io le faccio funzionare alla grande, nessun problema, nessun casino, solo soldi. In un mese riporto a casa i clienti che abbiamo perso.» «Mi dispiace Angelo. Malacarne e i Filocamo sono con me dall'inizio, sono amici veri. Restano al loro posto» gli risponde Turatello. Al Tebano non sfugge quel riferimento agli amici veri: «Come vuoi Francis, decidi tu».

Il Tebano esce dal carcere e sale in macchina. Parla tra sé, poi a voce alta dice a sé stesso: «Io ci ho provato, Francis. Cazzi tuoi. Guerra».

È una guerra che non scoppia, però. In giro c'è ancora Carlo Argento, ed è uno che fa paura.

Intanto Vallanzasca passa da un tribunale all'altro. Nei primi tempi compare in aula sdraiato su una barella, con una coperta, poi in sedia a rotelle, infine cammina, a fatica. Gli danno tre anni per la fuga dall'ospedale, ventuno per il rapimento di Emanuela Trapani, e poi ha già avuto due ergastoli per gli omicidi di Dalmine e di Montecatini. In aula a Milano c'è sempre Marie, sua madre, non perde un'udienza.

Anche gli altri della banda sono in carcere. Colia, Vito Pesce, Careccia, che è sopravvissuto dopo essere stato ferito gravemente in piazza Vetra, Merlo, Antonio Rossi, Claudio Gatti. Tutti dentro. L'amministrazione penitenziaria fa in modo che gli uomini di Renato e quelli di Turatello siano sempre in reparti diversi perché non scoppino guerre sanguinose. A San Vittore scherzano: i raggi non sono più chiamati con i numeri, ora c'è il raggio Turatello e c'è il raggio Vallanzasca.

Al «2», Colia, Pesce, Merlo e Careccia si ritrovano nella stessa cella. Scrivono una lettera a Renato che è rinchiuso nel Centro osservazioni malattie mentali. Lo tengono lì per controllarlo meglio in attesa di trasferirlo a Trani, per un processo.

Gli scrivono: «Stai tranquillo, ti tiriamo fuori». Renato legge la lettera e ride: «E come cazzo fate che siete dentro anche voi?».

Loro si sono già organizzati per scappare.

Colia è riuscito a far arrivare due pistole e alcuni seghetti. Una notte segano le sbarre della prima porta della cella e poi con un ferro piegato a uncino sollevano il catenaccio che chiude dall'esterno la seconda porta. Con le pistole in pugno catturano un agente della penitenziaria, poi anche un secondo. Li legano e li imbavagliano, chiudendoli nel gabbiotto di guardia. Scendono al piano terra e lì aspettano le 6.30 del mattino quando i detenuti ammessi al lavoro esterno si mettono in fila per uscire. Si uniscono al gruppo, gli altri li vedono ma nessuno fiata. Arrivano al primo cancello: escono dal gruppo, prendono in ostaggio un sottufficiale e arrivano al secondo cancello, poi al terzo, al quarto, al portone. Sono fuori.

All'esterno c'è l'auto di un amico che li sta aspettando, ma non ci stanno tutti. Colia ferma un'auto di passaggio, fa scendere il conducente e se ne va con Pesce.

Colia non si accontenta, vuole far uscire la sua donna, Pina Usuelli, che è in carcere. Scrive ai giornali una lettera: «Se non la fate uscire faccio una strage a Milano». Non lo prendono troppo sul serio. Lui una notte si fa portare in via Palmanova, vicino al luogo dove sa che abita un commissario di polizia, e inizia a sparare in aria con il mitra. Il giorno dopo scrive di nuovo ai giornali: «Se entro quattro giorni Giuseppina Usuelli non viene liberata inizio a mirare più in basso». Lo arrestano prima che scada l'ultimatum. Lui e Careccia hanno lasciato Milano, sono in una villa vicino a Taranto, affittata da un amico. Li riportano a San Vittore. Nelle settimane successive prendono anche gli altri, tutti gli evasi tornano in carcere. Iniziano a pensare al prossimo tentativo.

Anche Vallanzasca non fa altro che pensare a come scappare. Passa il tempo leggendo le lettere delle ammiratrici. Gli scrivono a decine, molte mandano foto polaroid, alcune si fotografano nude. Lui ride, le mostra ai compagni di cella: «Queste sono fuori, mi vogliono sposare. Quasi, quasi...». L'unica che lo va a trovare regolarmente è sua mamma Marie. E poi il suo avvocato, Camillo Rosica: «Renato, senti, voglio farti sottoporre a una perizia psichiatrica. Possiamo tentare quella strada». «Ma non diciamo cazzate, avvocato, io non voglio passare per fuori di testa, sono un bandito, non un pazzo.» Tra chi gli scrive regolarmente c'è anche l'amica di sempre, l'unica amica, in realtà: Antonellina. Sono sempre rimasti in contatto anche se lei ha fatto altre scelte nella vita.

Un pomeriggio, mentre è al passeggio nel carcere di Rebibbia, a Roma, per l'ennesimo processo, lo raggiunge Claudio Gatti: «Renato, ho una cugina che si è presa una sbandata per te, mi ha detto che vorrebbe scriverti. Si chiama Giuliana, Giuliana Brusa». «Certo, che problema c'è?» «Sì, però ha solo 18 anni, trattala bene.» «Guarda che non è l'unica» risponde Vallanzasca.

Il nome di Giuliana Brusa tornerà qualche mese dopo e sarà al centro di uno strano accordo tra Vallanzasca e Turatello.

XVI

«E ora rock and roll»

La statua è a grandezza naturale, in bronzo. Francis Turatello ha fatto rifare il disegno più volte. Ha speso parecchi milioni di lire. Vuole che l'espressione sia seria, lo sguardo dritto, il portamento eretto, quasi fosse la statua di un militare: Carlo Argento deve fare paura anche da morto, deve incutere rispetto, come si conviene a un grande condottiero.

Il giorno del funerale qualcuno ha appoggiato sulle mani di quella statua un mazzo di fiori. La scena è incongrua, quasi grottesca: Carlo Argento ha sempre tenuto tra le mani delle armi, non dei fiori.

C'è tanta gente al cimitero di Bruzzano per l'ultimo saluto. I poliziotti in borghese sono lì intorno nel caso si presenti qualche latitante. Turatello non ha potuto partecipare, non ha ottenuto il permesso. Nemmeno Angelo Epaminonda è presente, ha pensato che fosse meglio non farsi vedere.

Sulla tomba sono stati scritti solo l'anno di nascita e di morte. Hanno inciso il suo vero nome: Michele Argento, lui non ne sarebbe stato contento. Francis avrebbe voluto farci scrivere: «Il più grande playboy di tutti i tempi», poi ha pensato che non fosse il caso.

Quella sera qualcuno, fuori dal cimitero, spara una raffica di mitra in aria. L'estremo omaggio.

Gli ultimi giorni di Carlo Argento sono stati come tutta

la sua vita, di corsa e con la pistola in mano. Diceva spesso: «Non sono gli sbirri che cercano me, sono io che cerco loro».

Il messaggio che attendeva da parte di Turatello è infine arrivato dal carcere di Cuneo: «Dice Francis che per quella faccenda del Tebano è il momento di fare qualcosa». È un messaggio chiaro, Turatello ha deciso di agire. Le voci che gli sono giunte in carcere non sono buone, riceve notizie sempre più allarmanti. Epaminonda sta convincendo i mafiosi catanesi ad appoggiarlo nella sua conquista della piazza criminale di Milano, anche qualche clan camorristico si sta schierando dalla sua parte. Il Tebano è prudente, astuto, gira circondato da una scorta come se fosse un presidente della Repubblica. Per Argento non sarà facile riuscire ad avvicinarsi.

Il viceré ha un problema con cui fare i conti. Non può muoversi liberamente: è diventato il ricercato numero uno, la polizia sa che è a Milano, che non lascerebbe mai la sua città, il suo centro d'azione. Lo cercano dappertutto, fanno domande. Carlo Argento è guascone, avventato, ai limiti della follia, ma l'istinto di sopravvivenza ce l'ha anche lui. Si muove poco, solo a notte inoltrata, sempre scortato da Turi Mirabella, è sempre armato e pronto a sparare.

Un giorno viene a sapere che Epaminonda è a Torino: deve incontrare qualcuno per un affare. Fa qualche telefonata, si fa dire il nome dell'albergo dove si trova il Tebano. Argento chiama di mattina presto, si fa passare la camera del Tebano: «Ciao Angiolino, che cosa fai a Torino?». Epaminonda tace, è stordito dal sonno e dalla sorpresa. «Sono io, sono Carlo, non mi riconosci?» «Ah, ciao Carlo, dimmi, scusa non ti avevo riconosciuto» si riprende alla fine il Tebano. «Francis vuole sapere come stai, mi ha chiesto di fartelo sapere, di metterti al corrente che si interessa, che dal carcere continua a seguire tutto ciò che succede, e non solo a Milano. Mi raccomando, Angiolino, fai il bravo.» Argento chiude la telefonata senza aspettare la risposta.

Il messaggio è chiaro, non ha bisogno di interpretazioni. «Turatello ha deciso di farmi fuori» pensa Epaminonda, «e ha affidato il compito a Carlo Argento. Se non mi muovo prima io, sono morto.»

Poi chiama subito Angelo Fazio, «il Pazzo», suo fedelissimo. Dice: «Mi vogliono ammazzare, avverti gli altri, voglio vedervi tutti prima possibile».

Argento è un cacciatore a sua volta cacciato, è il primo obiettivo delle forze dell'ordine. Una sera arriva davanti al locale Sweet Moon di piazza Otto novembre. C'è un'auto civetta della polizia: gli agenti lo riconoscono appena scende dalla sua A112. Lui vede i poliziotti e inizia a sparare, i poliziotti rispondono, poi Argento risale in auto e riesce a scappare. Pochi giorni dopo, scappa ancora quando la polizia si presenta di fronte al portone di uno dei rifugi della banda, in corso Monforte. Vengono però arrestati Salvatore Mingiardi e Giovanni Giovenco, due della banda. Argento riesce, non si sa come, a dileguarsi. Lascia però una valigia con all'interno cento milioni di lire: per gli investigatori provengono da uno dei sequestri di persona fatti dalla banda.

Argento è certo che qualcuno stia parlando con la polizia, che stia indicando l'indirizzo dei rifugi, che fornisca indicazioni sui suoi spostamenti. Si sente costretto in un angolo. Non si è mai fidato di Epaminonda, ora è convinto che sia proprio lui a guidare gli sbirri sulle sue tracce.

Il 13 febbraio 1978 Argento lascia un suo rifugio verso le dieci di sera, in genere non lo fa mai, si fa vedere in giro solo a notte inoltrata. C'è, come al solito, Turi Mirabella ad aspettarlo in auto. Argento dice: «C'è un carabiniere che sta girando tutti i night della città sparando cazzate, dice che se mi trova non prova nemmeno ad arrestarmi, mi ammazza subito». «E allora?» chiede Turi. «Allora lo trovo io, andiamo a cercarlo» risponde Argento.

Quella sera passano da tutti i night, del carabiniere non c'è traccia. Verso mezzanotte Argento dice a Mirabella: «Vabbè, andiamo all'American, ho appuntamento con una persona». L'American è l'American Bar di viale Coni Zugna, a un centinaio di metri dal carcere di San Vittore.

Forse è il destino, o forse qualcuno lo sente e dà una grossa mano al destino.

Mirabella e Argento sono nel locale di viale Coni Zugna quando vedono entrare quattro tipi che non hanno mai visto prima che si posizionano in punti diversi del locale. «O sono sbirri o è gente venuta da fuori per ammazzarci» pensa Argento. Dice qualcosa a Mirabella, poi i due si dirigono verso il retro dell'American Bar. Escono, Mirabella corre verso via Savona, Argento scappa verso viale Papiniano. I poliziotti sono lì per lui, hanno ricevuto una soffiata sicura. Alcuni sono in divisa, altri in borghese. Non si sa chi spara per primo, ha poca importanza, Argento non si sarebbe mai fatto prendere senza sparare. Ha con sé la pistola e due bombe a mano in tasca. Corre, ma continua a fermarsi, riparandosi dietro le auto in sosta, e a sparare verso i poliziotti che lo inseguono. Spara in tutto venti colpi. Mentre corre viene raggiunto da un proiettile a una spalla, estrae una bomba a mano dalla tasca e la stringe nel palmo. Continua a scappare, un altro colpo lo raggiunge alla schiena, poi un altro ancora.

Vede un'auto, una Fiat 128 accostata davanti a un portone. All'interno c'è un uomo, ha appena fatto scendere la moglie incinta, sta per andare a parcheggiare. Argento pensa ancora di potercela fare, di prendere quell'auto e scappare. L'ha fatto altre volte, poi troverà qualcuno che potrà estrargli i proiettili dal corpo.

Urla ansimando all'uomo al volante: «Scendi, scendi se no ti ammazzo qui». L'uomo scende, Argento sta entrando in auto quando l'altro estrae la pistola da sotto la giacca e spara. È un poliziotto in borghese, si è trovato per caso in quel punto e in quel momento. Questo è quello che racconteranno le cronache.

Carlo Argento muore prima che arrivi l'ambulanza.

La notizia si diffonde in poche ore. È morto il viceré, un altro problema per Turatello.

Quando gli raccontano tutto, Epaminonda sorride. Ripensa a una cosa accaduta alcuni mesi prima, il giorno in cui fuori da un locale di Brera Argento si era fermato da una cartomante. «Guardati dalle persone che incontri per caso, non fidarti» gli aveva detto la donna. «Ma tu pensa, chi poteva immaginare che la persona incontrata per caso sarebbe stata quella che l'avrebbe ammazzato?» pensa Epaminonda. Parla con sé stesso ad alta voce, lo fa sempre più spesso. Dice: «E ora rock and roll». È una frase che ha sentito in un film, gli è piaciuta, la ripete in continuazione, si sente un gangster del cinema.

Quella sera dà una festa per pochi fedelissimi, fa arrivare una decina di ragazze. Mette Mina sul giradischi, ne va pazzo. Inizia a ballare dei lenti, sembra in estasi. La festa dura quasi due giorni, i rifornimenti di cocaina sono continui e così l'arrivo di ostriche e champagne. Ordina tutto in un ristorante di via Marcona, si fa consegnare anche tovaglie e posate d'argento. Al cameriere che porta la cena che ha ordinato, il Tebano offre cocaina, quando lui rifiuta gli offre di restare lì con loro, gli mostra una ragazza. Dice, arrogante: «Te la presto».

Quando è stanco, Angelo riempie la vasca d'acqua bollente e ci si immerge. La considera una roba da ricchi, da potenti. Ripete a voce alta: «E ora rock and roll». L'uscita di scena di Carlo Argento è un punto a suo favore ma sa anche che non è sufficiente, Turatello continua ad avere molti uomini su cui contare e al nome di Francis, a Milano, in tanti sono ancora pronti a mettersi sull'attenti.

Ci sono notizie che piegano, spezzano e deflagrano. L'uomo piegato è Francis Turatello. Non ha paura, la paura non è nel suo Dna. Non è neanche un sentimentale, non piange. Ha sempre saputo che chi sceglie una vita come la sua, o come quella di Carlo Argento, può finire ammazzato. Fa parte dei rischi, se arriva il tuo momento non puoi farci niente, succede e basta. Però forse per la prima volta in vita sua Francis non sa cosa fare, la guerra contro il Tebano è inevitabile ma lui ha ancora un esercito, anche se senza generali. Là fuori senza Argento le cose si complicano.

A deflagrare è la malavita di Milano, la diga ha ceduto: odi, rancori e ambizioni vengono allo scoperto, ora è un tutti contro tutti.

Turatello non è tipo da lasciarsi abbattere. Fa avere un messaggio a Nino Malacarne: gli affari vanno avanti, non arretriamo nemmeno di un centimetro.

Qualche giorno dopo gli portano una notizia che lo manda fuori di testa. Qualcuno, di notte, è entrato nel cimitero di Bruzzano e ha sparato contro la statua di Argento. «Infami» pensa Turatello, «quand'era vivo gli stavano a 100 chilometri di distanza per la paura, solo ora che è morto hanno il coraggio di spararargli.» L'atmosfera a Milano è cupa, la gente esce poco la sera, si muove malvolentieri. Il giro d'affari delle bische e dei night ne risente, i soldi diminuiscono e Turatello ne ha un bisogno disperato per stare tranquillo e pagare chi deve rimanergli fedele. La polizia intanto non si ferma. Viene arrestato Turi Mirabella: lo prendono mentre si sta facendo tagliare i capelli, a serranda chiusa, da un barbiere in via Spallanzani. Gianni Scupola, un altro pezzo grosso della banda, viene arrestato in via Monte Napoleone, all'uscita da un ristorante di lusso.

Pochi giorni dopo la polizia fa una retata in una bisca ancora sotto il controllo di Faccia d'angelo. Tra le persone fermate c'è una guardia del carcere di Cuneo. Ha in tasca un milione di lire e una lettera di raccomandazione di Francis. È la prova che Turatello è riuscito a crearsi una rete di appoggi anche all'interno del carcere di Cuneo.

Qualche giorno dopo arrestano anche Franchino Restelli, uno dei complici di Turatello della prima ora: lo trovano in una camera dell'hotel Principe di Savoia, a Milano.

Turatello si sente circondato: è convinto anche lui, come lo era Argento, che sia Epaminonda a dare informazioni alla polizia su dove si trovano i suoi uomini. La banda è decimata, l'unica buona notizia arriva da Catania: Turi Mirabella, dopo essere stato arrestato, è riuscito a scappare quasi subito. Lo avevano portato in Sicilia per un processo. Un giorno, con la complicità di qualcuno all'esterno, ha scavalcato il muro ed è sparito. Mirabella gli è ancora fedele, o meglio, non gli è ostile anche se con i suoi fratelli bada più ai suoi interessi che a quelli della banda.

Francis decide di chiudere la bisca di via Panizza, da lì non arrivano più soldi. Poco dopo chiude anche quella di corso Sempione. Epaminonda ne approfitta: apre una sua bisca sempre in zona Sempione. Pochi giorni dopo l'inaugurazione un'auto si ferma davanti al locale. Scendono i fratelli Filocamo e iniziano a sparare con i mitra. Epaminonda scappa dal retro. I Filocamo sono alleati di Turatello ma soprattutto, nel caos che sta vivendo la malavita milanese, cercano di conquistarsi uno spazio, vogliono entrare anche loro nel grande gioco.

Epaminonda decide di rinforzare il suo esercito. Arruola altri siciliani, soprattutto catanesi come lui. Si uniscono ai fedelissimi Angelo Fazio, Nunziatino Maddalena, Jimmy e Nuccio Miano, Antonio Scaranello, Demetrio Latella. Sono gli Indiani, i feroci soldati del Tebano.

Apre un'altra bisca, in via Calvi, a due passi da quella di via Cellini, gestita dai fratelli Mirabella. Il Tebano non si limita ad aprire una bisca concorrente: una sera si presenta in via Cellini. Lo ferma, sulla porta, Ginetto Di Paola, uno del gruppo Turatello: «Cosa fai qui?». «Voglio giocare, disturbo?» risponde il Tebano. Di Paola lo fa entrare, Epaminonda entra e si siede a un tavolo. Poi chiama Di Paola: «Vi conviene stare buoni, a 100 metri da qui ci sono Miano e Maddalena. Li devo chiamare ogni ora, se non mi sentono vengono a cercarmi».

Quella sera il Tebano vince. Uscendo dice: «Potete venire una di queste sere in via Calvi, così vi faccio vedere come spendo i vostri soldi».

Il giorno dopo raduna i suoi: «Ci spostiamo da Milano» dice, «qui siamo bersagli troppo facili. Si va ai materassi». È il gergo della malavita: significa trovare luoghi sicuri dove stare tutti uniti, dormendo sui materassi per terra. Discute con Jimmy Miano: «È da vigliacchi, non dobbiamo nasconderci ma attaccare». «Finché i Mirabella sono in giro dobbiamo aspettarci di tutto, siamo prudenti, non vigliacchi» spiega Epaminonda.

Anche la polizia si sta muovendo, al Tebano l'ha confidato un funzionario della questura: «Sia voi che i Mirabella siete nel mirino, vi conviene allontanarvi per un po'».

Trova un rifugio sicuro a Voghera. Partono da Milano con tre macchine, dentro sono tutti armati. Qualche settimana più tardi Epaminonda cambia rifugio, con i suoi va in una casa di campagna a Pontecurone, sempre nel pavese.

È prudente in quei giorni Angelo Epaminonda, vuole concentrarsi sul suo obiettivo, spodestare definitivamente Turatello ed eliminare i Mirabella. Per questo sparge la voce, vuole trovare poliziotti disposti ad arrotondare lo stipendio in cambio di informazioni e magari protezione. Se poi c'è anche qualche magistrato propenso a non darsi troppo da fare, tanto meglio.

Trova un poliziotto e un carabiniere, e anche un magistrato a Pavia che gli chiede cinque milioni di lire al mese. Il Tebano lo considera un prezzo esagerato ma paga. Il magistrato gli assicura: «Qui in giro nessuno vi darà fastidio».

Anni dopo davanti ad altri magistrati Epaminonda farà il nome di quel giudice ma non gli crederanno, le indagini si chiuderanno con una archiviazione.

Anche le bische che Epaminonda ha aperto non danno grandi risultati. Lui punta molto su quella di via Calvi, l'ha data da gestire a Nunziatino Maddalena. Il primo mese chiude in rosso, con una perdita di otto milioni di lire. Epaminonda si infuria, dice: «Ora ci penso io». Lascia il suo rifugio e si presenta in via Calvi ma i clienti sono pochi e i ricchi di Milano, quelli che affollavano le bische fino a un anno prima, non si fanno vedere. Allora sparge una voce: al tavolo verde ci sarà lui in persona, l'uomo che in città sta sostituendo Turatello. I clienti piano piano aumentano ma aumenta anche la rabbia di Turatello. E non la prendono bene nemmeno i fratelli Mirabella. Turi è fedele a Francis ma ha anche ambizioni personali, se Epaminonda è in gioco, vuole giocare anche lui.

Il Tebano però è sempre più esaltato, gasato.

Un giorno lo chiama Nunziatino Maddalena. Urla al telefono: «Quei bastardi ci hanno sparato addosso». I bastardi sono i Mirabella. Qualche giorno prima Angelo Fazio e Nuccio Miano, il fratello di Jimmy, hanno sparato a uno dei loro, Giosuè Gargiulo: l'hanno ammazzato fuori da un bar in via Melzo. I Mirabella hanno risposto presentandosi in forze in piazzale Cuoco, al bar Gianni, dove il clan Epaminonda si ritrova di solito per l'aperitivo.

Iniziano i colpi di mitra, le vetrine esplodono. Gli uomini di Epaminonda escono dal locale e sparano, i Mirabella scappano. Intanto arriva la polizia, Turi e Gaetano Mirabella vengono arrestati, Pippo e Rosario, altri due fratelli, sono costretti a nascondersi.

Il Tebano è euforico, riunisce i suoi: «Milano è nostra, non c'è più nessuno che possa romperci i coglioni».

Non è così, la guerra non è finita. Turi Mirabella è intelligente e non ha nessuna voglia di lasciar perdere. In carcere incontra Raffaele Cutolo, il capo della Nuova camorra organizzata. Lo convince a schierarsi al suo fianco. Cutolo manda un messaggio: «Milano è nostra. I nostri uomini in città sono i Mirabella». Il Tebano risponde a modo suo. Compra una cartolina del Duomo e la invia a Cutolo in cella: «L'unica Milano che puoi avere è questa». Poi manda in giro i suoi per tutti i locali della città con le foto di Pippo e Rosario Mirabella: «Avete visto questi uomini? Li stiamo cercando. C'è un bel premio per chi dà le indicazioni giuste».

Pippo Mirabella viene ucciso durante una sparatoria con una pattuglia della polizia stradale, vicino a un casello dell'autostrada Milano-Genova. Con Gaetano e Turi in carcere, rimane in circolazione solo Rosario. Gli uomini del Tebano ricevono l'informazione giusta: «La moglie di Rosario ha appena avuto una bambina, prima o poi andrà a trovarla. Ci appostiamo sotto casa e lo becchiamo».

Così è. Rosario Mirabella viene ucciso. Gli uomini di Turatello cadono a uno a uno. Anche nelle carceri si è scatenata la caccia.

In galera ci finisce pure il Tebano. Lo arrestano mentre è a Pantelleria, in vacanza. L'accusa è ancora una volta legata a un sequestro di persona. In cella legge un libro che ha preso nella biblioteca del carcere: *Il giovane Holden*. Si immagina di declamarlo in un'aula del tribunale, davanti ai giudici: «Se davvero avete voglia di ascoltare questa storia...».

A San Vittore arriva anche Jimmy Miano, l'hanno arrestato con le stesse imputazioni. Lui e il Tebano sono accusati di far parte della banda di Francis Turatello. È vero, ma quello è il passato. Epaminonda ora ha una banda tutta sua e nel quinto raggio di San Vittore detta legge. Anche in carcere ha adottato i suoi metodi, riesce a far avere buste colme di denaro ad alcuni secondini: il trattamento è di favore, gli altri detenuti si mettono in fila per entrare nelle sue grazie. Lui si comporta come un nuovo re.

In tribunale un giorno incrocia anche Turatello che non lo degna di uno sguardo. Turi Mirabella è meno compassato. Quando li mettono nella stessa gabbia dell'aula del tribunale lo aggredisce: «Bastardo, hai fatto ammazzare mio fratello». Un altro della banda di Francis, Giuseppe Spedicato, lo colpisce in faccia con una lametta da barba che in qualche modo è riuscito a far entrare in tribunale. Epaminonda ha uno sfregio profondo sulla guancia, lo trasferiscono in infermeria, dopo ventiquattro ore torna in cella, a San Vittore. È lì che gli portano la notizia: «Angiolino, ti hanno assolto, sei libero». È una grande notizia ma è ancora più bella per Epaminonda perché Turatello e Mirabella sono stati condannati.

È finita, a Milano non c'è più nessuno che possa contrastarlo. C'è solo un problema, che però Epaminonda considera di poco conto: anche Giuseppe Spedicato è stato assolto. Appena uscito ha iniziato a gonfiare il petto, a dire che sarà lui a riorganizzare la banda Turatello, che Francis in persona gli ha affidato quel compito. Il Tebano ai suoi dice: «È solo un due di picche, non conta niente». Ed è un due di picche la carta che gli Indiani gli lasciano ben in vista sul petto dopo averlo ammazzato a colpi di lupara, sotto casa sua, a Sesto San Giovanni.

XVII

Documenti e segreti

Tra marzo e maggio 1978 nel carcere di Cuneo è un continuo viavai di persone che vogliono parlare con Francis. Lui gode di una notevole libertà, incontra chi vuole, ascolta, parla, invia messaggi. È in cella con Tommaso Buscetta, che nel giro di qualche anno si trasformerà nel primo e più importante pentito di Cosa Nostra. Sarà lui a rivelare al giudice Giovanni Falcone come funzionano le cosche, a svelare l'esistenza della cupola, cioè il «comitato direttivo» della mafia siciliana, a parlare dei corleonesi, di Totò Riina, a rivelare il movente di tanti omicidi.

Ma allora, quando condivide la cella con Francis, Buscetta è solo un mafioso importante, forse più di altri, esponente di eminenti famiglie criminali palermitane. E in quel periodo è in difficoltà. Turatello lo aiuta economicamente: ogni mese a don Masino viene versata parte dei guadagni delle bische ancora controllate dagli uomini di Faccia d'angelo. «Non ti preoccupare Masino, ci pensiamo noi a te e alla tua famiglia» ha detto Francis. In cambio Buscetta assicura a Turatello l'appoggio di una parte della mafia palermitana.

A Francis l'ipotesi di un aiuto insperato arriva anche da Roma. È però un'ipotesi di aiuto che esige qualcosa in cambio. È Ugo Bossi, uno dei suoi uomini, a portargli la proposta durante un colloquio.

«Francis» dice Bossi, «amici romani chiedono la tua collaborazione.» «Ah sì? E per cosa?» «Aldo Moro.» «Mica ce l'ho io qui nascosto» risponde ridendo Francis.

L'Italia in quei giorni è sconvolta dal rapimento del presidente della Democrazia cristiana, Aldo Moro, da parte dei terroristi delle Brigate Rosse. «Lo tengono sequestrato da qualche parte» continua Bossi, «a Roma c'è chi pensa che tu possa ottenere informazioni.» «Ma chi sono questi "a Roma" di cui parli?» replica Turatello. «Gente del mondo della politica, che ovviamente non può esporsi apertamente. Ti fanno sapere che un tuo aiuto sarebbe molto gradito e ricompensato.»

Turatello sembra pensarci. «La verità» dice «è che questi delle Brigate Rosse hanno rotto i coglioni. So da amici che l'aria è pesante in tutte le carceri, i controlli si sono intensificati, le guardie sono nervose.» «E fuori è anche peggio» continua Bossi, «ci sono posti di blocco ovunque, gli sbirri sparano al minimo segnale di pericolo. È un casino.» «Già» dice Turatello fissando Bossi, «immagino che gli amici romani di cui parli sappiano che io sto da tutt'altra parte.» Lo dice toccandosi la svastica che porta al collo. «Ma io cosa potrei fare secondo loro?» «Informazioni» risponde Bossi, «pensano che tu possa riuscire ad avere indicazioni sul luogo dove è tenuto sequestrato Aldo Moro. Ma non c'è solo questo. Sarebbe molto apprezzato se riuscissimo a dare una lezione ai terroristi che sono in carcere. Colpendo loro magari quelli fuori abbassano un po' la cresta.» «Io non mi alleo con gli sbirri, per nessun motivo» dice Francis. «Non si tratta di allearsi, ma di fare i nostri interessi» ribatte Bossi.

Francis non risponde.

Nei giorni successivi però Turatello fa arrivare un suo messaggio in varie carceri. L'ordine è, dove possibile, quello di dare una lezione ai terroristi rossi. Quello che Turatello chiede e auspica è uno scontro aperto tra detenuti comuni e politici.

Non tutti prendono bene il messaggio di Turatello. Il carcere ha regole diverse rispetto al mondo che c'è fuori. Si attaccano altri detenuti solo se collaborano con gli sbirri, se violano le leggi non scritte che scandiscono la vita «dentro», se fuori si è commesso qualcosa di tanto grave e infame da comportare una pena aggiuntiva e maggiore di quella decisa dalla giustizia. Ma non si attaccano dei detenuti perché qualche potere lo chiede. Tanto più che all'interno delle carceri spesso le distinzioni politiche saltano: si convive e spesso si collabora se c'è da organizzare una rivolta o un tentativo di fuga.

In qualche carcere l'indicazione di Turatello viene però seguita: i brigatisti rossi vengono aggrediti da detenuti comuni, poi si organizzano e iniziano a difendersi. Lo stesso Turatello a Cuneo schiaffeggia platealmente durante l'ora d'aria un esponente di spicco del terrorismo. Tutto avviene senza che le guardie carcerarie intervengano. Oppure intervengono con ritardo, a cose fatte.

Ugo Bossi torna da Turatello. «Nessuno di quelli dentro sa niente» dice Francis. «Sono bravi, lavorano a compartimenti stagni, informazioni utili non ce ne sono.» A Turatello quell'accordo non piace, lo fa capire a Ugo Bossi: «Io mi fermo qui, che se la sbrighino loro, a Roma» dice.

I fantomatici personaggi romani non si sono limitati a chiedere l'aiuto di Turatello. Hanno coinvolto anche, e in maniera più pesante, il suo compagno di cella, Tommaso Buscetta. A lui è stato proposto un piano ambizioso: il trasferimento nel carcere di Torino, città in cui nella primavera del 1978 è in corso il processo ai capi delle Brigate Rosse. Lì don Masino, con un gruppo di detenuti fidati, dovrebbe sequestrare e tenere in ostaggio esponenti importanti delle BR e ottenere in cambio informazioni preziose che possano portare all'individuazione della prigione di Aldo Moro.

È tutto pronto, ma il piano salta. Qualcuno a Roma si è messo di traverso. È ancora Ugo Bossi a portare la notizia a Buscetta: «Non se ne fa niente, non so perché». «Cazzi loro» dice Turatello a Buscetta quando viene a sapere della cosa.

Ugo Bossi non sa esattamente perché il piano sia saltato. Sa però che uomini importanti della mafia hanno fatto capire di essere contrari a qualsiasi loro intervento. È stato Frank Tre dita Coppola a chiamare direttamente Bossi: «Non è cosa per noi» ha detto. E poi ha definito Buscetta uno *sciuscia vitru*, un soffiatore di vetro, uno che da una bollicina piccola così è capace di fare un pallone.

La sorte di Aldo Moro non è certo il primo pensiero di Francis Turatello, anzi, non gliene frega proprio nulla. Ma che in quei giorni drammatici venne chiesto il suo aiuto è stato messo nero su bianco da testimonianze successive. Anche Lello Liguori ne parlò. Disse di essere stato contattato nell'aprile del 1978 da un importante esponente del Partito socialista italiano per convincere Turatello ad attivarsi. «Andai io stesso a parlare con Francis nel carcere di Cuneo» testimoniò Liguori.

Turatello fu in quei giorni al centro di piani segreti e accordi inconfessabili che non riguardarono solo lui. Lo stesso tentativo venne fatto anche con il clan camorrista di Raffaele Cutolo.

Il coinvolgimento di Turatello andò avanti anche successivamente al ritrovamento del corpo di Aldo Moro. Lo si seppe solo molti anni dopo quando Angelo Incandela, comandante delle guardie carcerarie a Cuneo, l'uomo che aveva sostituito il precedente maresciallo corrotto, raccontò un episodio oscuro.

Verso la fine del 1978 nel carcere di Cuneo venne recapitato un plico segreto per Turatello. Incandela lo scoprirà solo mesi dopo quando sarà il generale Carlo Alberto Dalla Chiesa, coordinatore delle forze di polizia nella lotta al terrorismo, a ordinargli di recuperare quel plico. A indicare esattamente dove si trovassero quei documenti fu un personaggio sconosciuto che era presente all'incontro tra Incandela e Dalla Chiesa.

Il plico era in effetti nel luogo indicato. Incandela aveva ricevuto dal generale l'ordine di non leggere per nessun motivo quei documenti. L'ipotesi, che però non ha mai trovato conferma, è che il plico contenesse lettere e appunti scritti da Aldo Moro durante il suo sequestro. Quei documenti per molti, nei cosiddetti palazzi del potere, rappresentavano una minaccia e dovevano assolutamente essere fatti sparire.

Ma chi volle far avere quei documenti a Turatello? E perché? Francis quel plico non lo ricevette mai perché nel frattempo era stato trasferito. Quindi, chi glielo fece consegnare non era neppure a conoscenza del fatto che Turatello non era più nel carcere di Cuneo. È uno dei tanti punti oscuri della vita di Faccia d'angelo che forse ha anche a che fare con la fine di questa storia.

XVIII

Canti di guerra

La festa è grandiosa. Saltano i tappi delle bottiglie di champagne, ci sono applausi e urla, qualcuno tra i detenuti intona canzoni. Francis Turatello per l'occasione si è vestito alla grande: uno smoking nero con revers argentati, camicia bianca. Il papillon è nero, come quello dello sposo.

Non sembra nemmeno di essere in un carcere.

È stato Francis a organizzare tutto, un evento da ricordare per il matrimonio del suo amico fraterno, e alleato, Tommaso Buscetta. Don Masino si sposa con Maria Cristina de Almeida, figlia di un uomo d'affari brasiliano che ha conosciuto durante la latitanza in Sudamerica.

Turatello ha pagato ogni cosa. È lui a mantenere la famiglia Buscetta che vive grazie a quel 10 per cento di introiti delle bische che Faccia d'angelo ha dato ordine di elargirgli ogni mese. E poi il carcere di Cuneo è praticamente casa sua, e non è un modo di dire.

Sul libro paga di Francis c'è anche, in quel periodo, il capo delle guardie carcerarie, lo considera un uomo al suo servizio. Turatello ordina, il maresciallo esegue.

Al matrimonio di Tommaso Buscetta Francis è testimone dello sposo. L'altro testimone è Turi Mingiardi, uno della banda. Faccia d'angelo non poteva rifiutare: «Francis» gli ha detto Buscetta, «mi faresti davvero un grande onore».

«Scherzi, Masino? Sono io a essere onorato. Vedrai, faremo una festa di cui parleranno tutti.»

È durante il matrimonio che a Francis viene un'idea che metterà in pratica qualche mese dopo.

Il giorno delle nozze sorride e saluta, parla con tutti, dà carezze paterne ai detenuti più giovani. Ma è preoccupato, si sente accerchiato. E lo è, i suoi uomini finiscono ammazzati o in carcere. Non è più così convinto di poter lasciare la galera a breve, le procure si stanno accanendo, le accuse si accumulano. Non ha paura, quella non l'ha mai avuta. Però per la prima volta in vita sua non sa quali mosse fare, deve uscire dall'angolo ma non ne ha la forza. «Per ora» pensa. È una sensazione nuova per lui, si sente con le mani legate, non riesce nemmeno più a capire di chi può fidarsi e di chi no.

Un pomeriggio riceve la visita di Nino Malacarne, l'uomo che da sempre gestisce i conti delle sue bische. «Francis» gli dice, «ho dovuto concludere un patto con Epaminonda, gli ho concesso di rilevare la bisca di corso Sempione. Quella che tu hai deciso di chiudere. Faccio finta di stare con lui ma io resto con te, è solo che in questo momento devo lasciargli un po' di corda.» «Hai fatto bene, Nino, ma sta' tranquillo, lo mettiamo a posto presto quel cornuto, fidati. Tu intanto fai finta di dargli retta» risponde Turatello.

Anche il Tebano però ha i suoi problemi. Le bische non vanno bene come dovrebbero, i soldi girano a fatica. Lui dà la colpa al periodo trascorso in carcere. Dice che gli uomini della sua banda, gli Indiani, sono incapaci, li accusa di aver fatto fuggire i clienti, di aver fatto un disastro dietro l'altro. Ha anche avuto una discussione pesante con i due fratelli Miano che hanno messo in dubbio le sue capacità di capo. Il Tebano si è rivolto a quelli che chiama «i suoi ragazzi» dicendo: «Sapete solo ammazzare, dovete anche usare la testa». Per molti di loro il «sapere solo ammazzare» è un complimento. E poi gli Indiani non si considerano «i ragazzi del Tebano», stanno con lui perché è la cosa più utile e redditizia per loro ma non c'è da fidarsi, ed Epaminonda lo sa. Comunque, è vero: sanno ammazzare. Immacolato Asero si vanta di avere ucciso già dodici persone. Angelo Fazio dorme con la lupara sotto il letto. Scherzando, ma neanche tanto, dice spesso al Tebano: «Questo mese non ho ancora bevuto sangue, dammi un incarico». Al gruppo poi si è unito stabilmente Guido Tafuri, uno che ammazza volentieri anche senza motivo. È stato lui, con Turi Mingiardi, a eliminare il problema Spaghettino. Dopo anni passati nella banda di Turatello ora ha deciso di mettersi con il Tebano: si diverte di più, dice.

E poi ci sono gli altri, tutti pronti a sparare.

A Milano tra il 1979 e il 1980 le uccisioni sono quasi quotidiane, gli Indiani fanno fuori chi è legato a Turatello, ma uccidono anche chiunque tenti di entrare nel grande business delle bische e della droga.

In quel periodo, Epaminonda ha l'abitudine di sedersi, all'ora dell'aperitivo, al Bar Basso di via Plinio. Si sente milanese ormai, gli piace comportarsi da benestante, bersi un Bloody Mary ascoltando i discorsi dei ragazzi di buona famiglia. Si dice: «Sono proprio diventato un bauscia». È al Bar Basso che sente parlare di Santa Margherita Ligure, anzi Santa, la chiamano così. E del Covo di Nord-Est, la discoteca gestita da Lello Liguori sulla Riviera ligure. Decide di andarci, di allontanarsi per un po' da Milano. Le bische danno pochi soldi, vuole provare altro. È sicuro di riuscire a fare fortuna lì, dove i milanesi vanno in vacanza. Vuole anche dimostrare agli Indiani che senza di lui non vanno da nessuna parte. Prende una casa in affitto e poi si presenta da Lello Liguori: «Ciao Lelluccio, come stai? Ho un affare da proporti». «Ah sì? Dimmi, dimmi.» «È semplice, io non ti rompo i coglioni e tu mi permetti di vendere la coca nel tuo locale.» «Angiolino, lo sai che ti voglio bene, ma questa non è Milano, questo posto è pulito.»

Epaminonda non tiene in nessun conto il parere di Liguori, inizia a vendere cocaina nei locali della Riviera. È felice come un bambino: diventa un punto di riferimento, «Angiolino qua, Angiolino là». Sta in spiaggia, si abbronza e di notte cura i suoi affari. Come al solito si circonda di donne bellissime. Lo chiamano addirittura «dottor Epaminonda». Lui sorride felice. Attraverso i suoi canali inonda i locali con la sua roba. Si compra anche un motoscafo, lo chiama *Il Tebano*: la scritta è grande, ben visibile, sulla fiancata bianca. Un giorno il buttafuori di un altro locale celebre, il Carillon di Paraggi, ha la sfortunata idea di fermarlo sulla porta e di non farlo entrare. Deve correre Liguori per evitare che il Tebano si vendichi con un colpo di pistola in testa.

Le cose funzionano bene ma la Riviera ligure non è Milano, così quando Nuccio Miano e Angelo Fazio arrivano in delegazione a Santa Margherita pregandolo di tornare, lui fa il prezioso ma poi prende armi e bagagli e rientra in città. Gli hanno detto: «Angelo, c'è bisogno di te, le bische vanno a rilento e c'è ancora qualcuno che vuole imporre la legge di Turatello. Nino Malacarne fa il doppio gioco, ci vuole fregare».

È quello che il Tebano voleva sentirsi dire. Torna a Milano e ci torna aggressivo e spavaldo. Si diverte in quei giorni a ripetere una frase che riecheggia quella di un film che ha visto da poco, *I guerrieri della notte*: «Francis, giochiamo a fare la guerra? Franciiiiis, giochiamo a fare la guerra?».

Solo che gli affari non decollano, i soldi incassati non sono molti o almeno non sono tanti quanti ne vorrebbe. Nemmeno il fatto che lui sieda regolarmente al tavolo verde attira più i clienti. Così inizia a pensare di diversificare gli affari.

C'è solo una cosa che può dare più soldi delle bische: la roba, eroina e cocaina. Il Tebano l'ha sempre venduta ma in fondo si è limitato a trattare piccole quantità, quelle destinate ai suoi locali e al giro dei night. Inizia a pensare di dover allargare gli orizzonti, entrare nel grande traffico. Diventare un narcotrafficante.

Turatello, nel frattempo, ha lasciato il carcere di Cuneo, è stato trasferito a Roma, a Rebibbia, per un processo. Appena arrivato ha incontrato Vallanzasca in infermeria. Renato è seduto in attesa di una visita. Sente una voce: «Ma guarda, guarda. Il bandito numero uno». È Francis Turatello. Non si erano più incontrati dalla mezza rissa in parlatorio, a Milano, subito dopo gli arresti. Vallanzasca si alza, Turatello è più alto di lui di almeno 10 centimetri. Sembra più vecchio dei suoi 33 anni ma è ancora grosso, imponente. Ha i capelli più lunghi del solito. «Come va la chiappa, te l'hanno tolto quel proiettile? Certo che uno come te che si fa sparare nel culo...» dice Francis. Poi continua: «Allora, come la vogliamo mettere?». «Come la vuoi mettere tu, Francis...» risponde Vallanzasca. «Ci sono stati dei morti, ma più dalla parte tua, non mia. La palla ce l'hai tu, per me ci possiamo mettere anche una pietra sopra e andare avanti ognuno per la sua strada. Ma spetta a te decidere.» Turatello lo guarda, prima di andarsene dice: «Lasciamola lì la palla, poi ne riparliamo».

Il giorno dopo è il direttore del carcere a far chiamare Vallanzasca. Quando entra nel suo ufficio Turatello è già lì. Non si guardano nemmeno. «Signori» dice il direttore, «la sorte ha voluto che vi ritrovaste tutti e due qui. Voglio assicurarmi che non ci siano problemi.» Silenzio.

«Ripeto: ci saranno problemi?» Vallanzasca sbuffa: «L'ho già detto al signor Turatello, la palla ce l'ha lui, è lui che deve decidere come giocarla». Turatello sta fumando una sigaretta, lascia passare teatralmente qualche secondo e poi dice: «Non succederà nulla, ora ci chiariamo».

Ci impiegano ore e ore a chiarirsi. Francis è accompagnato da Gianni Scupola, Vallanzasca da Rossano Cochis che Turatello chiama «Nanu». Riesaminano tutti i loro scontri, momento per momento, ripercorrono la loro esistenza criminale. Parlano di Milano, di rapine, di sequestri di persona. Parlano di Epaminonda. Sembra una trattativa tra due superpotenze. Alla fine, la pace è sancita. Si stringono la mano. Tornando verso le celle Cochis chiede a Vallanzasca: «Ci credi davvero?». «Che ti devo dire, Ross, non mi sembra che il re del mondo, in questo momento, sia in grado di fare la guerra nemmeno a uno scappato di casa. A noi va bene così, io voglio andarmene da qui, e se ci sono casini la sorveglianza aumenta e tutto diventa più difficile.»

Francis e Renato diventano amici. Lo diventano sul serio, la notizia fa il giro delle carceri di tutta Italia. Una mattina, Turatello si presenta alla porta della cella di Vallanzasca: «René, ho avuto un'idea. Devi sposarti. Io ti faccio da testimone, ne parleranno tutti i giornali, finiamo sulla copertina di "Novella 2000"». «Torna a dormire Francis. Con chi cazzo mi dovrei sposare? Io una quasi moglie l'ho già avuta, e ho anche un figlio che chissà dov'è.» «Trovare una moglie non è un problema, prendi una di quelle pazze che ti continuano a scrivere» dice Francis. «Facciamo venire qui il papa, è uno sportivo, vedrai che ci sta. E poi cinquecento invitati. Vallanzasca si sposa, Turatello è il testimone e le nozze sono celebrate da papa Wojtyła.» «Con tutto il rispetto Francis, tu sei pazzo» dice Vallanzasca.

Però il giorno dopo iniziano a esaminare insieme le lettere di ammiratrici che arrivano quotidianamente a Renato. Francis legge e ride come un matto: «Ma ti rendi conto di che gente c'è in giro? "Il principe dagli occhi azzurri" ti chiamano». «Sì, il principe della casanza» risponde Vallanzasca.

Per Turatello non è solo un gioco. Vuole che si parli di lui, che il suo nome giri. E che tutti sappiano dell'alleanza con Vallanzasca: due milanesi di Lambrate, gente che si è fatta le ossa in città, rapina dopo rapina. Loro sono Milano e Milano appartiene a loro. Che Epaminonda torni a Catania, e con lui quei mafiosi da quattro soldi che lo appoggiano.

Vallanzasca ci sta. Come al solito non gliene frega niente di logiche criminali, spartizioni di territorio, potere. Ma è vanitoso come nessun altro e tornare in prima pagina sui giornali è una prospettiva che gli piace.

«C'è quell'avvocata, quella che è entrata nel tuo collegio difensivo» dice Turatello. «Lei?» risponde Vallanzasca, «tu sei matto, figurati se accetta.»

Ma Turatello insiste, chiede di incontrare l'avvocata, le propone la cosa. Lei ride, poi seria risponde: «Mio padre ha appena avuto un infarto, volete farlo morire?».

Niente avvocata, quindi. Alla fine, trovano la soluzione. Il nome prescelto è quello di Giuliana Brusa, la cugina di Claudio Gatti, la ragazza diciottenne che aveva chiesto il permesso di poter scrivere a Renato.

Lei accetta, non sa in che guai sta andando a cacciarsi. Vallanzasca le ha anche detto che deve licenziarsi dal lavoro: «Non esiste che mia moglie lavori».

Il matrimonio viene organizzato nel luglio del 1979. Non c'è papa Giovanni Paolo II a officiare, alla fine si sono dovuti accontentare del cappellano di Rebibbia, gli invitati sono una quarantina e non cinquecento. Giuliana Brusa è in abito bianco, Renato ha una giacca chiara e pantaloni e panciotto scuri, la cravatta è sgargiante. Francis ha un completo grigio, panciotto e camicia bianca. Nelle fotografie sorridono, in mano hanno flûte di champagne. L'altro testimone di Renato è il capo della banda dei Marsigliesi, Albert Bergamelli. Ma le fotografie sono tutte per loro due, Francis e Renato, gli ex nemici. Turatello ha il braccio sulle spalle dello sposo che sembra imbarazzato. Al termine della cerimonia Francis si avvicina a Renato: «Tieni, è il mio regalo per lo sposo». Gli mette in mano un portagioielli in velluto rosso. Vallanzasca lo apre: «Cazzo, Francis, ma è una svastica, è un simbolo nazista». «Sì, in oro massiccio.» «Ma secondo te io vado in giro con questa cosa al collo?» «Dai» gli dice Turatello, «così mi offendi. Pensa a quanto farai incazzare i tuoi amici rossi.» «Io sono solo rossonero, milanista, lo sai» dice Vallanzasca. «In questo siamo uguali» conclude Turatello, «solo che io amo più il nero, tu più il rosso.»

Ma il regalo vero da parte di Turatello è una quota dei guadagni delle bische. È una mossa chiara da parte di Francis: chi vuole prendersi le bische deve portarle via non solo a lui ma anche a Renato Vallanzasca.

Non servirà a molto.

Aveva ragione Turatello: le foto del matrimonio compaiono su tutti i giornali, la cronaca nera si mescola a quella rosa. Il messaggio passa forte e chiaro: ora noi due siamo insieme e siamo pericolosi.

Di quel giorno resteranno però immagini sbiadite. Il destino di Turatello è scritto, c'è chi ha già deciso che ormai è un ingombrante protagonista del passato.

Il matrimonio, inoltre, non venne mai consumato. Da quel giorno, Giuliana Brusa ricevette le attenzioni di polizia e magistratura, fu anche accusata, come lo fu lo stesso Vallanzasca, di far parte della Nuova camorra organizzata di Raffaele Cutolo. Dovette trascorrere sei mesi in carcere prima di essere completamente prosciolta.

Giuliana e Renato si vedranno un'ultima volta nel 1983: sarà lei a chiedere il colloquio ma lui ad anticiparla: «Separiamoci, è meglio». Finisce così.

Le fotografie del matrimonio le vede anche Angelo Epaminonda. Ci scherza su ma in fondo gli rode: lui non è mai riuscito a diventare amico di Francis, a superare la sua diffidenza. Francis non lo ha mai visto come un suo pari ma solo come un suo impiegato. E quell'altro, Vallanzasca, va in giro a dire da sempre che lui è solo il barista delle bische di Turatello.

Il Tebano decide di fare un ultimo tentativo: vuole offrire a Turatello la possibilità di diventare suo socio, di gestire le bische alla pari. Due capi, due sovrani, due amici. Forse.

Manda l'ambasciata attraverso l'avvocato Calafiori. Il legale sa già cosa risponderà Turatello ma forse, pensa, la cosa andrebbe considerata, in attesa di tempi migliori.

Calafiori riporta parola per parola la proposta di Epaminonda. Turatello risponde con una domanda: «Avvocato, tu pensi che dovrei diventare socio dell'uomo che ha fatto ammazzare Carlo Argento? Dell'uomo che probabilmente mi ha fatto finire qui dentro?». «Francis» dice Calafiori, «io ti riporto solo una proposta d'affari. Sta a te rispondere.» «E se anche non fosse lui dietro il mio arresto e la morte di Carlo, come potrei fidarmi di uno così? È un pazzo, drogato, pronto a pugnalare alle spalle. Tu rispondigli così: ha detto il signor Turatello che non ti considera un socio affidabile.»

Due giorni dopo Angelo Fazio accompagna Calafiori a casa del Tebano. L'avvocato riporta esattamente le parole di Francis. Epaminonda sorride, dice: «Va bene avvocato, pazienza...». «Sì, pazienza una minchia. Francis mi ha incaricato di dirti che se non la smetti di tentare di prenderti le sue bische e non ti rimetti in riga farai una brutta fine. Ci sono già persone che hanno questo incarico.»

Epaminonda sorride ancora: «Vorrà dire che aspetterò questi incaricati».

Quando Calafiori esce, Epaminonda chiama Fazio che è rimasto nell'altra stanza: «L'avvocato... è tutto vostro».

Poi Epaminonda telefona a un ristorante, prenota un tavolo per le otto e mezzo, quindi chiama un amico, esterno al giro della sua banda, e gli dà appuntamento al ristorante. Vuole avere un alibi inattaccabile.

Anche Francesco Calafiori quella sera ha un appuntamento a cena, al Ribot, un ristorante vicino all'ippodromo. Sono le venti e quaranta quando la sua auto si ferma al semaforo di via Rembrandt all'incrocio con piazza Melozzo da Forlì. Da una Bmw bianca scendono due persone, altre due rimangono a bordo dell'auto. Sparano su Calafiori. Lo soccorrono che è ancora vivo ma muore mentre lo stanno trasportando all'ospedale San Carlo.

Dopo la cena al ristorante il Tebano è rientrato a casa. Ha invitato l'amico: «Ci beviamo un bicchiere». Prima di mezzanotte accende il televisore: «Esecuzione in stile mafioso a Milano, ucciso l'avvocato Francesco Calafiori». Epaminonda si lascia cadere sul divano: «Mi hanno ammazzato l'avvocato» dice, fingendosi costernato.

Turatello riceve la notizia la mattina successiva. La sua furia è incontenibile. Non è più la rabbia fredda e determinata che lo ha sempre caratterizzato. Ora è una rabbia disperata, violenta, cieca.

La notizia giunge ovunque negli ambienti criminali, fuori e dentro le carceri. È accaduto qualcosa di grosso e in qualche modo inaudito. Non si uccidono gli avvocati difensori dei carcerati, è una cosa considerata da infami. È vero che Calafiori era in pratica parte della banda, ma era anche un avvocato. Epaminonda, perché nessuno ha dubbi che l'ordine sia arrivato da lui, ha superato qualsiasi limite, ha infranto ogni codice della malavita.

Ma non è solo questo il punto. Adesso c'è una realtà che è sotto gli occhi di tutti: Francis Turatello, il re, è rimasto solo come un cane. Un quotidiano il giorno dopo sostiene in un articolo che il prossimo obiettivo potrebbe essere proprio lui, Faccia d'angelo.

Francis però non si arrende, dal carcere minaccia vendette violentissime.

La sera dopo l'omicidio di Calafiori, il Tebano dà ordine alla scorta che era stata assegnata alla moglie di Turatello di abbandonare la postazione: «Ora comando io, niente più protezione» dice. Poi va lui stesso da Maria: «Tuo marito è finito, ora comando io».

Convoca tutte le persone che lavorano nelle bische di Francis, fa un discorso breve e molto concreto: «Il regno di Turatello non esiste più, ora lavorate tutti per me».

Qualche giorno dopo al Tebano arriva una notizia: «Turatello ha chiesto ai Fidanzati di portargli la tua testa».

I Fidanzati sono un'importante famiglia mafiosa palermitana che si è impiantata a Milano dall'inizio degli anni Settanta. È una minaccia seria, di quelle che mettono paura. Il Tebano fa però la mossa giusta: va in un bar, dalle parti dell'Arco della Pace, di proprietà del clan. Propone un accordo. In pratica offre soldi in cambio della sua vita. Affare fatto. I Fidanzati rinunciano al progetto di ucciderlo.

Manca ancora un tassello, uno solo, però importante. Una sera Nino Malacarne, il cassiere di Turatello, sta rientrando a casa. Lo aspettano in due, uno lo colpisce violentemente in faccia con una mazza da baseball. Poi lo caricano in auto, lo portano in un capannone abbandonato poco fuori Milano e gli sparano un colpo in testa. Infine, come fanno sempre, gli Indiani gridano e festeggiano, uno di loro ulula alla luna.

Quando gli portano la notizia, Turatello non reagisce nemmeno. Si siede sulla sua branda, si accende una sigaretta e poi si sdraia.

È inutile girarci intorno, si dice, ho perso la guerra. C'è un nuovo re, è Angelo Epaminonda.

XIX
Città in fiamme

Otto morti, tutti uccisi in pochi minuti, nello stesso luogo, in pochi metri quadrati. Mezzanotte, tra il 2 e il 3 novembre 1979, via Moncucco, periferia sud di Milano, quartiere Barona.

È la notte della Strega.

Epaminonda sta vincendo la guerra contro Turatello ma gli omicidi non si fermano, a Milano si continua a sparare. È una guerra tra bande, ognuno vuole il suo pezzo di territorio, tutti vogliono entrare nel grande affare, banchettare sull'impero che era di Faccia d'angelo. C'è il mercato della droga da spartirsi. E quello della prostituzione.

La Strega è un ristorante gestito da tre fratelli, i Prudente. Gente che ha parecchi guai con la giustizia. Il locale è frequentato da piccoli criminali ma anche da malavitosi di un certo spessore. Ci sono state retate della polizia, tutti sanno che quello non è un locale per normali avventori in cerca di buon cibo. C'era già stata una sparatoria, nell'agosto del 1978: uno spacciatore della zona era stato assassinato appena uscito dal ristorante.

Il locale è ricavato in una vecchia cascina, piuttosto nascosta: ci si possono concludere affari in tranquillità. I fratelli Prudente sono stati legati a Turatello ma si sono poi defilati: il loro ristorante è frequentato da gruppi diversi, da appartenenti a bande criminali anche rivali.

C'è una saletta appena dopo l'ingresso, poi una sala piano bar e quindi la sala ristorante vera e propria. La cucina è nel retro.

È quasi mezzanotte, entrano due uomini, si siedono a un tavolo. Antonio Prudente, l'unico dei fratelli presente quella sera nel locale, evidentemente li conosce, li fa accomodare in tranquillità. Non sospetta nulla. Si siede a un tavolo, parla con tre uomini, dà le spalle ai nuovi entrati.

I due chiacchierano, ordinano la cena, poi uno si alza e chiede dov'è il bagno. Gli indicano una porta nel retro del locale. Lui va, passa davanti alla cucina dove in quel momento ci sono due donne, una giovane, l'altra più anziana. Invece di andare in bagno prosegue e apre la porta secondaria bloccata da un chiavistello. Fa entrare altre due persone. In tutto sono in quattro.

I due entrati dalla porta nel retro estraggono le pistole, uno di loro la punta alla nuca di Antonio Prudente che non si è accorto di nulla.

Spara e lo uccide.

Anche l'uomo rimasto seduto si alza ed estrae la pistola e lo stesso fa il quarto uomo. Dopo aver ucciso Prudente, sparano sulle tre persone che erano sedute con lui al tavolo.

Uno degli assassini si china sotto al tavolo, punta la pistola e spara più volte contro un uomo che ha tentato di nascondersi. La vittima verrà ritrovata quasi avvolta in una tovaglia bianca e rossa a quadretti.

Una donna è in piedi, immobile, terrorizzata. Le puntano la pistola in faccia, poi sparano.

Sono cinque vittime. Non è finita.

In cucina c'è una ragazza di 19 anni, è la fidanzata di Antonio Prudente. È rannicchiata a terra, sparano in testa anche a lei.

Poi tocca alla cuoca. Due colpi allo stomaco. Infine, l'ultima persona presente nel locale: si era nascosta nella sala piano bar.

Otto omicidi in pochi minuti.

È uno dei due fratelli Prudente superstiti a scoprire la

strage il pomeriggio successivo. Entra nel locale e vede gli otto corpi a terra.

Francis Turatello guarda la televisione, ascolta la notizia. La polizia pensa subito a lui: i Prudente lo avevano abbandonato, si erano messi in affari con altri. Potrebbe essere stata una sua ritorsione. Lo interrogano, lui afferma di non sapere nulla, che non aveva niente contro i fratelli Prudente: «Cercate altrove» dice ai poliziotti.

Anche Epaminonda ascolta la notizia quella sera. Qualcuno sospetta che possa aver ordinato lui quella strage, i tre fratelli trafficavano in droga e lui non vuole rivali.

Tredici anni dopo verrà condannato, come uno degli esecutori della strage, Gaetano Mirabella. Ma in realtà chi ha ordinato la carneficina della Strega non si saprà mai con certezza. Forse una banda di spacciatori rivali. Forse la vendetta per un bidone, una partita di droga mai consegnata, o mai pagata.

Anche Renato Vallanzasca ascolta la notizia al telegiornale da San Vittore, dove è stato trasferito: «La peggiore strage nel mondo della criminalità mai avvenuta a Milano». Commenta il fatto con Antonio Colia, il Pinella, pure lui in carcere a San Vittore, ma spende solo pochi minuti. Poi i due si rimettono a parlare di un progetto che hanno in mente: scappare. Stanno preparando tutto, è solo questione di tempo. In quei giorni a San Vittore ci sono molti pezzi grossi, personaggi della criminalità e del terrorismo di passaggio al «2» a causa di processi che si tengono a Milano. Presto verranno mandati in altre carceri, i controlli si attenueranno. «Dobbiamo aspettare» dice Vallanzasca.

Nell'aprile del 1980 arriva il momento giusto, Vallanzasca e Colia sono pronti. Non hanno escogitato un piano ingegnoso, l'idea è semplice, violenta e rischiosa: farsi strada sparando fino al portone. Fare la guerra alle guardie, e andarsene.

Hanno bisogno di armi. Le recuperano nel solito modo, grazie a un carceriere compiacente, pagato bene. Nel giro di qualche giorno Vallanzasca ha tre pistole, la guardia le ha diligentemente consegnate. Sono piccoli revolver ma se li faranno bastare. Vengono nascosti nella cella di Renato e in quella di Colia, dietro le piastrelle del bagno. Si sono procurati anche alcuni coltelli.

Hanno bisogno di uomini, ma Renato non vuol far sapere il suo piano. Ha scelto il giorno: 28 aprile 1980. Tutto deve funzionare alla perfezione, avranno pochi minuti a disposizione. Poi, una volta fuori, ognuno per sé. Vallanzasca ha ancora problemi al gluteo dopo la sparatoria di Dalmine, non può correre bene. Ma a Milano ha molti appoggi, gli basterà allontanarsi da San Vittore per trovare un rifugio sicuro.

Il 27 aprile dice ad alcuni detenuti di indossare, il giorno dopo, per l'ora d'aria, scarpe comode, possibilmente da ginnastica. Dice: «Giochiamo un po' a pallone». Però dice anche: «Vestitevi bene». Qualcuno è informato di cosa c'è in ballo, qualcuno no ma capisce. Scarpe da ginnastica e bei vestiti, altro che partita di pallone. Tra quelli che sanno esattamente cosa sta per succedere, oltre a Colia, ci sono due terroristi rossi, Corrado Alunni e Paolo Klun. Sono informati anche Merlo e Monopoli, vecchi della banda Vallanzasca.

Alle 13.20 Vallanzasca e Colia si avviano verso il cortile. Renato ha una camicia e un bel giubbotto di pelle, vuole riuscire a confondersi tra la gente una volta varcato il portone. Arrivano al primo cancello. Puntano le pistole contro un brigadiere e si fanno scortare fino alla porta successiva. Lì di guardie ce ne sono cinque, stanno chiacchierando. Le prendono in ostaggio.

Vallanzasca è in testa al gruppo, Colia in coda. Scendono le scale. Le guardie sono in mezzo. «Fate quello che diciamo e non succederà nulla» li avvisa Vallanzasca. Punta la pistola alla schiena del brigadiere che chiede a un'altra guardia di aprire la garitta che conduce ai cosiddetti passeggi dell'ora d'aria. È a quel punto che si uniscono gli altri detenuti, in tutto sono sedici. Vallanzasca consegna la terza pistola a uno di loro, poi distribuisce i coltelli. Altri prendono quello che trovano, qualsiasi cosa possa essere usata come un'arma contundente.

Vallanzasca fa spogliare le guardie, minaccia di ucciderle tutte mentre Colia fa la parte di quello buono, le rassicura. Qualcuno dei detenuti in fuga indossa la divisa. Renato e il Pinella vanno avanti con il brigadiere, si fanno aprire man mano tutti i cancelli, prendono in ostaggio altre guardie. I detenuti con gli altri ostaggi seguono a breve distanza.

Mancano i due cancelli principali e poi la porta d'ingresso. Il primo cancello, quello verso l'interno, viene aperto perché proprio in quel momento stanno entrando un avvocato e un magistrato. L'avvocato forse riconosce Vallanzasca, ma gira la testa dall'altra parte. Renato e il Pinella sono all'ultimo cancello. Vallanzasca va avanti, punta la pistola contro una guardia, la fa inginocchiare con il volto rivolto contro il muro. Il cancello viene aperto, Vallanzasca è nell'androne, minaccia le ultime due guardie e si fa aprire la porta d'ingresso. È fuori, in via Filangieri. È da solo però. Gli altri si stanno attardando, invece di correre oltre gli ultimi cancelli stanno ancora prendendo ostaggi.

Vallanzasca è sul marciapiede opposto all'ingresso del carcere. A una ventina di metri di distanza, verso viale Papiniano, ci sono due auto dei carabinieri. I quattro militari sono di scorta al magistrato che è appena entrato per un interrogatorio: sono scesi dalle auto e stanno parlando. Non si accorgono di nulla. Vallanzasca attraversa la strada, urla a quelli dentro di fare in fretta, poi torna sul marciapiede. Ancora niente. Attraversa nuovamente la strada, chiama Colia, gli dice di uscire velocemente, di fregarsene degli ostaggi: «Ci siamo, andiamo, andiamo». Torna sul marciapiede.

È a quel punto che si sente un colpo di pistola provenire da dentro. I carabinieri però sembrano ancora non accorgersi di nulla. Poi ci sono altri tre spari. I carabinieri guardano verso l'ingresso del carcere. Uno di loro urla a Vallanzasca di mettersi al riparo, lo scambia per un passante.

Da dentro si sentono spari continui, Vallanzasca corre verso l'ingresso e grida agli altri: «Prendete gli ostaggi, prendeteli tutti». Torna nell'androne, prende l'ultima guardia che aveva fatto inginocchiare ed esce minacciandola con la pistola alla testa e coprendosi con il suo corpo. Urla ai quattro carabinieri che sono arrivati al portone: «Se vi muovete lo ammazzo». Intanto escono anche altri detenuti, sono undici, qualcuno è rimasto dentro. Uno dei fuggitivi corre verso i giardinetti ma viene colpito da uno sparo esploso dall'alto del muro di cinta, cade a terra. Vallanzasca procede camminando all'indietro lungo via Filangieri per una cinquantina di metri, poi l'ostaggio cade, lui rimane scoperto. Inizia a correre, svolta in via degli Olivetani, intanto dalle mura del carcere le guardie sparano con i mitra. È stato dato l'allarme, si sentono sirene della polizia ovunque, la gente si ripara dietro le auto parcheggiate, dalle case si affacciano alle finestre. Un fuoco incrociato si scatena tra le mura del carcere e la strada dove arrivano auto della polizia. I poliziotti scendono dalle auto e si riparano dietro le portiere.

Vallanzasca vede Corrado Alunni che sta correndo sul marciapiede opposto al suo, ha un coltello in mano. Gli fa cenno di attraversare la strada e raggiungerlo ma lo vede accasciarsi a terra: è stato colpito allo stomaco. Renato corre da lui ma Alunni non ce la fa ad alzarsi. Gli dice: «Ci vediamo, Corrado». Si alza ma non fa nemmeno un passo: a meno di dieci metri c'è un carabiniere con l'arma puntata. Vallanzasca non sa se è quel carabiniere a sparare o un altro: viene preso da un proiettile nella parte alta della fronte, all'attaccatura dei capelli. Il colpo è come una mazzata in testa anche se non si conficca nel cranio. Renato fa tre passi, cade a terra. Si rialza ma in quel momento un altro colpo, sparato dal muro di cinta, rimbalza contro il muro e lo colpisce alla nuca.

È a terra, cosciente ma completamente paralizzato, ha ancora la pistola in mano. Improvvisamente sente un dolore fortissimo al fianco: è un poliziotto, o forse un carabiniere, che gli ha tirato un calcio violento. Vallanzasca dirà poi che quell'uomo aveva già armato la pistola per ucciderlo e che era stato un carabiniere a fermarlo. Un altro poliziotto si avvicina, lo guarda e fa il gesto della croce. Attorno si sentono urla, sirene, spari.

È il giorno di fuoco di Milano.

Alcuni fuggitivi sono stati bloccati subito, altri sono feriti, in pochi sono riusciti a disperdersi nelle vie attorno al carcere, inizia una caccia all'uomo che durerà ore.

Renato Vallanzasca viene caricato sull'ambulanza, è un infermiere ad accorgersi della pistola: gliela prende dalla mano e la getta a terra, poi avverte i poliziotti.

Antonio Colia è riuscito a infilarsi in un palazzo, ha visto una ragazzina entrare dentro un appartamento e si è lanciato dietro di lei. A casa c'è la madre, è affacciata alla finestra, sta osservando quello che succede intorno al carcere. Colia ha in mano una pistola calibro 7,65. Dice: «Calme, non succede nulla, ho solo bisogno di nascondermi per qualche ora, poi me ne vado». Ha il respiro affannato, si lascia cadere su una poltrona, chiede un po' d'acqua.

Un altro inquilino ha visto la scena, scende in strada e ferma una delle decine di auto della polizia che stanno perlustrando la zona. Il palazzo viene circondato, ci sono poliziotti ovunque. Arriva Achille Serra, lui e Colia si conoscono bene, hanno già vissuto una scena simile. Serra si avvicina alla porta: «Antonio, sono io, Serra, ci ritroviamo nella stessa situazione… Esci, lo sai, sono di parola, non ti succederà nulla». «Anche io sono di parola, ho detto a questa donna che non succederà niente né a lei né tantomeno a sua figlia. Ora esco. Però di' ai tuoi uomini di stare molto calmi.» Apre la porta, si fa ammanettare. Mentre lo portano via chiede: «E Renato? Ce l'ha fatta? È scappato?». «Non preoccuparti di Renato adesso» risponde Serra.

Vallanzasca è arrivato all'ospedale Policlinico. Riesce a parlare. Chiede a un infermiere: «Sono grave?». L'infermiere non risponde ma gli domanda: «Come ti chiami?». Non l'ha riconosciuto.

Lo portano in sala operatoria.

Anni dopo, non rinunciando nemmeno per un attimo ad alimentare il suo mito e a romanzare tutte le vicende della sua vita, dirà che prima che lo addormentassero aveva visto una dottoressa che si chinava su di lui per togliergli la catenina con la svastica regalatagli da Turatello. «Quella dottoressa era una gran gnocca» racconterà.

Gli salvano la vita, quando si risveglia ha le manette che lo bloccano al letto d'ospedale. Fa domande, alla fine qualcuno gli racconta: di quelli che erano con lui sono riusciti a nascondersi in cinque, non li hanno ancora trovati. Tra loro ci sono due della banda, Merlo e Monopoli. Colia è stato preso. Alunni e Klun sono stati feriti ma sono salvi. Anche Antonio Rossi, membro della banda Vallanzasca, è stato colpito.

Vallanzasca pensa che quello è stato il suo ultimo tentativo, che d'ora in poi lo guarderanno a vista: «Non mi faranno nemmeno fare un metro senza accompagnarmi» pensa. Però pensa anche che non rinuncerà, che comunque dovrà provarci.

L'occasione arriverà, inaspettata.

Quando si ristabilisce lo inviano in un carcere speciale, uno di quelli di massima sicurezza: Novara. È uno degli istituti penitenziari convertiti in luoghi per ospitare i detenuti più pericolosi, i boss della criminalità organizzata e i terroristi. Lo chiamano il circuito dei camosci perché nella notte tra 16 e 17 luglio 1977 con un'operazione segreta e un notevole spiegamento di forze centinaia di detenuti erano stati prelevati nelle carceri di tutta Italia e portati in quelle organizzate da quel momento come di massima sicurezza. L'operazione era stata denominata dal ministero dell'Interno «Operazione Camoscio».

È il periodo dei primi pentiti. «Pentito, la sola parola mi fa venire la nausea» dice Vallanzasca ai suoi compagni di prigione. Per lui pentirsi non è concepibile, è un marchio d'infamia, è solo un modo per avere benefici tradendo i propri compagni. Secondo lui, e molti altri, chi collabora con la giustizia deve essere punito, in ogni modo, inclusa la morte.

Chi se la spassa fuori pensando di non avere preoccupazioni è il Tebano. Ha appreso con un certo disappunto la notizia che Vallanzasca è sopravvissuto alla sparatoria seguita all'evasione: «Quel cornuto, se la cava sempre». Ma in fondo Vallanzasca è l'ultimo dei suoi pensieri: «Certamente non può darmi fastidio».

Però essere il nuovo boss di Milano comporta dei rischi. Una mattina viene svegliato all'alba. C'è stata una rapina in una delle sue bische, quella di via Panizza. Epaminonda si precipita, quando arriva gli Indiani sono già tutti lì. «Sono entrati in tre, armati, hanno portato via tutto l'incasso. Ma sappiamo chi sono» gli dice Fazio.

Uno dei tre rapinatori è un certo Walter Pagani, era stato alla bisca tutta la notte e aveva perso un mucchio di soldi. Per coprire le perdite aveva fatto alcuni assegni dicendo che sarebbe tornato entro poco con i contanti. Invece era tornato con due complici e le armi.

Epaminonda dice soltanto: «Ha scelto un buon modo per suicidarsi».

Lo trovano dopo ventiquattro ore in un bar della zona Lorenteggio, in via delle Rose. Gli Indiani scendono dalle auto e iniziano a sparare con i mitra. Uccidono Pagani e due spacciatori che erano con lui. Uccidono anche Luigi Cappellini, un benzinaio che in quel momento era entrato nel bar: «Sarebbe stato un testimone» dicono poi al Tebano.

Gli Indiani non si fermano. Continuano a uccidere. Ammazzano chiunque tenti di entrare nel giro della droga, chi prova ad aprire una bisca, chi viene sospettato di essere un traditore. Omicidi dopo omicidi, è una strage continua.

Angelo Epaminonda si comporta da capo: gira con auto di lusso, un giorno entra nel negozio Tincati e compra trenta abiti eleganti.

Ma tante morti, tanti omicidi fanno male agli affari. La polizia si muove, le retate si susseguono, alcune bische vengono chiuse, gli incassi continuano a calare. È Fazio a dirlo chiaramente al Tebano: «Troppe croci, troppe. Gli affari ne risentono». Il Tebano risponde con un detto siciliano: «*Calati juncu ca passa la china*». Abbassati giunco finché non è passata la piena.

Se le bische di Milano chiudono per le retate, lui le apre da un'altra parte. Colonizza la Riviera romagnola, tra Imola e Riccione. Ai proprietari fa un discorso semplice: «D'ora in poi qui comando io, avrete la vostra parte e non vi potrete lamentare». Si prende tutte le bische, chi non si sottomette viene ammazzato.

Non ha mai tentennamenti, dubbi. Non ci sono regole, solo le sue. Contemporaneamente intensifica le sue attività di narcotrafficante. Si allea con altri grossisti della droga: la cocaina arriva direttamente dalla Colombia. Passa da Miami e poi arriva in Europa. Epaminonda ne smercia quantità importanti. Ne tiene un po' per sé, di quella più pura, di colore rosa, prima che venga tagliata. Poi i suoi la distribuiscono agli spacciatori. Arrivano molti più soldi che con le bische e il Tebano aumenta il suo giro di clienti speciali, della Milano più ricca, quella che lui adora. Frequenta feste eleganti, appena può prende l'auto e fa un salto al Covo di Santa Margherita a trovare Lello Liguori. Pranza al Baretto. Dalla Bice, ristorante celebre e ben frequentato di Milano, è di casa. Poi a tarda sera passa al Nepentha, per un whisky. Non ha perso l'abitudine di accompagnarsi ogni sera con una donna diversa.

È una vita che lo fa impazzire, si sente il nuovo re. Ma il Tebano non ha il carisma di Turatello, non ha le sue conoscenze. Può fare tutto perché a permetterglielo è la mafia siciliana. Lui pensa di controllarli, ma loro controllano lui. E certi eccessi ai boss mafiosi non piacciono, troppo clamore, troppa ostentazione. Glielo fanno capire, a loro modo, con mezze frasi, allusioni. Lui non se ne preoccupa, si sente imperatore del mondo.

Poi gli arriva una notizia: Turatello sta per uscire.

XX
Vendette

La mascotte è cresciuta. Massimo Loi aveva 15 anni quando compariva nelle foto della banda, accovacciato per terra, felice di far parte di quel gruppo. Era stato lui, assieme ad altri due, ad attendere Renato fuori dall'ospedale Bassi, a Milano, il giorno di una delle sue tante fughe.

Allora non aveva la patente ma aveva voluto esserci. Quella notte avevano tenuto il motore della Bmw acceso, non scendendo mai dall'auto per ore. Vallanzasca però non era uscito. All'alba se n'erano andati, delusi, e il più deluso era il ragazzino. Renato era poi uscito poco dopo, dal portone principale dell'ospedale.

Ora Massimo Loi ha quasi 20 anni, è cresciuto nel mito di Renato, finché ha potuto gli è stato appiccicato come una cozza, sempre dietro, sempre a seguire ogni sua mossa. Lui lo chiamava «lo Sbarbato». Era fedele, aveva fegato e gli voleva bene. Poi, quando Renato ha iniziato a essere detenuto sempre più a lungo, Loi ha preso la sua strada, un po' con la banda e un po' con altri, persone che a Vallanzasca non piacciono, sempre fatte, sempre su di giri.

Già da sbarbato aveva combinato guai. Era stato lui, durante una rapina, a chiamare Renato per nome infrangendo una regola banale ma d'oro: mai, durante i colpi, chiamarsi per nome. E ad Andria aveva lasciato il mitra sul bancone, durante l'incursione nella banca. Quel mitra era stato preso da un impiegato, c'era stato il morto in quell'occasione.

Ma ultimamente Loi ha fatto di peggio. Ha noleggiato, a nome Vallanzasca, un'auto veloce usata per una rapina. Renato non è stato accusato di nulla, è in carcere, l'alibi migliore che ci sia. Però il comportamento del ragazzo non gli è piaciuto. Qualche settimana dopo Loi, sempre a nome di Renato, ha preso un chilo di roba da due trafficanti calabresi, senza versare una lira. Tempo dopo i due hanno fatto avvicinare Renato in carcere: «Il tuo protetto si è comportato da infame» gli hanno detto.

Ma la cosa più grave Loi l'aveva fatta una sera, quando aveva fatto da autista a due balordi che erano saliti in casa dei genitori di Renato, in via Porpora 162. Pensavano che lì ci fosse chissà quale tesoro nascosto. Per farsi dire dov'erano i soldi i due avevano preso a schiaffi Osvaldo, il padre di Renato. Se n'erano andati senza trovare nulla. Vallanzasca in carcere era stato informato, sapeva che era stato Massimo Loi a portare quei due a casa dei genitori. Aveva detto: «Questa cosa non la dimentico, lo Sbarbato la paga, sicuro com'è sicuro che voglio uscire da qui dentro».

«Qui dentro» è in quel momento il carcere di massima sicurezza di Novara. Nel marzo del 1981 lì ci sono personaggi di spicco del terrorismo ma da pochi giorni è arrivato anche Francis Turatello. Lui e Renato stanno spesso insieme, giocano a carte. Nello stesso braccio c'è anche un personaggio famoso in tutte le galere d'Italia: Vincenzo Andraous, il boia delle carceri.

È un luogo pericoloso il carcere di Novara in quel periodo. La violenza e la furia scorrono sottotraccia, come in tubature invisibili piene di piccole perdite e pronte a saltare.

Il più tranquillo è Francis, deve stare buono, ha ottime prospettive. Il suo nuovo avvocato, che ha sostituito Calafiori («pace all'anima sua», dice spesso Turatello), è stato bravo, nel processo d'appello per la rapina alla bisca di

Brera la pena è diminuita di due anni. Il legale gli ha fatto sapere che un rilascio è possibile, forse già a maggio, più probabilmente in autunno.

Non passa giorno senza che Turatello pensi a Carlo Argento, a Francesco Calafiori, a Nino Malacarne. A loro e a chi è secondo lui responsabile delle loro morti, Angelo Epaminonda: «Fosse l'ultima cosa che faccio nella vita» pensa Francis, «gli stacco la testa con le mani». Francis ha un esercito ormai in pezzi, sua moglie Maria è andata a trovarlo recentemente, gli ha spiegato qual è la situazione fuori, a Milano, dove gli Indiani del Tebano dettano legge e tutti hanno paura. Turatello ascolta e si prepara. Il suo nome ancora conta. A Roma ha amici, quelli della banda della Magliana, sa che lì può riorganizzarsi. E poi ci sono gli amici della camorra e quelli della mafia. C'è lo zio d'America, quello che dicono sia il suo padre naturale, Frank Tre dita Coppola. È uno importante, gli darà una mano. Francis ripete ancora una volta tra sé: «Non è finita finché non è finita». Parla con Renato che lo ascolta, anche il suo esercito è decimato ma lui non ha imperi da difendere e riconquistare. Su una cosa è d'accordo con Turatello: Epaminonda è la spazzatura della malavita, un barista che si è fatto re: «Dalle fogne è venuto e a galleggiare nelle fogne deve tornare» dice Renato.

Ma è Massimo Loi che adesso ci interessa. Dopo la grande fuga da San Vittore dell'aprile 1980, il giorno in cui Renato si è beccato un proiettile nella nuca, due della banda sono riusciti a eclissarsi. Sono Merlo e Monopoli. Sono nascosti a Milano, hanno bisogno di soldi, la latitanza costa tanto denaro. Contattano Loi: «Massimino, abbiamo bisogno di te. Tu sei libero di andare in giro come ti pare, la polizia non ti cerca. Aiutaci, abbiamo un piano per sequestrare una donna. Lavoro facile». Loi ci sta.

L'obiettivo è già stato scelto. Si chiama Maria Luisa Calatrò, è la figlia di un grossista di biancheria di Milano. La rapiscono il 13 maggio 1980, Massimo Loi fa da palo. La donna viene liberata un mese e mezzo dopo, la famiglia ha pagato un riscatto di 219 milioni di lire, un bel mucchio di soldi per quell'epoca. Massimo Loi ha avuto la sua fetta cospicua, è a posto e soddisfatto.

Solo che in questura qualcuno fa il suo nome. Achille Serra, che nel 1980 è dirigente della squadra mobile, dà ordine di prelevarlo. Quando se lo trova davanti, Serra capisce che Loi è spaventato, anzi terrorizzato. Non è ancora abituato agli interrogatori, non sa come uscirne, gira lo sguardo da una parete all'altra. Serra gli fa un discorso chiaro: «Massimo, sei giovanissimo e sei nei guai. Però hai tutto il tempo per una vita migliore. Non ti posso dire che non andrai in carcere, ci andrai, ma se ci aiuti il giudice ne terrà conto. Ho saputo che hai avuto una bambina da poco. Pensaci».

Loi ci pensa e decide. Parla, racconta tutto. Del sequestro ma anche di molte altre cose, fa nomi, rievoca circostanze. È un pentito. Diventa, per il mondo criminale, un infame.

Lo mandano nel carcere di Pavia, una casanza tranquilla, quasi protetta.

Succede però qualcosa, l'inizio di una valanga. Nelle prime settimane del 1981 ai controlli del carcere di Pavia arriva un pacco, è indirizzato a Loi. Dentro c'è una pistola. È assurdo e incongruo, nessuno manderebbe una pistola a un detenuto in un semplice pacco. È una trappola. Massimo Loi viene trasferito in un altro carcere: Novara. E anche questa è una domanda che non ha mai avuto risposta: perché proprio Novara?

Achille Serra di tutto questo non sa nulla.

Quando arriva a Novara, Loi cerca subito di incontrare Renato. Lo incrocia nell'ora d'aria, lo abbraccia, gli dice: «Renato, che bello essere qui con te». Vallanzasca rimane interdetto, non sa cosa fare, cosa dire. Loi nei giorni successivi insiste: «Renato, ti saluta tanto mia mamma, te la ricordi? Dice che ti pensa sempre, ti vuole mandare un regalo».

Vallanzasca un giorno lo prende da parte: «Massimo, mi stai prendendo per il culo? Non fare finta di niente perché mi incazzo ancora di più. Noi abbiamo cose da chiarire».

Massimo Loi è in cella con un altro vecchio della banda, Claudio Basanisi. Lui non sa nulla di ciò che ha fatto, lo vede sempre come il ragazzino del gruppo, Massimino, uno sbarbato da proteggere. È Renato a informarlo: «Senti Claudio, Loi ha fatto cose sbagliate, molto sbagliate. Non può passarla liscia». Basanisi risponde: «Renato, è un ragazzino, gli voglio bene, ma fai quello che devi fare».

Succede tutto il 20 marzo 1981. Quattro detenuti, al momento di tornare in cella, tirano fuori alcuni punteruoli, prendono in ostaggio una guardia, poi altre ancora. Aprono cancelli e porte delle celle, in poco tempo i detenuti si impossessano del carcere, sono saltati fuori i coltelli. È una rivolta contro le condizioni di detenzione ma è anche e soprattutto l'occasione per regolare i conti.

Un uomo si precipita nella cella dove Vallanzasca e Turatello stanno giocando a carte: «Ragazzi, svelti, è iniziata». Renato esce di corsa, ha indosso una tuta rossa. Francis è in pigiama, si veste lentamente, lui a quella storia non vuole prendere parte, non vuole guai, vuole uscire di galera come gli ha detto l'avvocato.

Inizia la caccia. Vincenzo Andraous si presenta davanti alla cella di Bozidar Vulicevic, è un rapinatore, lo chiamano «Bosco il Texano» perché ha il mito degli Stati Uniti, di Tex Willer. Lo conoscono tutti nel carcere di Novara, è bravissimo a giocare a calcio, lo vogliono in squadra quando ci sono le partite nel cortile, all'ora d'aria.

Per molti però è anche un infame, uno che ha parlato. Andraous ha già tentato di ammazzarlo, non ci è riuscito. Quella sera gli si presenta davanti: «Texano, c'è una rivolta, tu che fai, resti qui a dormire o vieni con noi?». Vulicevic abbraccia Andraous: «Vincenzo, ti ringrazio che mi hai dato questa possibilità. Ho sbagliato, lo so, ma non succederà più, lo giuro». Andraous dietro la schiena ha in mano un punteruolo. Colpisce Vulicevic una prima volta, poi lo tiene per i capelli, si fa guardare in faccia e lo colpisce ancora. Quando lo molla, Bosco il Texano cade di schianto, è morto.

Nei corridoi del carcere l'eccitazione è a livelli insostenibili.

Vallanzasca raggiunge un gruppetto di detenuti: «Dov'è il sardo?». Lo chiama così, non è più Massimino o lo Sbarbato.

Lo cercano e lo trovano.

Da qui in poi il racconto è confuso, ci saranno diverse versioni. Questo è ciò che avvenne secondo quello che disse lo stesso Vallanzasca.

«Renato, Renato, lo abbiamo trovato, lo abbiamo portato nel gabbiotto delle guardie» gli urlano alcuni detenuti eccitati.

Renato entra, dice agli altri di uscire: «Devo parlare con lui, lasciatemi solo». Si affaccia Turatello: «René, non fare cazzate» dice. Poi se ne va.

«Caro Massimo Loi, caro infame, ti avevo detto che dovevamo parlare. Eccoci qua.» «Renato, che c'è? Che è successo?» «Devi darmi spiegazioni buone, convincenti, se no muori. Raccontami bene la storia, quello che hai fatto a casa dei miei, in via Porpora.» «Renato, ero strafatto, eravamo tutti strafatti, non ho nemmeno capito che quella fosse la casa dei tuoi genitori, non sapevo nulla di quello che volevano fare. Io sono stato giù, in auto, non sono nemmeno salito.» «Certo che non sei salito, mia mamma ti conosce bene: quante volte sei venuto a pranzo?» Massimo Loi piange disperato. Continua: «Sono sempre stato dalla tua parte, Renato, anche ora, dimmi quello che devo fare e lo faccio». «Smettila, sei uomo, un uomo di merda ma un uomo. Comportati da uomo che se piangi mi viene voglia di sgozzarti subito.» Vallanzasca tira fuori due punteruoli. «Hai scelto di non essere più un ragazzino, Massimino lo Sbarbato non c'è più. Ecco, difenditi, ti do la possibilità, quella che non hai dato ai miei genitori.» Passa uno dei punteruoli a

Loi. Renato inizia a prenderlo a schiaffi. Una, due, tre volte, e poi ancora. Loi si copre il volto, indietreggia, cerca di scappare. Fuori si sente il finimondo, urla, colpi, detenuti che corrono inseguiti da altri detenuti.

Loi non capisce più nulla, è terrorizzato, fa la mossa sbagliata. Alza il punteruolo verso Renato, forse cerca anche di colpirlo.

Vallanzasca spinge il punteruolo quattro volte, due al petto, una alla gola, una allo stomaco.

Così muore Massimo Loi.

Quello che accade dopo è confuso. Turatello è tornato nella sua cella, si è seduto sulla branda. Dice tra sé: «Cazzo, non adesso. Cazzo».

Due detenuti, considerati infami, sono riusciti a fuggire, hanno preso le chiavi dal gabbiotto delle guardie e si sono chiusi in un raggio. Oltre i cancelli gli altri urlano: «Vi sgozziamo, cornuti, infami».

Il corpo di Bosco il Texano è stato riportato nella sua cella, l'hanno messo nel bagno, la testa infilata nel water.

Al corpo di Massimo Loi hanno fatto di peggio. Qualcuno ha staccato un pezzo di lamiera e poi ha colpito ripetutamente il collo del ragazzo morto. Hanno tagliato, strappato, segato finché la testa non si è staccata. Poi alcuni detenuti hanno portato in giro quella testa come un trofeo.

Una decina di agenti è ostaggio dei rivoltosi. Iniziano le trattative con gli uomini della polizia che sono arrivati all'esterno del carcere. I detenuti chiedono di essere trasferiti negli istituti di provenienza, alcuni chiedono di essere mandati vicino alle famiglie. Sanno che dovranno pagare per ciò che è successo quel giorno ma chiedono garanzie che non ci siano rappresaglie immediate, che non ci siano pestaggi.

Le richieste di trasferimento in altre carceri vengono respinte.

La polizia preleva a casa Giuliana Brusa, la moglie di Renato. La portano a Novara, vogliono che provi a convincere il marito ad arrendersi, sanno dell'influenza che lui ha su tutti i detenuti. Se decide di lasciar perdere, lo faranno anche gli altri. Nella confusione più totale, Giuliana Brusa viene portata all'interno del carcere, la scortano a un cancello. Vede subito Renato, con la tuta da ginnastica rossa spicca in mezzo agli altri. Lui si avvicina. Parla solo Giuliana: «Amore, arrenditi. Fuori ci sono centinaia di agenti, gli elicotteri, poliziotti armati dappertutto. Vi ammazzano, Renato, vi ammazzano di sicuro».

Vallanzasca la guarda, dice solo: «Vai Giuliana, vai». Non gli piace vederla lì, non gli piace che si sia fatta usare. Non glielo perdonerà, da quel giorno le rivolgerà a malapena la parola.

Il direttore e un tenente dei carabinieri si offrono di entrare se verranno rilasciate le guardie prese in ostaggio. A Vallanzasca quel coraggio piace, accetta. Il direttore e il tenente entrano, qualcuno cerca di prendere in ostaggio anche loro. Vallanzasca si mette in mezzo: «Non se ne parla nemmeno, sono io che ho trattato, nessuno li tocca». Parlamentano a lungo, Vallanzasca fuma in continuazione, il direttore del carcere, dirà poi Renato, per la tensione si scola una bottiglia di Amaro medicinale Giuliani.

Alla fine, si accordano. La rivolta termina, è durata dodici ore. Giuliana Brusa è stata riportata a casa, a Milano. Quando la polizia entra nel carcere vengono trovati i due morti, Loi e Vulicevic.

Achille Serra viene avvertito: «Dottore, hanno ammazzato Massimo Loi». «Come? Dove?» «Nel carcere di Novara.» «A Novara, e perché era lì? Chi ha dato l'ordine? Perché non siamo stati informati?»

Altre domande che rimarranno senza risposte.

Nelle carceri dove vengono destinati, i detenuti della rivolta subiscono trattamenti duri, alcuni rimpiangono Novara.

Renato Vallanzasca finisce ad Ascoli Piceno. Un giorno

gli recapitano un messaggio della mamma di Massimo Loi: «Renato, voglio incontrarti, voglio sapere come è morto mio figlio». Quella donna, Vallanzasca la sognerà spesso di notte. A un processo, tempo dopo, si assumerà la responsabilità dell'omicidio di Massimo e per quel delitto verrà condannato: «Non sono stato io a far scempio del suo corpo, non l'avrei mai fatto. In quel periodo c'era la caccia agli infami, alcuni se lo meritavano, altri no. Non mi do pace per quelle morti».

Non si dà pace anche qualcun altro. Claudio Basanisi, il compagno di cella di Massimo Loi, è stato trasferito nel carcere di Rebibbia, a Roma. Una mattina lo conducono a fare la doccia, poi lo riportano in cella. Si impicca. Non si perdonava di aver lasciato solo Massimo Loi, di non aver tentato di salvarlo.

Per la morte di Loi nel carcere di Novara, si autoaccusò anche Vincenzo Andraous. Scrisse: «Sono stato io». Quando Vallanzasca lesse le dichiarazioni di Andraous si limitò a dire: «La verità l'ho detta al processo».

Vallanzasca è solo, in cella risponde alle lettere delle ammiratrici, ha deciso di rompere con Giuliana Brusa. Le ha detto: «Fai la tua vita, ciao». Intrattiene rapporti soprattutto con Cecilia Basanisi, la sorella di Claudio. Praticamente stanno insieme, anche se a distanza.

I suoi migliori amici, Cochis e Colia, sono in galera, come lui. Altri della banda sono morti o sono in fuga, chissà dove. C'è chi se la passa male. Vito Pesce è in carcere, continua a farsi di eroina e a bere. Morirà di quello, in cella.

Claudio Gatti è sempre più fuori di testa. In carcere, sull'isola di Pianosa, ha combinato un gran casino. È arrivato nel nuovo luogo di detenzione con una radiolina, il regolamento non lo consente, gliel'hanno sequestrata subito. A notte fonda si sveglia e inizia a urlare: «Voglio la mia radio, voglio la mia radio. Bastardi, me l'avete rubata, ladri di merda». Si avvicina una guardia, tranquilla: «Stai calmo, dai, ne riparliamo domattina». Lui prende la guardia per il bavero, l'attira contro le sbarre e inizia a prenderla a pugni.

Dopo arriva la rappresaglia, non solo contro Gatti ma contro tutti i detenuti. C'è un pestaggio generale. E poi aumentano restrizioni e vigilanza. In quei giorni a Pianosa un gruppo aveva preparato un piano di fuga, era tutto pronto, le restrizioni lo fanno saltare. Gatti viene massacrato di botte dalle guardie ma la cosa peggiore è che da Pianosa arriva l'indicazione a tutte le carceri: «Gatti è condannato a morte». Ha mandato a monte un piano di fuga, per la legge del carcere uno sgarro gravissimo, imperdonabile. Lo mandano a Cuneo, arriva piegato dalle botte ricevute a Pianosa. Un giorno sta guardando una partita a calcio tra detenuti nel cortile e gli tirano dieci coltellate. Se la cava. Turatello fa sapere che devono lasciarlo in pace: «Avete provato ad ammazzarlo, non è andata. Che finisca qui». Fa anche sapere che considera Gatti sotto la sua protezione.

Non lo ascoltano, ed è il segnale più brutto. Gatti viene mandato a Spoleto, lo accoltellano di nuovo. Questa volta per essere sicuri hanno infettato il coltello con escrementi. Ma in qualche modo lui se la cava ancora.

Però sta male, ha ferite in tutto il corpo, è sempre meno presente a sé stesso. Lo trasferiscono nel centro clinico del carcere di Pisa. E lì c'è chi finisce il lavoro, a coltellate.

Addio anche a Claudio Gatti.

A ucciderlo, decreta il processo, è stato Vincenzo Andraous: era stato mandato a sua volta a Pisa.

Anche Francis Turatello, dopo la rivolta di Novara, è stato trasferito. Lo hanno mandato in Sardegna, carcere di Nuoro, via Badu 'e Carros. È l'inferno in terra.

XXI

Era un bravo ragazzo

Francis Turatello quella mattina si fa la barba, come sempre. Fuori, da uomo libero, era abituato a usare il rasoio a mano, con le lamette, dentro si deve accontentare di quello elettrico. Lo usa ogni giorno, se c'è una cosa che non sopporta sono i detenuti che si lasciano andare, che ingrassano di 20 chili e vanno in giro come zombie, la barba incolta, i capelli sporchi e arruffati, sempre con addosso la stessa tuta logora. Sono prigionieri sconfitti. Lui invece è «solo temporaneamente impegnato», come ama dire.

È in carcere da quattro anni. Ha sempre compatito quei compagni di cella che segnano sul calendario appeso al muro i giorni che mancano per uscire però da qualche tempo, quasi senza volerlo, ha iniziato a contare anche lui.

Le notti a Badu 'e Carros sono infernali, caldo, zanzare e lamenti. Ha visto l'avvocato qualche settimana prima, gli ha detto che ci sono buone probabilità che a novembre riesca a farlo uscire, manca poco.

E poi di nuovo Milano, la nebbia, Maria, Eros, il suo mondo. I conti in sospeso.

Francis ha 37 anni, ne ha di cose da dire e da fare.

È il 17 agosto 1981, poco dopo le 13.00.

Scende al passeggio per l'ora d'aria, si ferma qualche minuto dove Pierluigi Concutelli, il terrorista nero, sta parlando di politica con altri detenuti. Poi si annoia e si allontana, cammina lentamente, si accende una sigaretta.

Di solito gioca un po' a pallavolo, soprattutto con un gruppo di brigatisti rossi. Si diverte a mettere bene in mostra la svastica che porta al collo. Quel giorno no, non gioca, ci saranno almeno 35 gradi, il caldo è infernale, cerca inutilmente un luogo all'ombra.

Turatello indossa una canottiera di cotone blu traforata, ha i pantaloni corti, bianchi. Sulla coscia è ben visibile il tatuaggio: «Dio dei ladri, fammi morire prima di cantare».

Attraversa il cortile. Sente un rumore dietro di sé, poi una botta forte al fianco destro. È un istante, capisce che non è un colpo, è una fitta. Si gira, davanti a lui c'è Salvatore Maltese. Poi un altro colpo, alla schiena, e altri, davanti, dietro, di lato. Sono coltellate, coltelli rudimentali, fabbricati in cella. Vede Pasquale Barra, lo scagnozzo di Raffaele Cutolo. Vede Nino Faro e poi Vincenzo Andraous. Uno dei quattro gli dà un terribile pugno sulla mascella.

Francis si difende, è grosso, forte, ha fatto il pugile. Tira pugni, cerca di fermare i colpi. È impossibile. Si sentono le urla di Concutelli che cerca di correre verso di lui ma viene fermato da qualcuno.

Concutelli poi racconterà di aver visto Maltese dare il primo colpo: «Era una mezza sega, uno senza palle, uno che non contava niente. Fu lui a colpire per primo perché doveva far vedere di essere affidabile, per accreditarsi come un mafioso vero».

Gli altri detenuti intorno sono immobili, muti. È un regicidio, un momento sacro. Turatello urla il nome di Concutelli, lo chiama: «Piero, Piero». Andraous si stacca dal gruppo dei quattro, va verso Concutelli, fa il saluto romano. Dice: «Fratello camerata, non sta succedendo niente. Pensa a te, pensa che sta morendo un infame».

Un coltello entra nell'addome di Francis e lo squarcia con

un movimento dall'alto in basso. Turatello cade in ginocchio, poi si schianta a terra. Quelle che arrivano non sono solo coltellate ma anche pugni, calci, sputi.

Si gira su un fianco, porta le mani all'addome, non esce solo sangue, si tiene le viscere.

Poi muore.

Storia chiusa.

La scena di Turatello che cade, di ciò che accadde dopo, viene raccontata milioni di volte nei giorni e nei mesi successivi, e ognuno ha la sua versione. Di carcere in carcere, di bar in bar, la storia si arricchisce di particolari. Pasquale Barra, dicono alcuni di coloro che erano presenti, si china sul corpo di Turatello e addenta le viscere, ultimo segno di disprezzo. Forse è vero, forse no, forse è solo l'invenzione dell'ultima scena spettacolare della vita del re che non poteva che essere congedato così.

Certo è che le guardie fanno fatica ad allontanare i quattro congiurati, e che Pasquale Barra deve essere colpito più volte con il manganello perché smetta di infierire.

Turatello è morto ma i quattro lo stanno ancora colpendo.

Poi il silenzio si interrompe e sono solo urla, da una cella all'altra, da una prigione all'altra: «Hanno ammazzato Francis». «Quaranta coltellate, no cinquanta, sessanta.» «Gli hanno tagliato la testa, gli hanno mangiato il fegato.» «Erano in quattro, no dieci, no venti.» «Chi è stato?» Già, chi è stato? Pasquale Barra, Nino Faro, Salvatore Maltese, Vincenzo Andraous. Ma chi ha dato l'ordine?

Il quotidiano «La Notte» nell'ultima edizione del giorno dopo titola: *Ucciso Francis Turatello, re della mala milanese di una volta.* E sotto: *I killer sono legati rispettivamente a Vallanzasca, alla camorra e alla mafia.* È vero: Nino Faro è stato un uomo della banda di Renato, Pasquale Barra è camorrista, Maltese è legato alla mafia. E Andraous? Lui ammazza chi ha voglia di ammazzare, e se lo pagano bene.

Il corpo è nel cortile, sotto un lenzuolo bianco che è diventato rosso. Il sangue è tanto, dappertutto. Si aspettano il magistrato e il medico legale. Poi lo portano via con il carro mortuario.

La notizia viene data dai telegiornali della sera. Vallanzasca ha già saputo, è stato un agente della polizia penitenziaria a dargliela: «Hanno ucciso il tuo amico» gli dice.

Renato se lo aspettava. Quando ascolta i particolari alla televisione piange. Dice: «Era un bravo ragazzo». Piange perché forse a Turatello si era affezionato veramente, ma piange anche perché capisce che è finito un mondo, si sente in quel momento un reduce. E piange di rabbia perché qualcuno accosta il suo nome a quella morte. Non capisce perché Faro, uno della sua banda, abbia partecipato a quell'omicidio.

La salma arriva a Milano, resta dodici ore nella camera mortuaria. I giornali hanno scritto che ci sarà tutta la malavita a rendere omaggio al re che è morto. Si presentano solo in otto, sconosciuti più che altro, che firmano a nome di amici detenuti. Una ragazza firma a nome di Jacques Berenguer, boss della banda dei Marsigliesi, un uomo a nome di Graziano Mesina. Gratzianeddu avrebbe voluto partecipare al funerale, gli hanno negato il permesso.

Il 22 agosto, nel piazzale del Cimitero Maggiore di Milano c'è una cinquantina di persone. C'è Giuliana Brusa, la quasi ex moglie di Vallanzasca, e c'è Otello Onofri. Non c'è Frank Tre dita Coppola e non c'è ovviamente Angelo Epaminonda. Ha mandato però qualcuno degli Indiani per vedere chi è presente al funerale e chi no.

Renato Vallanzasca ha inviato una corona di fiori e un'altra corona porta i nomi insieme di Renato e Giuliana. Sono arrivate corone dalle carceri di tutta Italia: «Gli amici di Ascoli Piceno», «Gli amici di Pianosa», «Gli amici di Cuneo»... C'è la corona di Maria ed Eros. La bara è in noce, ai lati sono intagliate alcune scene della Via Crucis. Il piazzale del cimitero è pieno di giornalisti, fotografi e poliziotti. La cerimonia è breve, essenziale. La mamma, Luisa, e la moglie, Maria, hanno discusso. Luisa voleva che Francesco fosse seppellito ad Asiago, dove era nato. L'ha spuntata Maria: Turatello sarà sepolto a Monza, lei adesso abita lì. Qualche settimana più tardi viene arrestato uno degli ultimi sopravvissuti della banda: Todo, il fedelissimo. Si impicca in cella tre giorni dopo. Otto mesi dopo muore, di malattia, anche Frank Tre dita Coppola.

«Renato» dice un amico qualche giorno dopo a Vallanzasca, «raccontano che sia stato Raffaele Cutolo a volere morto Francis.» «No», risponde lui deciso, «ho parlato con Cutolo qualche tempo fa qui ad Ascoli, mi ha detto che si stava preparando qualcosa contro Turatello a Nuoro ma che lui non c'entra niente. Non è uno che dice balle, se decide qualcosa lo fa sapere.»

Eppure, si parla di quel messaggio. È arrivato a Nuoro qualche giorno prima dell'omicidio, da Ascoli Piceno dicono. Lì è detenuto Vallanzasca, ma anche Cutolo sta scontando la pena in quel carcere.

Del messaggio parlano tutti, non si sa però chi l'abbia ricevuto e chi l'abbia mandato. Il testo recitava: «Il Sommo ha deciso che lo zio del Nord si sposi al più presto con Maranca». Il Sommo sarebbe, nell'interpretazione che venne data anche nei processi che seguirono, proprio Raffaele Cutolo. Lo zio del Nord, Turatello. E Maranca sarebbe una storpiatura di Maranghiello, soprannome di Antonio Cuomo, affiliato della camorra ucciso nel carcere di Poggioreale a Napoli otto mesi prima per aver tradito la propria famiglia d'affiliazione. Tra i camorristi che avevano ucciso Cuomo c'era anche lo stesso Pasquale Barra. Il significato del messaggio è semplice: «Turatello deve sposare la morte».

Vallanzasca un'idea sull'omicidio di Francis se l'è fatta: «Epaminonda, c'è di mezzo lui. Ma da solo non avrebbe mai avuto il coraggio, ha chiesto l'appoggio dei siciliani».

La mafia ha voluto uccidere Turatello, questo è quello

che pensa Renato Vallanzasca. I siciliani non vogliono avere problemi a Milano, pretendono di sgomberare il campo da qualsiasi possibile rivale, fare terra bruciata. Morto Turatello, nessuno oserà mettere in discussione il loro potere. Hanno affidato l'operazione a Epaminonda che a sua volta si è rivolto a Vincenzo Andraous. Quest'ultimo ha coinvolto Barra e Faro. La presenza di Maltese sarebbe stata la firma di Cosa Nostra.

Ma ognuno dice la sua. Qualcuno crede che sia stato davvero Vallanzasca a ordinare l'omicidio. Turatello aveva dato la sua protezione a Claudio Gatti, ex della banda di Renato che aveva combinato un casino dietro l'altro. E a Vallanzasca quel gesto di Francis non sarebbe piaciuto. Ma c'è chi sostiene che siano stati dei sopravvissuti della stessa banda Turatello a ordinare la morte del capo per accreditarsi verso i nuovi potenti, e cioè Epaminonda e i suoi alleati.

C'è anche chi è convinto che Turatello sia stato ucciso semplicemente perché per accorciare i tempi della sua detenzione aveva iniziato a collaborare con i magistrati. Che Turatello insomma fosse diventato un infame, proprio come Andraous aveva gridato a Concutelli nel cortile del carcere di Nuoro. È un'ipotesi di cui Vallanzasca non vuole proprio sentire parlare: «Non ci credo nemmeno se mi portano le prove» dice. Ripete ancora: «È stato quel bastardo di un catanese, è solo lui che ci guadagna». Infine, un'ipotesi mise in collegamento l'omicidio di Turatello con il caso Moro: era stato coinvolto e aveva saputo qualcosa di pericoloso, sostenne qualcuno.

Anni dopo, per l'omicidio Turatello, verrà condannato come mandante Raffaele Cutolo. Per la Giustizia, a volerlo morto sarebbe stata la camorra. Cutolo ha sempre negato di aver dato quell'ordine.

Epaminonda non festeggia particolarmente la morte di Francis. Per lui in fondo era già morto, era il passato. Il presente sono i soldi, a palate. Li sta facendo con la cocaina e l'eroina grazie all'accordo con la mafia. Milano è piena di tossicodipendenti, non riesce nemmeno più a contare il denaro. La cocaina però per lui è diventata anche un problema. Ha guai respiratori, ne sniffa troppa. Si fa ricoverare in una clinica svizzera dove ha sentito che vanno anche gli attori. Vuole rimettersi in sesto, il futuro è promettente. Gli hanno parlato della possibilità di nuovi affari, roba grossa.

Quando torna a Milano è in grande forma. Ricomincia a sniffare cocaina.

Una mattina si incontra con Lello Liguori, il re delle notti milanesi che ormai si è quasi definitivamente trasferito in Liguria. «Lello» dice il Tebano, «voglio entrare nel giro dei casinò, basta con le bische. So che sei stato tirato dentro l'affare del casinò di Sanremo, che c'è un nome importante che partecipa all'asta per aggiudicarselo.»

Il nome importante che sta per partecipare all'asta è quello è quello di Giorgio Borletti Dell'Acqua, che si fa chiamare conte. Ha aperto due casinò in Kenya e ora vuole gestirne uno in Italia. Ha appoggi e amicizie, è sicuro di vincere l'appalto. Ha già parlato con Liguori, sarà lui a gestire il casinò di Sanremo e a farlo fruttare. In cambio Lello avrà il 2 per cento degli incassi.

Angelo Epaminonda è entrato nella vasca degli squali e ancora non lo sa.

All'incontro successivo, secondo ciò che raccontò anni dopo Epaminonda, partecipa anche l'emissario di un gruppo di palermitani. Il Tebano è sicuro di sé. Gli dicono però: «Per entrare nell'affare ognuno di noi deve versare 200 milioni di lire». Lui versa.

Ma non va come pensa. I tempi sono lunghi, passano mesi e mesi. E il conte Borletti non è il solo a volere il casinò di Sanremo. In gara c'è anche Michele Merlo, un ingegnere siciliano.

All'incontro successivo, al Vecchio 400 di via Campazzino, il palermitano arriva preoccupato: «Angelo, Nitto Santapaola ha mandato un messaggio, vuole fare sapere a tutti che Michele Merlo è "cosa sua"». «Ah», è tutto ciò che riesce a dire Epaminonda.

È un problema serio, il nome Santapaola, dicono negli ambienti criminali, è uno di quelli che fanno fermare gli orologi.

Benedetto detto «Nitto» è il boss della mafia catanese. Lo chiamano «il Licantropo» perché durante una perizia è saltato fuori che soffre di una patologia rara, la licantropia clinica: è convinto di potersi trasformare in un animale.

Vanno avanti, però. Il conte Borletti si aggiudica la gara. «E vaffanculo anche Santapaola» pensa il Tebano.

Passano alcuni mesi e Borletti rinuncia, lascia la gestione del casinò all'ingegner Merlo. Il motivo, nel mondo della malavita, è chiaro a tutti, non servono molte spiegazioni. Il Licantropo ha fatto sapere che doveva andare in quel modo. Punto e basta.

Angelo Epaminonda legge la notizia sui giornali, è furibondo e umiliato. Gli articoli però riportano anche che il conte ha ricevuto una buona uscita di cinque miliardi di lire. «Voglio indietro i miei 200 milioni» dice, «e voglio la mia fetta di quei 5 miliardi.» Incontra l'emissario dei palermitani: «Noi di come è finita questa storia non sappiamo niente» dice. «Ma è davvero un emissario dei palermitani?» si chiede il Tebano.

Cerca Liguori ma non lo trova, sguinzaglia gli Indiani ovunque. Niente.

L'hanno messo in mezzo. Non è tanto per i soldi, è per l'immagine. E poi credeva di avere l'appoggio della mafia siciliana ma è bastata una parola di Santapaola e l'hanno scaricato. Anche la camorra di Raffaele Cutolo ce l'ha con lui. Il Sommo non ha dimenticato alcuni vecchi sgarri.

Si rituffa nell'affare della droga, fa eliminare qualsiasi spacciatore non sia sotto il suo controllo. Riprende la routine ma continua a cercare Lello Liguori, vuole spiegazioni. Non riesce a trovarlo però. Liguori poi negherà di aver stretto accordi con Epaminonda e al processo successivo verrà assolto. Il Tebano in quei giorni ha un brutto problema: gli sbirri gli stanno con il fiato sul collo, diventa latitante, si nasconde.

Poi qualcuno reagisce.

La sera del 10 giugno 1984 due spacciatori al servizio del Tebano vengono uccisi: sono Franco Sabister e Alfio La Rosa, detto «Alfio Balla-balla». È per il Tebano una dichiarazione di guerra. Incarica gli Indiani di trovare i responsabili. Sono tre, appartengono a una banda rivale. Il 29 giugno gli Indiani li prelevano, a uno a uno, e li portano tutti insieme in via Selvanesco, alle porte di Milano, tra via dei Missaglia e via Ripamonti. Li fanno inginocchiare e li ammazzano.

I giornali tornano a parlare di Milano come centro della guerra tra organizzazioni criminali. Fanno il nome di Epaminonda, mostrano la sua foto.

Il Tebano è nascosto, ha di nuovo problemi di salute: fatica a respirare. E poi soffre come un cane per altro, non riesce a stare seduto. Ha le emorroidi, deve operarsi. Dice a Nunziatino Maddalena: «Non posso farlo in Italia, mi prendono subito». Gli suggeriscono la soluzione: «A Barcellona c'è una clinica dove non fanno domande, il primario è uno fidato». «Se vado in aeroporto mi fermano al volo, c'è la mia foto in ogni gabbiotto della polizia» dice il Tebano. «E noi ci andiamo via mare» risponde Maddalena.

Organizzano tutto. Lo fanno salire su una barca a Santa Margherita Ligure e da lì lo portano in Corsica. Poi, con passaporto falso, in aereo a Barcellona.

Lo operano e gli controllano i problemi di respirazione. È il primario a informarlo: «Guardi, lei ha un guaio, quello delle emorroidi l'abbiamo eliminato, quest'altro ha bisogno di qualche attenzione in più». «Spari dottore.» «Non ha più cartilagine nel naso, si può passare comodamente da una narice all'altra. So benissimo da dove nasce il problema, lei non è il primo.»

Lo operano al naso, dopo una settimana gli tolgono le bende. Il setto nasale è a posto. Esce dalla clinica e ricomincia a tirare cocaina.

A Barcellona gli hanno portato la notizia: «Hanno arrestato due dei nostri: Nunziatino Maddalena e Antonio Scaranello». L'arresto di Maddalena è un colpo pesante, è lui che ha il controllo effettivo delle bische.

Epaminonda decide di tornare in Italia. Prende l'areo a Barcellona e arriva a Bastia. C'è il mare grosso, non si può salpare. Resta bloccato una settimana.

Quando rientra a Milano lo informano che la polizia sta sigillando tutte le bische e che lo stanno cercando dappertutto. «Ti abbiamo trovato un posto» dice Fazio. È in via Silva, davanti alla fabbrica dell'Alemagna. Due stanze con bagno. «Qualcosa di meglio non c'era?» chiede il Tebano. «Di questi tempi...» risponde Fazio.

Si chiude in casa e si attacca al telefono. La situazione sta precipitando, resiste solo qualche bisca all'aperto. Deve intensificare il giro della droga ma chi dovrebbe fornirgliela non si fa trovare, lo stanno isolando. Non ha roba da vendere e non ha soldi per comprarne. La polizia sta setacciando le piazze di spaccio, lo stanno chiudendo in un angolo. «In cassa abbiamo poco più di 200 milioni» gli dice Fazio. «Se anche troviamo nuovi fornitori con quei soldi non ci facciamo molto.» «Merda» dice il Tebano mentre si fa un'altra pista di cocaina.

Non sa come uscirne, pensa di trasferirsi nuovamente sulla Riviera romagnola ma anche lì i controlli di polizia si sono fatti pesanti. Andare all'estero è la sola possibilità. La Spagna, magari lì un giro di bische funzionerebbe. Ma per iniziare servono soldi, tanti, e lui in quel momento non ne ha molti.

Resta a casa, aspetta. Pensa: «Cosa farebbe Turatello?».

Esce poco, si lamenta perché deve fare cinque piani di scale a piedi. Continuano a portargli notizie di arresti. Alla fine, trova un trafficante disposto a fornirgli un po' di merce, lui la paga con i 200 milioni di lire che ha in cassa. Venderla però sarà un problema, la polizia controlla tutto. Ha smesso di far avere i soldi ai carcerati, quei pochi che gli sono rimasti fedeli. Anche nelle galere la situazione sta cambiando, in tanti si sono defilati. Di Epaminonda dicono: «È un morto che cammina». Inizia a crederlo anche lui.

XXII

La scelta del Tebano

Il Tebano è sdraiato sul letto, in mutande e canottiera. È esausto: per tutto il giorno ha discusso con Fazio e altri della banda sulle mosse da fare. «Quelli non capiscono un cazzo» pensa. Fazio continua a dirgli: «Tu spiegami a chi devo sparare e io gli sparo». «Ma lo volete capire che non è il momento di sparare?» replica Epaminonda. «Ora bisogna stare solo appiccicati ai muri, passare inosservati, riorganizzarci. Siamo rimasti solo noi, gli sbirri ci stanno addosso.»

Poi finalmente gli altri se ne sono andati, lui si è fatto un po' di cocaina, «per calmarmi», si è detto. Ha fumato un paio di sigarette guardando la televisione. Si annoia, è abituato a ben altro che a quelle tre stanze buie. Neanche una ragazza, però ha riserve di cocaina che gli potrebbero bastare per anni.

Continua a pensare alle mosse da fare.

Le cose vanno male anche se lui non si è ancora reso conto di quanto.

Si addormenta.

È la fine di settembre del 1984. A Torino è stato da poco arrestato Salvatore Parisi, detto «Turinella», è uno della banda, uno molto vicino a Epaminonda. Lo hanno preso mentre stava per commettere un omicidio. Ha chiesto di incontrare il magistrato e ha iniziato a parlare subito, del Tebano, del giro della droga, delle bische. Ha raccontato molte cose ma soprattutto ha indicato dove è nascosto Epaminonda: «È in una casa in via Silva, a Milano, quinto piano, l'ascensore è rotto. Lui è quasi sempre da solo. È armato, certo che è armato».

Alle tre del mattino qualcuno bussa alla porta della casa di via Silva.

Il Tebano si sveglia, non si allarma, è normale che qualcuno della banda passi da lui di notte.

«*Cu è?*» chiede parlando in catanese.

«*Sugnu Turinella*» rispondono da dietro la porta.

Epaminonda gira la chiave nella toppa, fa giusto in tempo ad aprire che la porta gli si scaraventa addosso, è un colpo tremendo che lo intontisce. Si ritrova a terra, immobilizzato in ogni parte del corpo. Lo schiacciano con mani e ginocchia. Vede mitra e pistole, vede divise e molta gente in borghese.

«Stai buono se no finisce male» gli dicono.

Non ha capito se dietro la porta ci fosse davvero Turinella oppure se sia stato un poliziotto catanese a imitarlo. Però quel soprannome, Turinella, i poliziotti non potevano conoscerlo, e non potevano sapere nemmeno di via Silvia, di quella casa schifosa dove si è nascosto. Parisi ha tradito, Epaminonda non lo disprezza, non c'è nessun codice morale tra loro, ognuno ha sempre giocato per sé.

I poliziotti si muovono frenetici in tutta la casa, Epaminonda è stato sollevato da terra e fatto sedere su un divano. Chiede: «Posso vestirmi?». «Stai lì buono» gli rispondono. Un agente chiama: «Dottore, ecco qui». Hanno trovato 10 chili di cocaina. «E sul comodino c'era una pistola.»

Quello che hanno chiamato «dottore» guarda il Tebano: «Epaminonda, la tua storia finisce qui». È un uomo grosso, con la barba, si aggira per la casa guardandosi intorno. Epaminonda pensa: «E chi è quest'orso?».

Continua a osservarlo.

«Fatelo vestire e portatelo via» ordina il dottore. «Voglio le sigarette» dice Epaminonda. «Compratele» ribatte il dottore uscendo dalla casa.

Un poliziotto lo guarda e ride: «Sono cazzi tuoi, quello è un mastino».

Il mastino è un magistrato, si chiama Francesco Di Maggio, è siciliano come lui, della provincia di Caltanissetta. Si occupa, nella procura di Milano, di criminalità organizzata. Stava addosso a Epaminonda da tempo, ora l'ha preso e ha perfettamente chiaro in mente cosa fare.

Epaminonda viene portato in questura, lo chiudono in una cella e poi, a mattina inoltrata, lo scortano fino a un'auto della polizia, nel cortile. Ci sono giornalisti e fotografi, urlano il suo nome per farlo girare dalla loro parte. Lui fa un sorriso, uno di quelli che sfoggiava quando accoglieva i clienti importanti in una delle sue bische. Poi prima di salire in auto li manda affanculo.

Lo portano nella caserma Sant'Ambrogio, lo chiudono in una cella. È in isolamento, fuori dalla porta blindata si danno il cambio tre poliziotti per volta.

Non sa nulla di cosa sta succedendo all'esterno, non sa nemmeno cos'abbiano i magistrati contro di lui. Quanto ha raccontato Turinella? Che cosa sanno?

E poi ha un altro problema: è in crisi d'astinenza, crisi dura, potente. Vorrebbe sbattere la testa contro il muro, darebbe un braccio per un po' di coca. Nemmeno le sigarette gli danno. Lo dice ai poliziotti: «Sto male, cosa ci faccio qui?».

È una cosa che non aveva considerato quando pensava a un suo eventuale arresto. In carcere c'era già stato e non aveva avuto nessun problema. La roba arrivava, a volte di più e a volte di meno, ma in qualche modo in galera non era mai rimasto senza coca.

Adesso però non è nemmeno in galera, lo tengono in caserma, in quel buco, senza poter comunicare con nessuno. Non capisce il motivo di quello strano trattamento. Oltre che della cocaina è in astinenza di notizie, ha sempre voluto avere il controllo su tutto, ora non controlla nemmeno la sua vita. Deve far arrivare messaggi a chi è fuori, devono sapere che Turinella sta parlando, è vitale riuscire a farlo tacere. Se non riescono a colpire lui che colpiscano la sua famiglia, chiunque, basta che Turinella capisca che se continua a parlare muore chiunque sia legato a lui.

Sente che uno dei poliziotti di guardia è catanese, riconosce l'inflessione, alcune parole in dialetto. Prova a parlargli. Il poliziotto è gentile. Gli dice persino: «Se sapevo che ti portavano qui ti facevo trovare un po' di roba, ti piace la coca, vero Tebano?». Lo chiama così, come se fossero in confidenza. Gli verrebbe da rispondergli: «Ma come ti permetti di chiamarmi Tebano? Chi sei tu? Lo sai chi sono io?».

Però sta al gioco, chiacchiera, cerca di capire se possa essere un anello debole, uno che si può comprare. Il giorno dopo gli dice: «Portami un po' di roba, saprai bene dove andare a prenderla, poi ti assicuro che ti ricompenso, non ti preoccupare, i soldi fuori non mi mancano, te li faccio avere da qualcuno dei miei».

Due giorni dopo al poliziotto tocca di nuovo il turno di guardia. Non ha portato la coca, sorride e fa domande: «Ma non c'è nessuno fuori che ti possa aiutare?» chiede. «Tu non preoccuparti, fai quello che ti ho chiesto» risponde Epaminonda. «Tebano, è un problema, dimmi tu a chi mi devo rivolgere.» Epaminonda inizia a capire: «Ma pensi davvero che mi metta a parlare con uno come te? Mi credete un "babbu"?».

Ha capito il gioco, o almeno così crede. Vogliono che si apra, vogliono farlo rilassare, convincerlo che si può fidare. E vogliono spaventarlo.

«Tebano» dice a un certo punto il poliziotto, «ma lo sai che stanno accumulando fascicoli su di te che arrivano al soffitto? Da qui esci... com'è che dicono a Milano? Ah, sì, da qui esci con il cappotto di legno.»

Quel poliziotto poi non torna più, ne arrivano altri due che tentano di attaccare discorso: «Epaminonda, so che nelle tue bische veniva chiunque, anche avvocati, industriali, roba grossa...» dice uno. «Se sperate che vi faccia dei nomi state proprio sbagliando» risponde lui.

Tre giorni più tardi lo fanno sedere in un ufficio. Dopo pochi minuti, arriva il magistrato Francesco Di Maggio. «Buongiorno Epaminonda, tutto bene?» «Voglio andare in carcere, è lì che devo stare. Cosa ci faccio ancora in questa caserma?» chiede il Tebano. «Vede, Angelo, non è facile. Non esiste carcere in Italia dove non la stiano aspettando, e lei sa che cosa intendo. La verità è che non sappiamo dove mandarla, dove poterla far stare al sicuro.»

Seguono tre settimane d'inferno. Da solo in cella, senza cocaina, senza nessuna informazione dall'esterno. Di Maggio non molla la presa, ogni tanto lo convoca. È davvero un mastino, pensa Epaminonda. Un pomeriggio gli dice: «Angelo, io so che lei è un uomo concreto, faccia i suoi ragionamenti. Lei è accusato di così tanti delitti che dal carcere non uscirà mai più. Il suo amico Turinella sta raccontando molte cose, lui sì che è furbo, si è lasciato il passato alle spalle, si sta costruendo un futuro. Lei un futuro non lo vuole?». «Chi è questo Turinella di cui parla?» risponde il Tebano. «Va bene» dice il magistrato, «non abbiamo più nulla da fare qui, pensi alla sua famiglia.»

È vero che Epaminonda è un uomo concreto. In cella da solo immagina di avere davanti un bilancino, uno di quelli che usava per pesare la roba. Valuta i pro e i contro. Il peso degli uni e degli altri. Fa i suoi ragionamenti. Se parla si salva la vita e riuscirà a evitare di passare l'esistenza in carcere. Però diventerà un infame, anzi L'INFAME. Ci sono stati altri nella malavita che hanno parlato, ma nessuno mai del suo livello, nessun capo. Sarebbe una bomba, un'esplosione nucleare su Milano. «Però sarei un traditore» si dice il Tebano, «già ma chi tradirei? Mi hanno voltato quasi tutti le spalle, chi devo proteggere? Anche la mafia catanese quando è stato il momento m'ha lasciato solo.» E poi è vero, lo sa. In tanti vogliono la sua testa. Le prigioni sono piene di ex amici di Turatello, convinti che ci sia lui dietro il suo omicidio. Anche Vallanzasca lo vuole morto, per non parlare di Raffaele Cutolo. E i Mirabella, ciò che resta di loro. E poi ci sono quelli potenti, quelli che erano nell'affare del casinò di Sanremo, gente che non vuole che lui parli. Qualche amico però ce l'ha ancora: «Cosa direbbero Jimmy Miano e Nunziatino Maddalena?». Lo sa già cosa direbbero: condanna a morte, anche da parte loro.

«Epaminonda, pensi alla famiglia, alle persone care» continua a dirgli Di Maggio. Un giorno il Tebano è di nuovo davanti al magistrato: nessun passo avanti. Poi improvvisamente dice: «Voglio che mia moglie e i miei figli siano portati in un posto sicuro. E chiedo di incontrare Nunziatino Maddalena. In cambio vi faccio ritrovare un cadavere, uno di quelli che non avete mai trovato». Un funzionario di polizia, presente all'incontro ironizza: «Epaminonda, e da quando in qua ti importa di tua moglie e dei tuoi figli?».

La famiglia del Tebano viene portata in Sardegna, in un luogo sicuro. Ma lui resta in cella in caserma, sempre solo, sempre con i suoi pensieri e con la domanda che si pone in continuazione: «Cosa faccio?».

«Dottore» esordisce durante un colloquio, «se io vi racconto, dovrete costruire altre carceri perché in quelle che avete non ci staranno dentro tutti.» «Angelo, lei di questo non si preoccupi, è un problema nostro.» «E poi» continua il Tebano, «ci saranno dei nomi che lei non avrà nemmeno il coraggio di stare ad ascoltare.» «Anche di questo mi occupo io, non se ne incarichi» risponde Di Maggio.

Lo fanno incontrare con Nunziatino Maddalena, come aveva chiesto. Epaminonda spiega: «Ho deciso di raccontare tutto». «Ma sei impazzito, come ti viene in mente di diventare un infame?» «Nunziatino, non c'è più nessuna speranza.» L'incontro finisce lì. Il giorno dopo Epaminonda viene fatto salire in auto, come promesso conduce i poliziotti nel luogo in cui era stato sepolto un uomo, ucciso dagli Indiani.

Passano due giorni, Epaminonda siede davanti al magistrato: «Sono il terzo di cinque fratelli, un giorno con la mia famiglia sono arrivato al Nord. Ho abitato a Cesano Maderno, un posto schifoso. Ma Milano era il mio sogno, ci passavo tutte le notti...».

Parla per giorni, settimane, mesi. Racconta tutto, dall'inizio alla fine: luoghi, date, nomi. Sono migliaia di pagine di verbali. Gli arresti sono quotidiani, finiscono in carcere a centinaia. Negli ambienti della malavita non c'è nessuno che pronunci il nome di Epaminonda senza sputare per terra. Jimmy Miano lancia una specie di appello: «È un uomo morto, chiunque ne abbia la possibilità gli stacchi la testa dal collo».

Epaminonda non si ferma più, parla e parla. Lo fa con un ritmo lento, ragionando su ogni parola, puntualizzando tutto, in maniera lucida. Confessa diciassette omicidi, ne ricostruisce in tutto quarantaquattro. Parla anche di politici, di quelli che avevano assicurato il loro appoggio per l'affare del casinò. Si rifiuta però di salire nuovamente su un'auto dai vetri oscurati per indicare strada per strada i luoghi degli omicidi e i covi della banda. Nega di avere responsabilità nella morte di Turatello.

Non ha la cocaina, gli hanno prescritto psicofarmaci. Un giorno torna in cella e inizia a dare violente testate contro il muro. Lo portano in infermeria.

È un pentito anche se allora la normativa sui collaboratori di giustizia riguardava gli ex terroristi e non i criminali comuni. A parole gli hanno garantito molte cose ma lui continua a essere in cella, guardato a vista. Ha ottenuto solo alcune concessioni: ha i giornali ogni mattina, può guardare la televisione e i suoi familiari sono in un luogo protetto ma li stanno trattando come reclusi, come se avessero qualche responsabilità.

Poi un giorno legge sui giornali ciò che sta accadendo a Tommaso Buscetta, il primo grande pentito di mafia. Gli hanno garantito immunità, cambio d'identità, rifugi sicuri e anche un'indennità per vivere dignitosamente.

«Quel cornuto» pensa il Tebano, «un tempo si faceva mantenere da Turatello, adesso si fa mantenere dagli sbirri.»

Prende una decisione e scrive alla Corte d'Assise di Milano dove sta per cominciare il processo che lo riguarda: «Mi sono inventato tutto, lo dirò pubblicamente. Tutto ciò che ho detto al dottor Di Maggio è fantasia mia, non sono mai stato un vero pentito, è tutto frutto della mia mente».

Dieci giorni dopo un poliziotto arriva davanti alla sua cella: «Epaminonda, prendi la tua roba, te ne vai». «E dove?» «Questo non lo so, dicono che hai dato un contributo importante alla giustizia.»

Epaminonda esce dalla caserma, da quel momento ufficialmente avrà un altro nome, non si saprà mai quale.

Grazie alle sue confessioni vengono processate più di centonovanta persone. Le udienze si svolgono a Milano, è stata costruita un'aula apposita accanto al carcere di San Vittore per poter ospitare tutti gli imputati.

È un processo tutti contro tutti, in tanti hanno iniziato a parlare. Un giorno Nuccio Miano, fratello di Jimmy, chiede di lasciare la gabbia degli imputati per andare in bagno, quando torna ha in mano una pistola, spara contro due suoi coimputati ma sbaglia mira, ferisce due carabinieri. Non si riuscirà a scoprire chi abbia nascosto quella pistola in bagno per fargliela trovare.

Il procedimento penale si conclude con ottantasei condanne, cinquanta all'ergastolo. Epaminonda viene condannato a trent'anni, non li sconta però. E nonostante le accuse fattegli esplicitamente da uno degli assassini di Turatello, Salvatore Maltese, nega sempre con forza di essere responsabile della morte di Francis.

Nel periodo in cui Epaminonda racconta la sua storia e quella di centinaia di altre persone, anche Vallanzasca passa da un processo all'altro. Ammette molte cose, altre le nega.

Respinge con forza l'accusa di aver fatto parte della Nuova camorra organizzata, il clan camorristico di Raffaele Cutolo. Racconta di aver avuto anche un confronto piuttosto duro con lo stesso capo camorrista. Cutolo in quell'occasione provò a schiaffeggiarlo, poi tutto si risolse: «Ci siamo rispettati, tutto lì» dice Vallanzasca ai giudici, «ma io camorrista? Quando mai? Io sono un ladro, un rapinatore, non mi è mai interessato far parte di organizzazioni con generali, colonnelli, capitani...».

Le persone che lo accusano sono le stesse sulle cui dichiarazioni si basano le imputazioni a Enzo Tortora. Durante il processo al presentatore televisivo viene organizzato un confronto tra Vallanzasca e Gianni Melluso. Melluso, pentito di camorra, sostiene di essere stato il braccio destro di Francis Turatello e di aver accompagnato spesso Faccia d'angelo al Derby Club di via Monte Rosa, a Milano, e poi a incontri in piazzale Loreto dove avrebbe lui stesso consegnato la droga a Tortora. Vallanzasca chiede a Melluso: «Visto che eri sempre al Derby Club, mi sai dire il nome del gestore?». Melluso non risponde. «Ah», continua Vallanzasca, «quindi tu non hai mai sentito il nome di Rudy Magnaghi, uno che a Milano era conosciuto da tutti, che oltre a gestire il Derby era anche il miglior cantante delle canzoni della malavita?» Poi Vallanzasca lo incalza: «E dato che eri così intimo di Francis, dimmi, che tatuaggi aveva? Tutti quelli che frequentavano Turatello conoscevano quei tatuaggi, li mostrava in ogni occasione. Dai, dimmi dei tatuaggi». Melluso ancora non risponde. «Tu su Turatello hai solo gettato immondizia, non sai niente e non sei niente, e anche su di me ti sei inventato tutto. Dici che stavi a Milano ma sai citare solo piazzale Loreto e via Monte Rosa, sai che forza.»

Anni dopo Melluso ammetterà che le sue accuse contro Enzo Tortora erano inventate.

Tra un processo e l'altro, con condanne che gli piovono addosso, Renato Vallanzasca sperimenta i «braccetti della morte», il carcere duro, quello che ti schiaccia nel fisico e nella mente. Dopo l'omicidio del generale Carlo Alberto Dalla Chiesa, nel settembre del 1982, tanti detenuti considerati pericolosi finiscono in quei «braccetti».

Vallanzasca viene mandato ad Ariano Irpino: niente corrispondenza e niente visite, niente telefonate, via i giornali e la tv, proibizione di tutti gli oggetti esclusi gli indumenti, divieto di qualsiasi attività sportiva o ricreativa, nessuna possibilità di fare la spesa, niente sigarette, perquisizioni ogni volta che si accede all'unica ora d'aria concessa al giorno. Vallanzasca si concentra ancora di più sulle possibilità di fuga.

Dopo qualche mese, lo inviano nel carcere di Spoleto. E ci prova ancora una volta, nel dicembre del 1984. E di nuovo, nella storia di Vallanzasca, c'entra una donna. È Cecilia Basanisi, la sorella di Claudio, il detenuto morto suicida dopo l'omicidio di Massimo Loi. Riesce, in qualche modo, a fargli avere una pistola. Cecilia e Renato stanno insieme, lei gli ha promesso che lo aspetterà finché non sarà fuori, che gli rimarrà fedele. Lui ha risposto: «Ma non dire fesserie, chissà quando riuscirò a uscire davvero».

Però ci prova. Coinvolge nel tentativo altri detenuti. La notte tra il 29 e il 30 dicembre prendono in ostaggio prima una guardia, poi il direttore del carcere, e si chiudono in un'ala dell'istituto penitenziario. Come già era avvenuto a Novara tre anni prima, Vallanzasca conduce la trattativa ma capisce subito di non avere speranze. Dopo poco consegna la pistola e si arrende assieme agli altri detenuti. Dice: «Ci ho provato». Al processo, quando gli verrà inflitta l'ennesima condanna, davanti ai giudici scherza: «Ma quale sequestro di persona? È stato solo un colloquio con il direttore del carcere, forse un po' più lungo del solito, tutto qui».

Sa che ci riproverà, si è promesso che tenterà di fuggire finché avrà fiato in corpo.

Tre anni dopo la fortuna gli riserverà un'occasione irripetibile.

XXIII

Flaminia

Sono passati sei anni dall'omicidio di Turatello, tre dal pentimento di Epaminonda e dall'ultimo tentativo di fuga di Vallanzasca. Renato è nel carcere di Cuneo, il terrorismo sembra ormai sconfitto, i braccetti della morte sono stati in parte svuotati e anche i criminali considerati più pericolosi sono stati spostati in altre carceri. A Cuneo Vallanzasca si trova bene, per quanto possa trovarsi bene in carcere. Ne ha girate tante, dice che potrebbe scrivere una guida Michelin delle prigioni italiane, anzi forse un giorno lo farà davvero. Con il capo delle guardie carcerarie, il maresciallo Incandela, ha un rapporto di rispetto. Non è stato sempre così, si è scontrato con agenti e personale penitenziario ovunque, lo considerano un incorreggibile. Ha preso botte e a volte ne ha date.

«Vallanzasca» gli dice un giorno il maresciallo, «ti dobbiamo trasferire. Vai in Sardegna, a Badu 'e Carros, qui dobbiamo fare lavori di ristrutturazione. Appena finiti, tornerai qui.» «Maresciallo, per me un posto vale l'altro» dice Vallanzasca. Non è vero. A Cuneo la gestione del carcere è, per ammissione degli stessi detenuti, rispettosa dei diritti di tutti. Il maresciallo è riuscito a tenere insieme una serie di ergastolani dai nomi che fanno paura senza che mai ci fossero problemi. «Non fare idiozie, mi raccomando, stai al tuo posto» continua a dire Incandela. Poi i due scherzano sul fatto che Vallanzasca ha i denti nuovi: «Non fare che torni qui senza il tuo bel sorriso perché te li fanno saltare». Continua a ripetergli: «Mi raccomando, fai il bravo, non fare cazzate». Vallanzasca lo saluta dicendo: «Non so se ci rivediamo, mi sa che evado». Il suo è un pensiero fisso. Poi sembrerà una premonizione.

Il piano prevede il trasferimento in furgone blindato fino a Genova, poi traghetto fino a Porto Torres, quindi di nuovo furgone blindato per Nuoro. È il 18 luglio 1987.

Sul molo a Genova fa un caldo cane. Nel furgone blindato poi si crepa. I carabinieri che gli hanno assegnato per la scorta sono del Nucleo traduzioni, come si indicano in linguaggio burocratico i trasferimenti di detenuti: tutti giovanissimi, uno ha 18 anni, un altro 19, il più vecchio 28. Vallanzasca pensa che quasi tutti siano alla prima traduzione. Durante il viaggio hanno chiacchierato, hanno parlato di calcio e del caldo che li fa sudare. I carabinieri gli danno del lei. C'è un momento di tensione quando il più giovane dei militari chiede a Renato perché si porti dietro tutti quei vestiti, se sono per quando andrà in licenza. Vallanzasca pensa che lo stia sfottendo. Licenza a lui? Non vede la luce da anni, non è un soldatino a cui danno la licenza. Inizia a urlare, poi capisce che il carabiniere crede davvero che lui abbia diritto ad avere licenze. «Ma chi mi hanno assegnato?» si chiede.

Finalmente il furgone blindato viene caricato sul traghetto, la partenza è prevista per le 19.30.

La nave si chiama *Flaminia*, Vallanzasca ha già fatto viaggi di quel genere.

Lo fanno scendere con tutti i bagagli e anche questo a Renato sembra strano. Di solito prima scendono due carabinieri che portano i bagagli in cabina e poi, solo in un secondo momento, spostano il detenuto. Invece no, tutti insieme allegramente con i bagagli, come turisti. Ha gli schiavettoni ai polsi ma potrebbe comunque mettersi a correre, i carabinieri, impegnati con i bagagli, non lo stanno trattenendo in alcun modo. «Sì, ma farei pochi metri» pensa. «Questi comunque sono sprovveduti davvero.»

Nella nave c'è uno spazio apposito per le traduzioni dei prigionieri: ci sono un piccolo posto di guardia e poi due cabine, una di fronte all'altra, con il bagno. Una più piccola, esterna, che dà sul ponte e quindi sul mare, con due letti, e una più grande con una serie di letti a castello per i detenuti. Quella più grande dà sull'interno.

Un carabiniere si affaccia nella cabina più piccola e dice: «Figurati se a noi non davano la peggiore, quella dove stiamo più stretti». Un altro ribatte: «Non hai capito niente, per noi c'è la cabina più grande, il detenuto va in quella piccola». Renato non ci può credere, rimane per un momento impalato, immobile: stanno per infilarlo e chiuderlo nella cabina con l'oblò. «Non può essere vero, ma dove li hanno trovati questi?» si chiede.

Prende un po' di roba dai borsoni, quello che gli serve per la notte, lascia il resto ai carabinieri e fa per entrare in cabina. Lo fermano, prima va fatta la perquisizione. Perlustrano la cabina, ignorano l'oblò o forse lo notano e pensano che un essere umano da lì non possa proprio passarci. Lo chiudono dentro.

L'oblò dà sul ponte della nave. Il graduato che è andato a farsi firmare i documenti della traduzione dal capitano ha portato con sé le chiavi della cabina.

Vallanzasca urla attraverso la porta ai carabinieri rimasti: «Ragazzi, io mi metto a dormire, sono stravolto. Se andate a mangiare portatemi qualcosa, magari del pesce. Prima però lasciatemi in pace, devo davvero riuscire a riposare un po', mi aspetta un periodo duro, sapete Badu 'e Carros non è proprio come Cuneo». «Va bene, dai, dormi» gli rispondono. «Grazie, vi devo una cena» ride Renato.

Poi inizia a svitare le farfalle dell'oblò.

Due sono particolarmente dure, fa fatica ma alla fine ci riesce. Sale su una sedia, si infila nell'apertura e cade sul ponte. Ha un paio di jeans e una maglietta bordeaux. Nessuno lo vede. Scende sul ponte di sotto, si sposta tranquillo e lascia la nave mentre sono in corso le operazioni di carico delle auto. Cammina sul molo, si gira e guarda la nave, dice tra sé: «Ti amo *Flaminia*, sei la donna della mia vita».

In tanti non crederanno che sia andata davvero così. Nelle settimane successive si parlerà molto sui giornali di possibili complici all'interno della nave, forse tra i militari. Verrà fatta una prova: in effetti, da quell'oblò un uomo può passare.

Vallanzasca cammina a lungo, poi prende al volo un autobus. Scarta l'idea di rimanere a Genova, lì lo cercheranno ovunque. Non ha programmato la fuga, non ha nulla, nemmeno un po' di soldi. Chiede indicazioni a due ragazzi e si avvia, sempre a piedi, verso la periferia della città. Decide di seguire i binari della ferrovia, inerpicandosi quando ci sono le gallerie per non dover entrare nei tunnel. Sale e scende, e cammina.

I piedi gli fanno male, indossa un paio di scarpe con i pallini sotto, di quelle che andavano molto di moda negli anni Ottanta.

Arriva un momento che non ce la fa più, non tenta nemmeno più di scavallare le gallerie ma ci si infila con il terrore di venire travolto da un treno. Alcune sono lunghissime, sembra che la fine non arrivi più. Cammina tutta la notte, sa che la sua fuga è stata ormai segnalata da ore. In realtà già quarantacinque minuti dopo che è uscito dall'oblò i carabinieri hanno scoperto cosa è successo e hanno dato l'allarme. L'ipotesi fatta è che qualcuno l'avesse aspettato al porto di Genova per portarlo via in auto. Ci sono posti di blocco all'ingresso dell'autostrada e lungo le strade principali.

Però lui non riesce più a camminare, è stravolto. È mattina quando si sposta verso la strada statale che porta a Milano, entra nel bar di una stazione di servizio, chiede un bicchiere d'acqua. Dice alla barista che deve andare a Milano, che è un operaio, che era in auto con un amico e che quando si sono salutati si è accorto di aver lasciato la giacca con il portafogli in macchina. Ci sa fare, è convincente, un attore nato. La barista gli crede, parla con un conoscente che si avvicina e dice a Renato: «Ti do un passaggio fino a Vigevano, poi da lì ti arrangi». «Grazie, puoi lasciarmi in stazione?»

Arrivato in stazione a Vigevano sale sul treno per Milano, c'è molta gente. Si ferma nello spazio tra uno scompartimento e l'altro.

Nei racconti di Vallanzasca non può a questo punto non comparire una ragazza. Si mettono a parlare, lei non lo riconosce. Inventa storie inverosimili, la convince però a dargli 15.000 lire. «Se mi scrivi l'indirizzo te le restituisco nei prossimi giorni.» Lei glielo dà.

Poi al processo per quella fuga Renato dirà che due giorni dopo aveva fatto arrivare alla ragazza centouno rose rosse ma forse è una ennesima sparata delle sue.

Scende alla stazione di Milano Lambrate.

Sono passati molti anni dai tempi della sua banda, tanti sono morti, altri sono in galera. Non sa a chi telefonare, non ha ben chiaro che cosa fare. Però è Milano, la sua città, il suo mondo, in qualche modo si sente al sicuro.

In questura Achille Serra con i suoi uomini prende in considerazione tutte le possibilità: «È a Milano, questo è sicuro, qui è la sua base. Ma da chi può andare?». Cecilia Basanisi è in carcere, avrebbe avuto un permesso proprio in quei giorni ma dopo la notizia della fuga di Vallanzasca le è stato revocato. Consuelo? Non gli aprirebbe nemmeno la porta. Giuliana Brusa neanche. «Angela Corradi?» chiede Serra. «No, dopo la morte del suo uomo, Vito Pesce, ha preso i voti, è impegnata in una comunità per tossicodipendenti, Vallanzasca non si avvicinerà neppure.»

Renato ha fatto la cosa più ovvia: è andato in via Porpora, dai suoi genitori. Si è fermato poco, ha fatto una doccia, ha preso un vestito pulito del padre, ha chiesto qualche banconota ed è uscito.

Vaga per Milano, entra in un bar e beve un aperitivo, poi ricomincia a camminare. Mangia un gelato, si siede su una panchina dietro corso Buenos Aires e alla fine, quando è notte, va allo scalo Farini, sceglie un treno fermo su un binario morto, sale e si addormenta.

Il giorno dopo ha lo stesso problema, non sa a chi rivolgersi. Però qualche numero di telefono alla fine riesce a recuperarlo e trova chi lo aiuta. Sono persone che gli devono favori, e sono tante. Si nasconde in una casa, un posto dove non andranno mai a cercarlo. Poi telefona al suo avvocato senza però dirgli dove si trova. Riesce a far avere un messaggio a Cecilia, le fa sapere che l'avrebbe aspettata fino a che il suo permesso non fosse stato sbloccato.

Renato decide di telefonare anche a Giuliana Brusa. Risponde la madre: «Giuliana non c'è, è fuori, per favore non chiamare più, le hai già rovinato abbastanza la vita». Poi Renato telefona a un'amica parrucchiera. Lei gli dice: «Vieni di sera, dopo la chiusura». Quando esce dal negozio Vallanzasca ha i capelli rossi e ricci. L'amica lo ospita quella notte. Il giorno dopo decide di tener fede a una promessa. È uno sbruffone, è sicuro di sé, lo è sempre stato.

Durante il processo Tortora ha conosciuto bene un giornalista, Umberto Gay, lavora a Milano, a Radio Popolare. Hanno parlato a lungo, della città, della sua vita, di ciò che ha fatto. Vallanzasca gli ha promesso: «La prossima volta che scappo ti vengo a trovare». Quel pomeriggio suona alla porta di Radio Popolare, in via Pasteur. Gli apre una ragazza: «Cerco Umberto Gay». «Lo vado a chiamare, aspetta pure qui.» Non l'ha riconosciuto. In quel momento passa per l'ingresso Fabio Poletti, cronista di giudiziaria. Lo riconosce, nonostante i capelli rossi e ricci: «Ma sei scemo? Che cosa fai qui?». «Eh, lo sai, ogni promessa è debito, devo vedere Umberto.»

Lo fa entrare in una stanza: «Aspetta qui». In quella stanza Poletti ha lasciato la giacca, dentro c'è il portafogli. Vallanzasca lo prende, tira fuori la patente e se la mette in tasca. Poi rimette a posto portafogli e giacca.

Arriva Umberto Gay. Anche lui esordisce: «Ma sei pazzo?».

Si salutano, Vallanzasca promette: «Domani ti telefono e mi fai un'intervista».

Il giorno dopo telefona, racconta dell'evasione, dell'oblò: «Hanno scritto tanto i giornali, mille ipotesi. La verità è che sono uscito da lì, mi hanno messo nella cabina con l'oblò, che vi devo dire?». Parla del passato. Dice: «Io nella malavita di oggi non mi riconosco più». E poi: «Milano è la città più bella del mondo. È logorante però, stressante. Forse sarà anche per la vita che conduco che a dir la verità è un po' agitata». Umberto Gay gli dice: «Ti chiamano il re della Comasina». Vallanzasca ride: «È una gran balla, ho vissuto tra Lambrate e Giambellino. In vita mia alla Comasina sarò passato una ventina di volte, ma per caso. Non ho niente a che fare con quella zona». Gli chiedono del figlio: «Purtroppo è una situazione così, io con la madre non ho più rapporti. L'ultima volta che l'ho sentita è stato poco prima di sposarmi con Giuliana Brusa, ho ritenuto fosse mio dovere avvisarla. Oggi mio figlio ha 14 anni, sapeva di me, certo, ma dalla prima elementare ha preso il nome di sua madre. Non ho idea di che cosa sappia oggi». Prospettive future? «Ora vado in vacanza. Nel buio del mio tugurio ho cercato di accrescere la mia cultura linguistica. Ho studiato lo spagnolo, con l'inglese proprio non vado d'accordo. Magari un domani...» Conclude dicendo: «Non mi vado a cercare nuovi guai. Cambiare vita? Mi piacerebbe andare a fare il Dalai Lama. Diciamo che per un ricercato è difficile ripartire, è impossibile se il ricercato si chiama Vallanzasca».

Il giorno dopo, il 3 agosto, sale su un'auto che qualcuno gli ha procurato e lascia Milano.

Quando in questura e in procura ascoltano la registrazione dell'intervista, Umberto Gay e Fabio Poletti vengono immediatamente convocati. Raccontano tutto, Poletti non si è ancora accorto della patente.

Vallanzasca prende l'autostrada e va verso il Triveneto. Ha in mente di arrivare a Grado, lì c'è una ragazza che si chiama Luana, da oltre un anno si scrivono, è la sua ammiratrice più sfegatata. Ha avuto da poco un bambino, l'ha chiamato Renatino. Vallanzasca dal carcere le ha anche telefonato un paio di volte, però sempre attraverso un'amica perché Luana è sposata e il marito non gradirebbe quella conoscenza, seppur epistolare e telefonica.

Vallanzasca con sé ha una pistola.

Lungo la strada ha un incidente, un camion lo stringe contro il guardrail. Lui scende dall'auto e rassicura il camionista: «Guarda, è tutto a posto, chiamiamo il carro attrezzi e facciamo portare via l'auto. Dirò che ho avuto un colpo di sonno, così tu non passi guai. Però devi darmi un passaggio».

Arriva fino a Mestre e prende un'auto a noleggio, un'Alfa 33. Si dirige a Grado, lì ci sono turisti e gente in vacanza ma è più tranquilla di altre località come Jesolo e Lignano Sabbiadoro. Difficile trovare un albergo, è agosto, ma alla fine ci riesce: una stanza alla pensione Uliana. In quella pensione ci resta una settimana, diventa amico di tutti: «Ci lavoravano sette donne» raccontò poi, «mi conoscevano come il signor Fabio. Mi coccolavano».

Va a trovare l'amica di Luana. Lei gli dice: «Impossibile incontrarla, il marito le sta addosso». Quando Renato se ne va lei prende il telefono e avverte Luana: «Lui è qui». Vallanzasca si era raccomandato: «Non usare il telefono». Di Luana e dell'amica la polizia sa tutto: i loro telefoni sono stati messi sotto controllo.

Vallanzasca ha in programma di rimanere a Grado per tutto agosto, è convinto di essere al sicuro. Poi a settembre di nuovo Milano e si ricomincia.

Il 7 agosto è incolonnato lungo una strada che porta fuori Grado, ci sono lavori in corso. Sente improvvisamente un botto dietro la sua auto. Si affaccia dal finestrino e vede due persone che stanno discutendo. Pensa: «Un tamponamento, e si mettono pure a litigare». Quando gira la testa ha un mitra puntato in faccia. Dall'auto davanti sono scesi in tre in borghese e anche i due litiganti si sono avvicinati con le armi in mano. Gli chiedono i documenti. Lui pensa: «Che strano, forse non sanno chi sono?». Sente un carabiniere comunicare con la centrale: «Abbiamo fermato l'auto segnalata. Il guidatore risulta essere Poletti Fabio». «Sentite» dice Vallanzasca, «smettiamola con questa farsa. Ho una pistola nel vano portaoggetti.» La prendono, lo fanno scendere dall'auto. «Ti portiamo a Udine» dice un carabiniere. E un altro: «Ma sei davvero Vallanzasca?».

Qualche giorno dopo si ritrova a Badu 'e Carros, proprio dove sarebbe dovuto arrivare qualche settimana prima. Continua a litigare con le guardie, da un confronto piuttosto duro esce con un timpano rotto e sette costole incrinate.

Non si arrende, l'evasione è l'unica cosa che ha in mente. Continuano a fargli fare avanti e indietro con il continente per vari processi. Si ritrova altre volte a bordo di traghetti. Un giorno riesce a portarsi dietro due bombolette di spray urticante che in qualche modo si è procurato in carcere. Ha un piano semplice: prima della partenza chiamerà i carabinieri di scorta, si farà aprire la porta della cabina, spruzzerà lo spray per poi disarmarli e chiuderli dentro. A quel punto, giù dalla nave. Sembra semplice. Solo che i carabinieri a bordo incontrano altri militari, in tutto sono dieci. Troppi. Rinuncia al piano, al momento di scendere dalla nave lascia le bombolette in cabina.

Sono passati dieci anni. Ricomincia a elaborare piani di

fuga. Programma l'evasione per il 31 dicembre 1996. È riuscito a procurarsi un telefono cellulare e una pistola, li ha nascosti bene in cella. Il piano è sempre lo stesso: prendere in ostaggio alcune guardie e andarsene, facendosi aiutare da altri detenuti che come lui non vedono l'ora di tornare liberi. Qualcuno però fa una soffiata, il piano viene scoperto: una perquisizione accurata consente di trovare pistola e cellulare. Anche questa volta ci va di mezzo una donna: è la sua avvocata, la accusano di essere stata lei a far avere l'arma e il telefono a Vallanzasca. I giornali scrivono anche che tra i due ci sarebbe una relazione. Vallanzasca spiega a chi lo interroga: «Lei non c'entra niente, ve la prendete con l'avvocata solo perché è l'unica persona con cui ho avuto a che fare negli ultimi mesi, se escludiamo le guardie. Ma il ferro non me l'ha dato lei, e nemmeno il telefono. Solo che non avete il coraggio di ammettere che qualcuno, dentro al carcere, abbia preso soldi per fornirmi quel materiale. Comunque, il nome non ve lo farò mai. Questione di codice deontologico».

Dentro lo guardano a vista, le misure di controllo crescono in tutti i penitenziari. Non c'è modo di andarsene.

Nel 2005, dopo anni trascorsi da un carcere all'altro, da una rissa con le guardie all'altra, chiede la grazia al capo dello Stato. È sua madre a scrivere a Carlo Azeglio Ciampi. Respinta. Si sposa di nuovo, questa volta con la sua amica dell'adolescenza, Antonella, quella che chiamava Antonellina. Nel 2010 gli concedono i benefici di legge, può uscire dal carcere alle 7.30 per andare a lavorare in un laboratorio di pelletteria: alle 19.00 deve rientrare. Il primo giorno di lavoro quando arriva davanti al laboratorio di pelletteria trova una folla di giornalisti e fotografi ad aspettarlo. Lui si copre, passa attraverso la folla dicendo: «Ragazzi, non posso parlare con voi, mi piacerebbe davvero. Ma se lo faccio, domani mi revocano il permesso».

Ogni mattina va a lavorare in bici, poi un giorno gliela rubano. L'aveva legata con la catena ma senza assicurarla a un palo. L'hanno alzata e l'hanno portata via. Lui ci scherza: «Chissà se hanno una minima idea di chi era quella bici. Questi sbarbati non hanno nessun rispetto».

Gli revocano il permesso di lavorare all'esterno quando scoprono che si incontra segretamente con una donna. Poi di nuovo, un anno dopo, ottiene i benefici di legge. Questa volta andrà a lavorare in una ricevitoria. Gli vengono però sospesi dopo le proteste della famiglia dell'agente Barborini, ucciso durante la sparatoria di Dalmine, nel 1977.

Ancora in carcere, ventiquattro ore su ventiquattro. Poi torna a uscire, nuovamente ammesso al lavoro esterno.

Solo qualche mese, però, perché poi il permesso gli viene revocato definitivamente. «Per un paio di mutande» dice lui al suo avvocato. «Dicono che ho rubato un paio di mutande. Ma stavolta sono innocente.»

XXIV
L'ultimo moicano

Il Tebano è morto nell'aprile del 2016, la notizia è stata data sei mesi più tardi. Aveva 71 anni. Era stato condannato a trent'anni di reclusione ma in carcere è stato molto poco. Ha trascorso gran parte della sua vita sotto protezione, non si sa dove né con che nome. Quello vero di nome, Angelo Epaminonda, è ancora maledetto da molti.

È come avere davanti, su un tavolo, ben allineate tante fotografie: un vecchio album che racconta una storia ormai passata da tempo. C'è la fotografia del Tebano, sorridente e arrogante al momento dell'arresto. Resta quell'immagine, di quando aveva poco più di 40 anni. Poi più niente.

La fotografia di Francis Turatello è sbiadita, in bianco e nero: i Ray-Ban sugli occhi, i capelli curati, e vicina l'immagine del suo corpo pesante, sull'asfalto rovente del carcere di Badu 'e Carros. Pasquale Barra, l'uomo che secondo i racconti di quel giorno fece scempio del corpo di Francis, è morto in prigione, per un infarto, a 73 anni. Vincenzo Andraous non è più il boia delle carceri, oggi è un poeta, stimato e apprezzato. Nel 1987 sopravvisse a un tentativo di omicidio all'interno della sua cella. Tra chi tentò di ammazzarlo c'era anche Antonino Faro: insieme, sei anni prima, avevano ucciso Turatello.

C'è la fotografia della statua in bronzo di Carlo Argento, qualcuno ancora porta i fiori. Poco distante quella di un uomo riverso sul volante della sua auto, l'avvocato Francesco Calafiori.

E poi ci sono tutti gli altri, andati uno dopo l'altro: i fratelli Miano, Mario Carluccio coperto da un lenzuolo bianco in un prato di piazza Vetra, Spaghettino, Vito Pesce, Claudio Gatti, Nino Malacarne e tanti ancora. Lello Liguori è morto in una casa per anziani dove era andato a vivere.

Ci sono le foto delle vittime, tante, di questa storia, passate per caso in un luogo, in un istante, morte spesso senza sapere e capire chi fossero coloro che le stavano uccidendo. Come Umberto Premoli, il medico ammazzato dalla furia di Vito Pesce e Claudio Gatti, o Emanuele Di Ceglie, il funzionario di banca che ebbe il coraggio di prendere un mitra lasciato stupidamente da un bandito su un bancone.

Ci sono i poliziotti e i carabinieri uccisi, a Dalmine, a Montecatini, in piazza Vetra a Milano.

C'è la fotografia di Massimo Loi, che Vallanzasca non riesce a guardare senza distogliere gli occhi.

E ancora, le immagini in bianco e nero di Milano, i night club, le sale da ballo, i bar di allora. Nessuno più, vicino all'Arena, gioca a dadi alla luce dei fari delle auto. Anche il Derby Club ha chiuso da tempo, al suo posto c'è un centro sociale. Poco distante c'era il supermercato di via Monte Rosa, la prima grande rapina di Vallanzasca. Hanno tirato giù i muri, crescerà qualcos'altro.

E poi c'è la sua fotografia, l'immagine del sopravvissuto, l'ultimo dei moicani.

Ha 74 anni, porta gli occhiali, ha perso molti capelli e si muove a fatica. Dicono i suoi avvocati che a volte non sia presente a sé stesso. Renato Vallanzasca è in carcere con brevissime interruzioni da quarantasei anni. Dicono che sia un record. Michele Placido ha anche girato un film su di lui, l'ha interpretato Kim Rossi Stuart. Renato l'ha incontrato, gli ha detto: «Io ero più bello».

Non riceve più lettere di ammiratrici e probabilmente non sogna più di fuggire. «Hanno buttato la chiave» ha detto un giorno.

In un pomeriggio di giugno del 2014 due addetti alla sicurezza di un supermercato lo fermarono accusandolo di aver provato a rubare un paio di mutande e un paio di forbici. Era in permesso premio, lo revocarono subito. Da allora non gliene hanno più concessi. Al processo negò, quasi offeso da quell'accusa. Non gli hanno creduto: è stato condannato a dieci mesi. Dieci mesi in più sopra la valanga di anni ed ergastoli che ha accumulato.

I legali hanno ripetutamente chiesto che gli venissero concessi gli arresti domiciliari ma i giudici hanno sempre risposto che Renato Vallanzasca non si è mai ravveduto, non è mai cambiato. Può curarsi in carcere, a Bollate, dove vive ormai da tempo.

Ogni tanto qualche giornalista va a trovarlo. E lui ancora una volta racconta la sua vita, a modo suo. «Molte cose che ho fatto non le rifarei, ma non sono un pentito, quella parola non mi piace, è stata usata per chi aveva solo deciso di tradire per i propri interessi.» Quando gli chiedono di Francis Turatello ripete sempre: «Era un bravo ragazzo». Parla della malavita di oggi: «Non la riconosco più, non ci sono più regole, codici. Io non ho mai sparato alle spalle».

Poi dice, quasi rassegnato: «Fuori non c'è più nessuno». Se n'è andato, nell'estate del 2020, anche Rossano Cochis, Mandingo. Aveva trascorso trentasette anni in carcere, da poco era un uomo libero. Un pomeriggio si è tuffato da un gommone nel mare di Vieste ed è tornato a galla che era già morto. È stato un infarto.

Antonio Colia, il Pinella, è morto nel 2014: lui, che era il drago della guida, ha perso il controllo della sua moto poco fuori Milano. Non aveva il casco.

Vallanzasca non li chiama amici, sono sempre stati i suoi fratelli. «Anche se uscissi» ha detto, «dove andrei? Che tristezza quei vecchietti che si mettono a fare rapine. E poi uscire come? Qui non c'è nemmeno un oblò. E comunque non ci passerei più.»

Ha tanto tempo per pensare. Racconta ai compagni di cella più giovani di Emanuela Trapani, della guerra con Francis, del Derby, della rapina alla bisca di Turatello. Si fa delle domande che non servono a nulla.

«E se quella sera non fossi andato al circo e non avessi aperto le gabbie degli animali?» «E se quell'altro giorno non avessi preso l'uscita per Dalmine?» «E se a Nuoro ci fossi stato io insieme a Turatello?»

E se, se, se.

Bibliografia

Accorsi, Andrea e Ferro, Daniela, *Milano criminale. Esplosioni di violenza all'ombra della Madonnina*, Roma, Newton Compton, 2015.

Armati, Cristiano, *Italia criminale. Personaggi, fatti e avvenimenti di un'Italia violenta*, Roma, Newton Compton, 2008.

Bonini, Carlo e Vallanzasca, Renato, *Il fiore del male*, Milano, Tropea Editore, 2009.

Casalunga, Luigi, *Sequestri di persona in Italia. L'archivio dei crimini (1973-2006)*, Nuoro, Il Maestrale, 2013.

Coen, Leonardo e Vallanzasca, Renato, *L'ultima fuga. Quel che resta di una vita da bandito*, Milano, B.C. Dalai, 2010.

D'Agostino, Antonella, *Francis Faccia d'angelo. La Milano di Turatello*, Milano, Milieu Edizioni, 2012.

Epaminonda, Angelo, *Io, il tebano. Dieci anni di criminalità italiana nel racconto di Angelo Epaminonda*, a cura di Antonio Carlucci e Gian Paolo Rossetti, Milano, Baldini & Castoldi, 1997.

Galli, Stefano (a cura di), *Milano e la mala. Storia criminale della città dalla rapina di via Osoppo a Vallanzasca*, catalogo della mostra di Palazzo Morando, 9 novembre 2017 - 11 febbraio 2018, Milano, Spirale d'idee, 2017.

Polidoro, Massimo, *Etica criminale. Fatti della banda Vallanzasca*, Casale Monferrato, Piemme, 2007.

Serra, Achille, *Poliziotto senza pistola. A Milano negli anni di piombo e della malavita organizzata*, Milano, Bompiani, 2006.

MISTO
Carta da fonti gestite
in maniera responsabile
FSC® C115118
FSC
www.fsc.org

Mondadori Libri S.p.A.

Questo volume è stato stampato
presso ELCOGRAF S.p.A.
Stabilimento - Cles (TN)

Stampato in Italia - Printed in Italy